大儒张载

杜崇斌 著

陕西新华出版
太白文艺出版社·西安

图书在版编目（CIP）数据

大儒张载 / 杜崇斌著. -- 西安：太白文艺出版社，
2022.4（2023.9重印）
 ISBN 978-7-5513-1961-4

Ⅰ. ①大… Ⅱ. ①杜… Ⅲ. ①张载（1020-1077）—传记 Ⅳ. ①B244.4

中国版本图书馆CIP数据核字(2022)第043751号

大儒张载
DARU ZHANG ZAI

作　　者	杜崇斌
责任编辑	姜　楠　胡世琳
封面设计	郑江迪
版式设计	建明文化
出版发行	太白文艺出版社
经　　销	新华书店
印　　刷	西安市建明工贸有限责任公司
开　　本	787mm×1092mm　1/16
字　　数	350千字
印　　张	22
版　　次	2022年4月第1版
印　　次	2023年9月第2次印刷
书　　号	ISBN 978-7-5513-1961-4
定　　价	58.00元

版权所有　翻印必究
如有印装质量问题，可寄出版社印制部调换
联系电话：029-81206800
出版社地址：西安市曲江新区登高路1388号（邮编：710061）
营销中心电话：029-87277748　029-87217872

序言

以信仰的高度，为往圣立传
——杜崇斌长篇历史小说《大儒张载》

李国平

星光闪烁。终南山下的冬夜，清新、静谧而富于诗意。书房内，欣然打开西安作家杜崇斌先生邮寄来的《大儒张载》书稿，我便进入了遥远的大宋王朝，去和一群大文学家、大思想家、大政治家进行对话和交流，感受那个时代波澜壮阔的脉动。

《大儒张载》这部书是以关学学派的创始人、北宋著名的教育家兼思想家张载（1020—1077）的生平、著述和思想为写作核心，以正史为依据，以坊间野史和民间传说为补充的历史小说，真实而生动地再现一代大儒张载充满坎坷而又光辉灿烂的一生。

阅读《大儒张载》这部书，首先感受到的是文字的魅力。这是一种诗化的文字，清丽、优美、洗练、传神，寥寥几笔，画面感顿生，随着作者的娓娓讲述，读者能感受到浓浓的诗情画意。充满魅力的语言文字，反映出作者优秀的文学修养。可以说，杜先生用唯美的语言，用一颗富于情感和人文关怀的诗心，书写着宋朝波澜壮阔的历史，书写着一位北宋大哲学家的人生历程。

其次是作者虔诚与可敬的写作态度。在这个精神荒漠化的时代，文坛上泛滥着虚无和颓废，泛滥着娱乐和情色，泛滥着戏说和调侃，泛滥着……但是，阅读《大儒张载》这部书，却看不到这些。这部书营造的是清新的空气，弘扬的是民族的正气，追求的是神圣的信仰，书中没有任何调侃和戏说，没有任何情色文字，没有任何媚俗之语。可以说，这是一本纯正、美丽而严肃的文学作品。作者坚持用生命写作的态度，以对文学、对人生、对信仰的敬畏和虔诚，为大儒张载立传，为往圣继绝学。

这部书的写作历时三年，作者呕心沥血，非常重视实地考察和史料收集，他多次去陕西眉县、宜川等地实地调查，对各大图书馆保存的史料进行研究。为了写这部小说，他先后到眉县张载故里调研采访了十多次，张载祠、张载墓、张载纪念馆、横渠书院都去过了，还采访过当地的学者、张载的后裔，等等。在实地调查和认真查阅史料的基础上，作者苦心孤诣，仔细揣摩和研究这位北宋大思想家、哲学家，设身处地地想象、还原张载所生活的时代和环境，还有他的生活、他的心境、他的追求、他的心路历程等等。通过无限地靠近张载、贴近张载，使张载的形象在小说中逐渐生动起来，立体起来。因此，阅读这本书，读者可以透过清新唯美的语言和生动传神的描写，看历史的沧桑和世事的浮沉，看充满情味和情趣的故事，感受和领略一代大儒的思想和精神。

再次是小说塑造了生活化、平民化的张载形象，也填补了国内对大思想家张载进行宏大文学书写的空白。

北宋大儒张载，世称横渠先生，是宋代理学的主要奠基人，关学学派的创始人和领袖，是著名的教育家和颇有影响的思想家。他在中国思想史上占有重要地位，被西方学者称为"中国11世纪卓越的唯物主义哲学家"。

在《大儒张载》这部小说中，作者除了对张载的生平经历、学术思想、教育思想和人格精神进行重点书写外，对张载的爱情婚姻、家庭生活也有精彩的书写。这部历史小说通过大量生活化的细节描写，塑造了一个外表"德盛貌严"，但内心细腻博大，为人儒雅，忧国忧民，胸怀天下，极富于悲天悯人情怀的大儒张载的形象。也就是说，作者通过对大思想家张载艰难的成长经历——读书、尚武、做官、讲学——以及人生信仰、追求和家庭生活进行全景式的描写，讲述了张载如何从一个平民成长为一位伟大思想家的人生历程。

近一千年来，对张载哲学和思想研究的理论著作很多，但关于张载的文学书写却少得可怜，目前能看到的仅仅是一些单篇几百字或者千字左右的小故事、民间传说，而且都是民间人士编印的小册子。令人遗憾的是，时至今日，对大思想家张载进行宏大的文学书写尚属空白，这不能不说是我国文学艺术界的一大憾事！但这一无奈的现实即将被改变！因为，国内第一部关于北宋大思想家张载的长篇小说《大儒张载》填补了国内对张载先生进行宏大文学书写的空白。

最后，这部书展现了一个波澜壮阔的时代，而且书中有着浓郁的学术气息。北宋，是一个伟大的时代，也是一个群星灿烂的时代，其间有多少伟大的文学家、政治家、思想家、军事家，就像夏夜天空的星斗，熠熠生辉。

在这部书中，读者可以一览与张载同时代的晏殊、欧阳修、苏轼、苏辙、张舜民、程颐、程颢、邵雍等一批大诗人、大思想家的风采；可以感受到与张载同时代的范仲淹、司马光、文彦博、王安石、包拯、吕大防、范纯祐、赵瞻、狄青等政治家、知名将领的精神风貌；可以看到关学与洛学、濂学、新学等学派的思想交锋；可以领略到"澶渊之盟""庆历新政""王安石变法"等风起云涌、波澜壮阔的政治事件；可以看到北宋与西夏之间的烽火狼烟；还可以欣赏到对《周易》《道德经》《孟子》《大学》《中庸》《正蒙》等国学经典通俗的解读和诠释，感受到浓郁的学术气息。

前不久，中央电视台《关中书院》摄制组采访了本书作者，对他潜心研究关学思想，为往圣立传，传承和弘扬中华优秀传统文化的行为表示了赞赏。我真为杜先生感到高兴！

（本序作者系中国小说学会副会长，陕西省作家协会副主席，茅盾文学奖评委，《小说评论》原主编。）

目录

序言　以信仰的高度，为往圣立传 / 1

序　曲 / 003
一　　童稚岁月 / 005
二　　翩翩少年 / 011
三　　那时花开 / 019
四　　锦瑟年华 / 027
五　　去日苦多 / 034
六　　横渠书生 / 041
七　　男儿本色 / 051
八　　热血报国 / 060
九　　弃武从文 / 066
十　　我有迷魂 / 075
十一　回望关中 / 083
十二　寻仙访道 / 095
十三　经世致用 / 105
十四　四方游学 / 112

十五	治理水患 / 119
十六	琴瑟和鸣 / 125
十七	金榜题名 / 135
十八	虎皮讲易 / 142
十九	云岩德政 / 148
二十	横渠四句 / 161
二十一	潜心于学 / 169
二十二	讲学长安 / 179
二十三	儒将风采 / 190
二十四	应召入京 / 197
二十五	朝堂面圣 / 208
二十六	忧国忧民 / 219
二十七	辞官归里 / 228
二十八	横渠书院 / 238
二十九	关学宗师 / 253
三十	传道授业 / 271
三十一	试办井田 / 292
三十二	带病入京 / 302
三十三	鞠躬尽瘁 / 314
三十四	万世师表 / 325

后记　穿越宋朝　寻访张载 / 331

为天地立心,为生民立命,为往圣继绝学,为万世开太平。

——北宋·张载(1020—1077)

序　曲

横渠，一座千年古镇。她南倚秦岭，北濒渭水，西邻古陈仓宝鸡市，东接"山曲曰盩，水曲曰厔，因以县名"的西安市周至县（古称"盩厔"），古朴、端庄、钟灵毓秀，像一块美玉镶嵌在关中平原腹地。站在这座古镇上往南看，秦岭主峰太白山上那皑皑的千年积雪依稀可见。

在这个朝露未晞的夏日清晨，我因为寻访一位大儒，独自漫步在这座千年古镇上。

"大江东去，浪淘尽，千古风流人物。"中国文化源远流长，中国历史绵延了五千年，有多少历史人物已经被千年的烟尘所覆盖、所湮灭，但中国思想史和教育史逶迤蜿蜒地走到北宋年间，就无法绕过横渠镇的这样一位历史人物。他在一千年前对儒家思想进行了一次精彩的创造，他开宗立派，开创了一个对后世影响深远的学术派别——关学。他提出振聋发聩的"气本论"，这一思想是中国古典朴素唯物主义的最高成就。关学思想对中华文化有着深远而积极的影响。薪火相传，一脉相承，可以说，当下中国人的精神世界和文化基因里仍有关学的影子。

这位大儒的名字就是张载，也被后世称为横渠先生。

张载祠，是一座古色古香的千年庭院。我曾无数次来这里拜谒，拜谒这位大儒，这位千年前的大儒。

今天我又来到了这里。庭院中，几株合抱的张载手植柏直插云霄，那虬曲的枝干像巨龙一样伸向空中，那龟裂的树皮尽显千年沧桑。穿过花木扶疏的小道，穿过静穆的展室外的游廊、碑林，我又默默来到了大儒张载的塑像前。

"民,吾同胞;物,吾与也。"我似乎又听到了横渠先生抑扬顿挫的讲解,听到了这座千年书院琅琅的读书声。

为天地立心,为生民立命,为往圣继绝学,为万世开太平!

这就是"横渠四句",也是关学的宗旨。这四句话言简意宏,境界高远,震古烁今,彰显着一种博大的胸怀和抱负。著名的横渠四句,道出了读书人对这个社会永恒的道义与担当,可以看作一个人的终极人生目标。它阐明了知识分子的使命意识和责任担当,为读书人指明了实现自身人生价值的重要途径。千百年来,它激励着一代又一代中华儿女为国家、为民族,为社会大众的福祉而奋斗!

横渠的山,横渠的水,兀自在大秦岭下独成风景。人们记得,一千年前,有一位以横渠命名的清癯大儒,曾在这里指点江山,教书育人,他首创横渠书院讲关学,仰思俯读,学达性天,民胞物与的仁心,天人合一的境界,一时间,关学弟子遍天下。

此刻,我站在大儒张载的塑像前,瞻仰、拜谒与缅怀。一种深深的敬意、一种传承千年的哲思、一种怀古思幽的情愫油然而生。往事越千年,他的思想像万古未绝的河流,以山峰的高度,在我的脉管中跳跃!

那么,现在,就让我们穿越千年历史的时空,回到宋朝,去寻访一位大儒,看他的故事、他的情怀、他的生命历程,缅怀和领悟他博大的思想和永恒的人格魅力吧。

一　童稚岁月

那是一个炎夏的上午。一场瓢泼大雨过后，天气变得凉爽多了，空气异常清新，花园里一丛丛美人蕉开得火红火红，小小竹园被大雨洗刷后，一支支竹子傲然挺立，青翠欲滴。微风吹过，便开始摇曳起来。

长安县令张迪正在书房里读书，忽然天降大雨。这场大雨来得急，也去得快，不到一个时辰，雨过天晴，太阳又出来了。

那一年是北宋天禧四年（1020）。宋真宗赵恒（968—1022）五十三岁，这位大宋朝的第三任皇帝已经执政了二十三年。皇帝老了，到了暮年，变得昏庸、糊涂、迷信，沉溺于封禅之事，广建宫殿，劳民伤财。此时，距离宋辽订立澶渊之盟已经过去了十五年，大宋朝以金钱换和平，每年承诺要送给辽国岁币银十万两、绢二十万匹，导致老百姓的税负增加，社会矛盾加剧。

这一年，对大宋朝产生重要影响的人物范仲淹三十二岁，他已经考中进士，开始做一些地方上的小官吏，比如广德军司理参军等。大政治家、文学家晏殊已经到了而立之年，这位有"神童"之称的大词人自从十四岁考中进士后，已经做了多年的官，先后被任命为同判太常礼院、太常寺丞、左正言等官职。另一位大政治家文彦博还是一位十五岁的山西少年；大文豪欧阳修也还是一位十四岁的聪慧少年。至于司马光、赵瞻这些宋朝的大政治家和文人，都还是刚学会走路的一岁多的孩童，大文豪苏轼、苏辙和政治家王安石那时候还没有出生呢。

这时候，张迪放下书，呷了一口茶，叹道："真是一场及时雨啊。"他一边慢慢站起来，捻着胡须，欣赏着窗外雨后的清美画面，一边还不忘吟哦

几句刚从书中看到的话:"天行健,君子以自强不息;地势坤,君子以厚德载物。"

是啊!"君子以厚德载物!"说得多好啊!

忽然,他又想起了昨夜那个奇怪的梦。梦中天上的文曲星驾着祥云冉冉降下,送给他一支金笔,微笑着说,将这支笔送给你的儿子吧,让他为这个世界立心,为老百姓立命。一眨眼的工夫,文曲星就不见了。忽然他又看到了孔圣人。孔圣人峨冠博带,笑容可掬,徐徐从云端落下,将几本书送给了他,说送给你的儿子看吧,他会成为我最得意的门生之一的。一转眼,孔圣人也不见了,他就醒了。

正当他思来想去地回味着昨夜那个怪梦的时候,忽然门帘一挑,婢女阿云进来了:"老爷,大喜啊,夫人生了,是个男孩!"

"噢,夫人生了,男孩!真是太好了,我们张家有后了!"张迪兴奋地说。

"夫人让您给孩子取个名字呢。"阿云说。

"取个什么名字呢?"张迪自言自语道。

"孩子白白胖胖,圆圆的脸,眉清目秀的,真是可爱,我看一定能成为一个读书人。"阿云接着说。

"古书有云:君子以厚德载物。我看就叫张载吧,我希望他真的能成为一个人才,一个君子。呵呵。"

"张载,载儿,这个名字好啊,我这就去告诉夫人……"阿云说着就跑出去了。

斗转星移,日月如梭,一转眼小张载满周岁了。又是一个艳阳高照的夏日上午,张府的亲戚、朋友、张迪的同僚们都提着贺礼,纷纷前来祝贺,因为今天是张府公子张载的生日。张府里张灯结彩,鞭炮鼓乐齐鸣,高朋满座,喜气洋洋。

就在生日宴即将开始的时候,只见张迪的夫人陆氏一身盛装,在丫鬟仆人的簇拥下,抱着小少爷张载从内室姗姗走出。大家都围上去,这个说小公子眉清目秀的，真是可爱；那个说小少爷大脑袋、天庭饱满，一定是个聪明的孩子。有些女眷还忍不住上去亲一下小少爷的脸蛋儿，心肝儿宝贝儿地叫个不停。

按照传统习俗，小孩子满周岁要举行试晬（抓周）仪式，于是仆人们就在炕前陈设大案，在大案四周摆着印章、诗书、笔、墨、纸、砚、算盘、钱币、账册、吃食、玩具等等，将小少爷张载放在大案的中间，大家围在大案的四周微笑着，想看看小少爷会先拿哪一样东西。只见张载向四周看了一会儿，就爬过去首先拿起了一支笔，接着又去抓一本书。大家一看，原来这本书是《礼记》。哈哈哈！大家都笑了，纷纷说，小少爷又是抓笔，又是抓书，看来将来一定是个读书人，作锦绣文章，三元及第，前途无量啊！

张载家祖籍东京汴梁，也算是书香世家。他爷爷名叫张复，曾在朝中任集贤院学士，饱读诗书，博闻强记，学识渊博，天子出行，也要求他常伴左右。据说朝中那些士大夫有诗书典籍中的问题，也经常会求教于他。张载的父亲张迪考中进士进入仕途后，任长安县县令。

在大家的目光注视下，在仆从丫鬟与小少爷的嬉笑逗乐中，张载已经三岁了。他像个小天使一样，每天在花园、书房、堂屋和厢房之间跑来跑去的，成了父母的心肝，不但天真活泼，还很机灵顽皮。

张载有一个姐姐，叫张薇，比他大三岁。那一年花园里紫薇花刚刚开放的时候，她降生了，于是父亲就给她取名"薇儿"。母亲也喜欢这个名字，她爱紫薇树，紫薇树姿态优美，摇曳多姿，而且花香也清幽淡雅，花期也特别长，北方人都叫它"百日红"。

张薇是一个聪颖而活泼的女孩子，她的丫鬟名叫彩儿。她每次喊她的丫鬟都会叫"菜儿""菜儿"，因为她总发不出"彩儿"的音，这令彩儿哭笑不得。

彩儿和阿云经常带着姐弟俩在一块儿玩。

"载儿，过来，姐姐教你识字。"薇儿坐在花园的秋千架旁边，手里拿着一本书说。

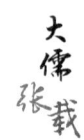

"姐姐,这是一本什么书啊?有趣吗?"张载跑过去坐在秋千上,晃来晃去的。

"让你学识字呢,怎么又去荡秋千了?"薇儿有点儿不高兴了,说,"你再不过来,我就告诉娘去!"

"娘正在绣花呢,她不会理你的。呵呵。"张载坐在秋千上,荡啊荡啊的,就是不下来。

薇儿一看,真的生气了,就跑过去,一把拉住了正在荡来荡去的秋千绳子,硬是将张载拉下来了。

彩儿和阿云赶紧跑过去,将姐弟俩分开来,免得他们在一起又要吵架惹事。

张载三岁的时候,宋真宗去世了。宋朝换了第四位皇帝,这就是宋仁宗赵祯(1010—1063)。赵祯在位四十二年,这位宋朝历史上在位时间最长的皇帝即位时,还是个十三岁的少年。那时候,朝政基本上由章献明肃皇后刘氏执掌。刘氏精明强干,垂帘听政,颇有女皇武则天的风范。刘氏刚开始垂帘听政,就略施手段,将颇具野心、蛊惑朝野的权奸宰相王钦若、丁谓收拾了,给小皇帝执政扫清了障碍。

秋日的一天,家人张安带着张载出去玩。他们走在长安大街上,长安街市上一派繁华,熙熙攘攘的人流,鳞次栉比的店铺,琳琅满目的商品,招摇的酒旗,辚辚的车马声,酒楼里飘出的丝竹欢歌声,和着街市上商贩的叫卖声,好不热闹!

后来穿过繁华的市街,张安带着张载登上了一段古城墙,站在这高高的城墙上,秋色无边。一群大雁排成人字形正向南方飞去,张载指着北方问:"安叔,北边很远很远的地方是什么啊?"

"是大漠和草原,那是胡人居住的地方。"

"胡人们很厉害吗?"

"是的,他们是马背上的民族,他们野蛮剽悍,正虎视眈眈,准备侵略我们中原大地呢！"

"'但使龙城飞将在，不教胡马度阴山。'长大了让我去对付他们。"

"好啊，我们载儿有志气！"张安抚摸着张载的脑袋说，"那你从小就得练就一身好功夫啊，练了功夫，身怀绝技，等长大了，当了将军，才能为国杀敌！"

"嗨！"张载做了一个弓步冲拳的姿势，一边说，"安叔，看，练功就是这样的吧？"

"不错，不错，还有模有样的！嘿嘿。"张安笑了。

"安叔，平常我只要一说要做什么事，阿云姐姐和母亲总是会说等你长大了再说，我什么时候才能长大？怎么样才算长大啊？"张载不解地问道。

"等你长出胡须，就算长大了！"张安用手摸着自己的胡须憨憨地笑着说。

"长出胡须，那得等到什么时候啊？"张载郁闷地说，"安叔，让我摸摸你的胡须吧。"

"小少爷，你真是太天真了！嘿嘿。"张安笑了。

一队车仗缓缓行进在山谷的崎岖小路上。山林茂密，河水潺潺，野花凄迷。不时传来几声山鸟的清鸣，更增添了山林的清幽。翻过一座山，又翻过一座山，前面依然是一眼望不到尽头的连绵起伏的群山。

"娘，我们这是要去哪里？"四岁的张载趴在车窗上向外张望，问着同行的母亲。

"去涪州。你的爹爹调任涪州了。"母亲用手抚摸着张载的头发，亲切地说。

"涪州很远吗？怎么全是山路？"张载清亮的眸子望着娘，疑惑地问。

"是啊，涪州在蜀中，要穿过这秦岭连绵的蜀道，才能到达。"娘看着张载，无奈地说，"你还记得我教你念的那首《蜀道难》吗？"

"就是李太白写的《蜀道难》吗？我都背下来了，娘，我背给你听。"

"好啊。"

  噫吁嚱，危乎高哉！蜀道之难，难于上青天！蚕丛及鱼凫，开国何茫然！尔来四万八千岁，不与秦塞通人烟。西当太白有鸟道，可以横绝峨眉巅……

  "我们少爷真聪明，真是过目不忘啊！"随行的阿云赞叹着说。

  涪州地处长江、涪水（乌江）的交汇处，因境内有涪水而得名。一千多年前，涪州曾为巴国别都，巴国先王多葬于此。秦、汉、晋时设郡县，自唐以来一直为州府所在地。涪州素有"渝东南大门"之称，是涪水流域二十多个州县的物资集散地。

  这里气候温润，风景优美，物产丰饶，盛产水稻和柑橘，农人们都善蚕桑，是蜀中的鱼米之乡。

  张载一家迁居涪州后，他对这里感到新奇，因为这里与关中的长安县有很大的区别。这里是典型的南方气候、南方风光，到处是稻田、小河、大河、渔舟、柑橘园、桑园、灌木丛。

  稻花飘香的季节，他会跑上绿草茵茵的河堤，看蓝天白云下一眼望不到边的稻田，看稻浪在微风中翻滚。当柑橘成熟的时候，他会突然跑到飘香的橘园里，风吹过，一树一树金灿灿的橘子在绿叶中摇曳，欣赏不够满园的诗情画意。有时候他坐在河边，欣赏渔民们一边在涪水中打鱼，一边放声歌唱的情景。他会被他们的欢乐所感染，有时候也会哼唱上一两句渔歌。夕阳西下时，他望着渔民们，心想那江中的情景，真恰似家中挂的那幅《渔舟唱晚》水墨画。

二　翩翩少年

涪州府里有一个武官叫赵雷，据说是三国名将赵云的后代。他将一杆长枪使得出神入化，功夫非常了得。他有一个儿子名叫赵鸿，生得虎头虎脑的，性格很要强，从不认输，从小就跟父亲学习赵家枪法，悟性很高，很有天分。赵雷经常会在酒酣耳热之际，在同僚们面前自诩："我家鸿儿，天生就是学武的料子，哈哈！看那天分和悟性，将来一定、一定能成为一员大将的，哈哈哈！"开始还有人恭维他说："那是，那是，这就叫作虎父无犬子啊！"他就愈发得意了，腆着肚子，高兴得把一坛酒端起来喝干，喝得烂醉如泥。后来，他只要再夸耀自己的儿子，同僚们都不搭理他的话了。

赵鸿和张载是好朋友，赵鸿今年七岁，比张载大一岁，经常和张载在一块儿玩。每次和张载比武，都是赵鸿赢。张载便不服气地说："鸿哥，把你的枪法给我教教吧。"

"那怎么行，我们赵家枪法是不外传的！再说，太祖曾下禁兵之令，弓、箭、刀、短矛、盾牌之外的兵器，民间不许私藏，唯有北方边境不禁弩甲，你学了也无用武之地啊。"赵鸿说。

"我是立志要去北境立功报国的！现在学了，将来总能用上。你给我教两招，我保证保密，谁也不说，没人知道！"张载狡黠地道。

孩子到底还是孩子，莹洁得如水晶般的心灵，容不下一点点的功利成分，也毫无防备之心。最后，赵鸿还是经不起张载的软磨硬泡，就将他学到的赵家枪法慢慢地都传授给了张载。此后，只要一有机会，赵鸿和张载就在一起使枪弄棒，切磋武功。他们的功夫也都长进很快。

涪州府里有一个文官叫吴越，与张载父亲张迪关系甚好，经常在一起谈天说地，饮酒作诗。有一次，他们谈兴正浓的时候，张载闯了进来，听见他们说曹氏父子的诗怎么怎么样，忽然吴越说："是啊，'对酒当歌，人生几何！'来！张知州，干了这一杯！"只见他们一碰杯，就将杯中的酒一饮而尽。

张载一听那句诗，就接着吟道："譬如朝露，去日苦多。慨当以慷，忧思难忘。何以解忧？唯有杜康……"

吴越一看是小少爷张载在这儿吟诗，就很惊讶地说："小公子好才华，长得一表人才，小小年纪，竟然能背诵魏武帝的这首诗！真不简单，前途无量啊！"

"哪里哪里，犬子不懂礼数，爱在人前卖弄，该打！该打！"张迪说着瞪了张载一眼。张载一看，爹爹要发怒了，就赶紧跑出去了。

"哪儿的话？张知州太过谦虚了。我家江儿要是能背诵这些诗词，我高兴都来不及呢！"吴越说。

吴越的儿子叫吴江，比张载小一岁，也经常和张载在一块儿玩。吴江生性内敛，文静，爱一个人静静地读书，不爱说话。但一看见张载，他的话就多了。

童年的友谊是最纯真的。时光荏苒，一晃，张载、吴江、赵鸿他们都长成了翩翩美少年。

琴声丝丝缕缕，若有若无，从花园那边传来。张载循着琴声而来，原来是他的姐姐薇儿在假山后的小亭里弹琴。丫鬟彩儿坐在花树下看水里一对鸳鸯在戏水。几只彩蝶从花丛中翩翩飞来，落在小亭的栏杆上小憩。一个幽静的夏日午后，多么美好的时光啊。于是他也拿了一本书坐在小亭里读起来，顺便欣赏着姐姐轻柔曼妙的琴声。

这时候，吴江走了过来，说："张载哥哥，在看什么书呢？"

"哦，是吴江弟弟来了，你看，这是一本《礼记》。"说着，就将书递给了吴江。

吴江看了一会儿，又还给了张载，说："这本书好看吗？里面都讲了些什么？"

"来，还是我给你读一段吧。"

> 大道之行也，天下为公，选贤与能，讲信修睦。故人不独亲其亲，不独子其子，使老有所终，壮有所用，幼有所长，鳏、寡、孤、独、废疾者皆有所养，男有分，女有归。货恶其弃于地也，不必藏于己；力恶其不出于身也，不必为己。是故谋闭而不兴，盗窃乱贼而不作，故外户而不闭，是谓大同。

"这是这本书中《礼运》这一章的一段话。"读完后，张载说。

"哦，我还不大懂，你能再说明白一点儿吗？"吴江疑惑地问。

"这就是孔圣人心目中的大同社会，也是一种理想社会。如果我们的社会能变成这种大同世界就好了。"张载解释道。

"哦，这是一种很理想的太平盛世。"

"是的，天下为公，讲信修睦，老有所终，人尽其才，物尽其用，路不拾遗，夜不闭户，多好啊！我们读书人都应为这种太平盛世而奋斗！"

"是啊，其实我昨天读了一本书，书中讲了一个故事很有意思，我背出来你听听。"

> 昔者庄周梦为蝴蝶，栩栩然蝴蝶也。自喻适志与，不知周也。俄然觉，则蘧蘧然周也。不知周之梦为蝴蝶与，蝴蝶之梦为周与？周与蝴蝶则必有分矣。此之谓物化。

"我知道，这是《庄子》这本书中的故事，后来唐朝诗人李商隐写了一首诗，其中一句是'庄生晓梦迷蝴蝶'说的就是这个故事。"张载说。

薇儿看见吴江和张载在一块儿说话，就停下来，说："吴江弟弟，给吴玉妹妹带个口信，就说我邀请她来弹琴！"

"好的，我一定告诉她。"吴江答道，"你们真是一对琴友，一对

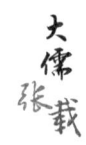

知音。"

原来,吴江有一个姐姐叫吴玉,漂亮聪慧,琴棋书画都很精通,她和薇儿是闺中密友,经常在一起切磋琴艺。

又是一个芳草萋萋、姹紫嫣红的春日。一场春雨过后,艳阳高照,将涪州的春天显得异常明媚,异常的灵秀。

"呦呦鹿鸣,食野之苹。我有嘉宾,鼓瑟吹笙……"

一个眉清目秀的少年坐在涪水边的石凳上读书。

这一年是天圣七年(1029),张载已经十岁了。

他读了很久了。读累了,就看着东流的一江春水,一边随手做了一个柳笛,然后就吹起来了。

"少爷,老爷让你回去呢!"阿云在喊他。

"噢,知道了,我就来。"张载回答着,站起身来,收拾着石桌上的书籍和文具。

走过了长满绿草的萋萋长堤,张载回首看了一眼涪水中漂荡的渔舟,还有蓝天上飞满的风筝,就和阿云坐上车,不一会儿,就到了张府。

"载儿啊,你爹爹给你请了一位学识渊博的先生,"张载一跨进张府的大门,娘就迎上来,笑着说,"一会儿你就会见到你的张师傅了,快去拜师吧。"

"先生,张师傅?"

"是啊,就是闻名蜀中的大儒张先生啊!"娘说。

在书房里,张载拜见了张先生。张先生是一位精神矍铄的老人,六十开外,儒雅大度。

他目光炯炯地看着眼前这个清秀的少年,微笑着,用洪亮的声音问:"张载啊,你都读过什么书啊?"

"《百家姓》《山海经》都读过,诗词歌赋都读了一点儿,最近正在读《诗经》和《论语》。"

"哦,看来已经入门了,那我来考考你,'三人行,必有我师焉'怎

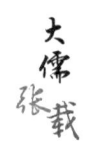

么讲？"

"师傅，这是《论语》中的句子，就是说做人要谦虚，你身边的人都有你可以学习的长处。"

"那么'知我者，谓我心忧；不知我者，谓我何求'又是什么意思呢？"

"这是《诗经·黍离》中的诗句，这是诗人有感于王朝兴衰而发出的人生感慨，就是说了解我心情的人，知道我心中忧愁惆怅；不了解我心情的，还以为我待在这儿有什么要求呢！"张载对答如流。

"不错，不错啊！"张先生一迭连声地说，"这个弟子我收定了。"

阳光穿过大树密密的绿叶，照射进来。古色古香的书房内散发着墨香。书房的墙上挂着几幅山水大立轴。书房北边正中间有一张墨漆大书桌，左边是博古架，博古架上放着几个典雅的青瓷花瓶，右边是一个书橱，层层叠叠放满了书籍。最显眼的是书房北边墙上挂着这样一副对联：

业精于勤荒于嬉；
行成于思毁于随。

这是唐代大文学家韩昌黎先生的名言，张先生亲自用他那拙朴大气的颜体书法写出来，挂在正中间的中堂画两侧，作为他的教育箴言。

"鸿哥，咱们今天再比试一下，怎么样？"张载一看见跨进张府的赵鸿，就信心十足地迎上去说。

赵鸿一身武士装束，器宇轩昂，雄赳赳的样子。

"好吧！"

他们就在兵器架上随意取了各自喜欢的兵器。赵鸿持长棍，张载执手刀。

阳光明媚，花园里盛开的蔷薇花散发着淡淡的幽香，沁人心脾。

两个少年生龙活虎地在花园里比武，只见他们闪转腾挪，跳跃、翻滚，霎时，银光闪闪，一片刀光棍影，直杀得雷霆震怒、日月无光，最终他们打了个平手。

"载儿，几日不见，不想你的功夫长进得这么快！"赵鸿有些不服气地说。

"张先生教了我刀法，那套刀法，真是精妙，还教了我更适于实战的太祖长拳，看来我再也不用怕你的赵家枪了。哈哈！"张载得意地笑道。

一天，张先生领着张载学习《吕氏春秋》。

> 成王与唐叔虞燕居，援梧叶以为珪，而授唐叔虞曰："余以此封女。"叔虞喜，以告周公。周公以请曰："天子其封虞邪？"成王曰："余一人与虞戏也。"周公对曰："臣闻之，天子无戏言。天子言，则史书之，工诵之，士称之。"于是遂封叔虞于晋。

当张先生朗读了《重言》这一章后，问张载对这一章有什么看法。张载略一思索，就说："我觉得'桐叶封虞'这一做法并不好，成王小时候说出的一句玩笑话，竟成了封侯的依据，虽然说天子无戏言，但如果成王的弟弟叔虞并没有管理城邑的才能，他怎么配成王封侯呢？再说了，如果天子说错话了，也要将错就错吗？我记得孟子说过：'大人者，言不必信，行不必果，惟义所在！'先生，难道不是这样吗？"

张先生一听，手捻胡须，微微颔首，觉得张载说得很好，夸赞张载会独立思考，有自己的主见。他还说读古书一定要学会思考，培养求异思维，要不拘泥于古人的观点，要多问几个为何，这样才能获得真正的学问。

说完后，张先生指着书房墙上自己亲手撰写的那副对联，对张载说："你看韩愈先生的这两句话——业精于勤荒于嬉；行成于思毁于随。就是说学业往往会因一个人的勤奋而专精，也会因一个人的玩乐而荒废；德行和修养则常常因一个人的独立思考而有所成就，也常常会因为一个人的因循随俗而败坏。这就是我当初手书这副对联的用意啊！"

秋日的上午，涪州的街头，人流熙熙攘攘。

  一个老人担着两筐刚刚摘下来的橘子来到街市上叫卖，只见那些橘子黄澄澄、亮晶晶的，衬着几片一起随果子摘下的绿叶，显得那样新鲜和诱人。

  几个装束随意的公子哥儿，说着粗俗的俚语，东倒西歪地从酒楼里出来，嘴里满是酒气，有的手里还拿着酒壶，他们将酒壶往地上随意一扔，一挽袖子，就向老人的橘子筐围了过来。善良的老人以为他们要买橘子，就让他们挑拣。谁知他们一人抓了一大把，不付钱就想走。老人上前拉住其中的一个说："客官，还没有付钱呢！这可是我们一家的救命钱啊，一家六口人就指望这片橘园生活呢！"谁知那个无赖抬手就给了老人一个耳光，接着另一个无赖也走上前来，照着老人肚子又狠狠踢了一脚。老人一下子跌倒在地上，又有一个无赖过来还想继续欺负这位橘农。

  恰好那天张载从这儿经过，看到这一幕，顿时怒火在胸中燃烧，他怒喝一声："住手！哪来的暴徒，真是无法无天了！"

  这些无赖看对方是一个十三四岁的少年，根本就不把张载放在眼里，继续我行我素。张载怒不可遏，一个箭步冲上前去，施展拳脚，几下就将那几个无赖打得屁滚尿流，狼狈逃窜。

  无赖们逃走了，他赶紧上前将老人扶起来，问老人身体怎么样，受伤了没有，要不要去找个郎中看看。老人感激地望着眼前这个眉清目秀的少年书生，说："小少爷，多亏你出手相助，否则，我这把老骨头恐怕就……"老人老泪纵横，说，"我不要紧的，谢谢少爷的救命之恩！"

  "老人家，不必客气，不如到我家中休息片刻，喝口茶，将息一下。"张载一抱拳，微笑着说，"我家离这里不远，前面一拐弯就到了。"

  然后，张载将老人带到家中。当他的母亲知道这件事后，也很支持他行侠仗义的行为。张府招呼老人吃了一顿饭，傍晚时分将老人送回了家。

三 那时花开

花开时节,微风轻拂,吹皱一池春水。张载去吴府找吴江玩,在花园里遇到吴江的姐姐吴玉正在弹琴。此时春日的阳光和煦地照着,牡丹花、芍药花开得正艳,姹紫嫣红,满园芬芳,引得蜜蜂嗡嗡嬉闹,彩蝶翩翩飞舞。

吴玉微笑着,她长发飘飘,裙裾翩翩,仪态娴雅地坐在花丛中入迷地弹着琴。张载看着吴玉如花的脸庞,静静地聆听着那清越的琴音,就像欣赏一幅画、品味一首诗,让他如醉如痴,久久也不愿离去。直到吴玉发现了他,他才似乎刚从梦中惊醒,不好意思地涨红了脸。

那时候,有两只蝴蝶从花丛中飞来,翩翩地围着他俩飞舞,整个世界瞬间静止了,如花解语,情意缠绵的四目相对,一串飘飞的音符,穿透了两颗青春的心。于是,吴玉也羞红了脸,略带羞赧地笑着叫了一声"张载哥哥"。

又到了一年的金秋时节,张载家后花园里一丛丛菊花开放了,黄的、白的、紫的,一朵朵,一簇簇,争奇斗艳,非常好看。秋风习习,花香怡人。于是他和姐姐薇儿商量着在后花园办一个菊花诗会,邀请他们的好朋友来饮酒对诗,岂不快活!他的主意当即得到了姐姐的赞赏,菊花诗会,就这么定了。

三天后的一个下午,后花园里圆圆的大石桌旁坐着张载、张薇、赵鸿、吴玉、吴江五个活泼灵动的少年,大石桌上放着时令水果、一壶酒和几个精致的小酒杯。丫鬟阿云和彩儿在旁边伺候。

秋风轻拂着满园盛开的菊花,送来阵阵幽香。

"今天请大家来赏菊,咱们顺便玩个游戏。"张载望着各位赴会的好朋

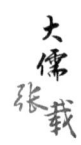

友,首先开了腔,"姑且就叫作菊花诗会吧!"

"不知这个游戏怎么个玩法呢?"赵鸿问。

吴江腼腆地一笑,说:"是啊,鸿哥问的也正是我想问的。"

"那天,我和载儿商量了一下,大家一边赏菊,一边来吟诗。"薇儿忍不住接住了话,微微一笑说,"我们还是行飞花令,要求每句诗里必须有'菊'或者'菊花',大家认为怎么样?"

"如果吟出的诗句中没有'菊'或者'菊花'呢,那就要罚酒一杯,怎么样?哈哈!"张载补充道。

"好啊!就这样!这还能难住我吗?"赵鸿拍着桌子赞成道。

"也好,这样也有趣味,就怕江儿要被罚酒了。呵呵。"吴玉莞尔一笑,轻声说道。

"不如就从我这儿开始吧。"张载望了大家一眼说道,"我就先吟一句:'朝饮木兰之坠露兮,夕餐秋菊之落英。'"

"不错,这是屈原《离骚》中的句子。这位千古第一诗人,在被放逐途中,为表达自己高尚的爱国情操和不与世俗同流合污的坚贞品质,餐秋菊之落英,吟出了不朽的杰作《离骚》。"吴江点评道,一边望着跃跃欲试的赵鸿,"接下来该鸿哥了。"

"'待到秋来九月八,我花开后百花杀。'怎么样?"赵鸿答道。

"罚酒一杯!鸿哥,你这两句诗里没有'菊花'两字啊!哈哈!"吴江说。

"怎么没有'菊花',这首诗就是写菊花的,这是黄巢的诗句。"赵鸿不以为然地说,"你知道下面两句是什么吗?'冲天香阵透长安,满城尽带黄金甲。'多么有气势,不是写菊花那是写什么啊?"

"江弟说得不错,虽然是写菊花的诗句,但句子中确实没有菊花,我看还是罚酒一杯吧!"张载站起来,说着就给赵鸿斟了一杯酒。

"好吧,好吧!我罚酒一杯!"赵鸿也爽快,端起酒杯,一饮而尽了。

"我来吟一两句吧。'满园花菊郁金黄,中有孤丛色似霜。'怎么样,有菊花吧?"轮到薇儿了,不想薇儿竟说出了这样两句诗。

"薇儿姐姐这两句诗是白乐天的作品。这是白乐天《重阳席上赋白菊》中的前两句,我记得后面两句是:'还似今朝歌酒席,白头翁入少年场。'这首诗以花喻人,不仅新颖别致,而且写得饶有情趣。"吴江又点评开了。

"江弟弟评得真好,看来比我读的书多!"薇儿赞赏着说。

"该我了吧,我吟的是:'采菊东篱下,悠然见南山。'"吴玉看着大家,微微一笑说。

"吟得好!这两句诗清新质朴而又自然天成,真是好诗!"张载望着吴玉一双秋水般的眸子,忍不住赞叹,接着点评道,"这正是我接下来想吟的诗句呢!东篱下悠然采菊的陶渊明,以田园诗人和隐逸者的姿态,赋予菊花独特的超脱的风格,菊花从此便有了灵性。"

"说得真好!看来,张载哥哥点评的功力要比江弟略高一筹。"吴玉含情脉脉地望着张载,望着他天庭饱满的额头下面那双炯炯有神的眼睛,望着他上唇上萌生的毛茸茸的胡须,望着那张英气勃勃的脸,不觉脸上泛出微微的红晕。

"该江弟了!"赵鸿看着吴江,"我先给你准备一杯酒吧,哈哈!"说着,就端起酒壶,倒起了酒。

"'不是花中偏爱菊,此花开尽更无花。'"吴江随即吟出两句诗,接着不无自负地说,"哈哈,鸿哥,这能难住我吗?怎么样,有'菊'吧?"

"不错,这是唐朝诗人元稹的诗句,道出了人们偏爱菊花的原因,平白如话,但亲切质朴。"张载点评道。

"一圈过去,又该我了,那我就吟:'芳菊开林耀,青松冠岩列。'"张载笑着说。

"怎么又是陶渊明的诗句?不过以物喻人,写出了隐逸诗人傲岸不屈的精神,也是好诗!我记得下面两句大致是:'怀此贞秀姿,卓为霜下杰。'"吴玉望着张载,笑着点评道。张载看了一眼吴玉,正好与她情意绵绵的目光相对,于是他赶紧低下了头,也忍不住羞红了脸。

"妹妹说得不错,就是那两句!这首诗我也读过。"薇儿没有注意他们的羞涩,自顾自地说。

"又该鸿哥了,鸿哥请吧!"吴江和张载他们不约而同地望着赵鸿说,似乎想看他出丑的样子。

"好吧,我吟的是——'他年我若为青帝,报与桃花一处开。'"赵鸿答道。

"哈哈哈,又该罚酒了!这两句诗中哪有菊花呢?"吴江笑得前仰后合,直不起腰来。大家也都笑了。

"看看,给江弟倒的酒,又该鸿哥享用了!哈哈!"张载笑着给他端起酒杯。

"你说怪不怪,这明明就是写菊花的诗,怎么句子中就没有菊花呢!"赵鸿接过酒杯,无奈地解嘲道,说完,他又豪爽地一饮而尽了。

"我吟的是:'荣耀秋菊,华茂春松。'"薇儿一笑,随即答道。

"这是曹子建的《洛神赋》中的句子,写洛神的美丽神态,不错。下面该我姐姐了。"吴江点评着。

"我吟的是:'丛菊两开他日泪,孤舟一系故园心。'"才思敏捷的吴玉嫣然一笑说道。

"这是老杜的诗句,在颠沛流离中思念故乡,未免有点儿伤感。"张载点评道,望了一眼脸上泛着红晕的吴玉说,"下面又该江弟了。"

"'秋菊兼糇粮,幽兰间重襟。'怎么样?可以吧?"吴江乐呵呵地说,颇有几分自负。

"这是左思的《招隐》中的句子,表达了诗人不与世俗同流合污的决心,可以说是化用屈原《离骚》中的'夕餐秋菊之落英'和'纫秋兰以为佩'二句而来的,也是好诗!"张载点评道。

……

五个少年就这样一边赏菊,一边饮酒对诗。秋风轻拂着,红叶黄叶在他们身边飘零着,花园里菊花的幽香丝丝缕缕飘来,和着桌上的酒香,令这个秋日的午后显得是那样清新,那样充满诗意,又是那样令人陶醉。

这一年中秋节的晚上,吴越邀请张迪一家去他家赏月饮酒。张迪夫妻带着

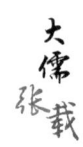

张载姐弟坐着车子欣然前往。秋风习习，皓月当空，月光如水。中秋的夜晚是那样的令人惬意。

吴越家的花园里已经备办了一桌酒席，大家分宾主入座后，就开始了饮酒对诗。但见一轮金黄的明月挂在澄明的夜空，如水的月光照着花园的一草一木，给园中的花木、假山、池塘镀上了一层银辉。菊花的清香阵阵袭来，与扑鼻的酒香混杂在一起，令人沉醉。

正在这时，忽然传来了悦耳的琴声，一曲《高山流水》悠悠响起。大家都不约而同地寻觅着琴声响起的地方，原来是从吴越家的绣房里传来的。

"何人弹琴？琴声如此清越美妙。"张迪问道。

"我家小女玉儿自小喜欢弹琴，这是她每晚的必修课。让大人见笑了。"吴越道。

"哪里，哪里，琴艺如此高超，让我如听仙乐，不如让她出来为大家再演奏一曲，如何？"张迪说。

"好啊，恭敬不如从命！去请小姐出来为大家抚琴一曲。"吴越兴奋地吩咐着仆人。

一会儿，从绣房姗姗走出一位袅袅婷婷的姑娘来，她眉目清秀，粉面桃腮，略带羞涩，看起来约莫十三四岁的样子。她向大家施过礼后，就坐在琴桌前抚起琴来。

在她纤纤素手的弹拨下，一曲《春江花月夜》悠然响起，那如水的音符，将大家带到了唐代诗人笔下"江流宛转绕芳甸，月照花林皆似霰……江天一色无纤尘，皎皎空中孤月轮"的美妙境界，引得大家连声说好。

"爹爹，您看今晚月色很好，孩儿想在此表演一套太祖长拳，为大家助兴，不知您意下如何？"张载听了一曲后，情不自禁地说。

"太好了，让我家玉儿抚琴，你家公子舞拳，大家一起饮酒赏月，岂不是一大赏心乐事！"还没等张迪答话，吴越就抢先说。

"好啊，张载哥哥的拳练得真好，我也正想学学呢！"吴江也说道。

就这样，张载在月光下施展拳脚，在吴玉的琴声中跳跃、翻滚、腾挪，金鸡独立、探马手、倒骑龙、钻心拳……在高亢昂扬的琴声中，拳掌裹挟着呼呼的风声，但见月光下，寒光片片，他轻轻一跃跳起来，身轻如燕，他的掌落下去，却似有千钧之力。

琴声戛然而止时，张载收了势，气定神闲，毫无喘息之声。

"抚琴与舞拳，真是珠联璧合啊！"大家不约而同地说。

张载深情地看了一眼吴玉姑娘，没想到吴玉姑娘也正偷偷地看着他，两双眼睛含情相视，一刹那，两个人的心海都漾起了微微的波澜。吴玉姑娘羞红了脸，在丫鬟的陪伴下回内室去了。

张载还站在那里发呆。

"载儿，该回家了！"是薇儿的声音。

一天，吴越又和张迪在一起饮酒谈天，酒过三巡，菜过五味后，吴越说："张知州，我有句话不知当讲不当讲。"张迪说："兄弟，咱们之间还有什么吞吞吐吐的，但讲无妨！"吴越就说："贵公子天资聪颖，文武全才，生得一表人材，我甚是喜欢，我有心将小女吴玉许配给贵公子，不知知州意下如何？"

张迪一听很高兴，笑着说："就是中秋节那晚抚琴的姑娘吗？"

"正是！"

"令嫒琴艺过人，而且知书达礼，这门亲事很好啊，正合我意。"

"小女不才，谢谢知州大人的夸奖！"

"兄弟过谦了，我这就择良辰吉日派人到贵府去提亲。呵呵！"

就这样，一门亲事在两位父亲的酒桌上敲定了。

一场春雨过后，天晴了。阳光非常明媚，桃花、杏花、李子花都开了。清晨，张载打开门，看到满眼的桃花，马上就想起了《诗经》中"桃之夭夭，灼灼其华"的诗句。

经过张先生允许，张载今天可以上山去赏春踏青。他的心情好极了，就像天空飘过的白云、柳树上飞过的小燕子一样，是那样自由而轻盈。于是他约上了好友赵鸿和吴江，一起去山中赏花。他们一路小跑爬到了山腰的小亭子，三

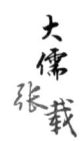

个人坐下来歇歇气,喝了一口茶,一起俯瞰着山下的绿野和如彩云一样缤纷的花园果园,顿感心旷神怡。

"鸿哥,江弟,你们将来想干什么?"张载随意地说。

"我想当一名先生,给弟子们授课,那种感觉一定不错。"吴江说。

"我要当将领,当大将军!驰骋疆场,保家卫国!你呢?"赵鸿望着张载说。

"这也正是我的理想,但是先生说学而优则仕,让我去考取功名,做官,光宗耀祖。"张载困惑地说。

"做官也好,如果你考取了功名,去做官,就要做一个好官,为老百姓谋幸福,就像你爹爹一样,也是不错的选择。"吴江说。

"噢……"

他们继续爬山。风吹来,满树的桃花、杏花纷纷飘落,落了他们一头一身。

吴江看着赵鸿的样子,笑着说:"鸿哥,我送你一阕词吧。"说着就念出来了:"春日游,杏花吹满头。陌上谁家年少,足风流……"

"哈哈,你真逗!"赵鸿当胸给了吴江一拳。

"哈哈哈!"他们都笑了。

山间回荡着三个少年爽朗的笑声。

四　锦瑟年华

这一年的上元节（元宵节）到了，这是一年中的第一个月圆之夜。家家张灯结彩，户户燃放烟花，处处鼓乐笙歌，人人欢天喜地，好一派热闹喜庆、蔚为壮观的景象！

"一曲笙歌春如海，千门灯火夜似昼。"在这迷人的夜晚里，张载、张薇、吴江、吴玉、赵鸿等都穿上节日的盛装，兴高采烈地结伴去赏花灯。

"妹妹，你看，花灯多美啊！"薇儿拉着吴玉的手，指着前面的花灯说。

"是啊，姐姐，许多年没有见过的花灯，今年都有！"吴玉笑着说，"你看这个莲花灯，简直太像了，真是惟妙惟肖！"

"那是一个走马灯吧，你看，不断地转！"张载指着一个不断旋转着的宫灯说，"上面还有诗词，让我仔细读一下吧。"

"其实我更喜欢这些三国人物灯，你看羽扇纶巾的诸葛孔明多么栩栩如生啊！"赵鸿说。

"你看，那些神话传说灯不是更妙吗？"吴江说，"嫦娥奔月、精卫填海、夸父逐日，这些形神毕肖的花灯造型，不是更能引发人们的想象吗？"

沿着那条古老的石板长街，各种各样的人物、动物、花草树木造型的花灯被灯光映衬着，绽放异彩，尽情渲染着节日的气氛。真是火树银花不夜天啊！

花灯闪烁着，将斑驳瑰丽的光晕洒在了赏灯人的脸上、身上。张载看着花灯下一身红装的吴玉姑娘，她袅袅婷婷，明眸皓齿，乌发如云，她一颦一笑，一言一行，是那样俏丽，那样灵动，那样活泼，那样轻盈，就像传说中的仙女一样，令人着迷。她的双眼就像澄清的湖水，不时泛起圈圈涟漪。笑起来时，

她的脸就像花儿一样。张载就这样定定地看着吴玉，忽然与吴玉的目光相对了，"心有灵犀一点通"，两双眼睛含情脉脉地相对，似乎有千言万语要表达、要诉说。瞬时，吴玉的脸羞红了，她低下了头，拉着薇儿的手，向街的另一处跑去。

放眼望去，那星星点点的光亮汇聚在一起，就像夏夜里璀璨的银河，还有不时腾空而起的焰火，尽情释放着人们的热情和欢乐，绽放着一朵朵巨大而夸张的花朵，照亮了夜空，把夜空装扮得分外妖娆。赏灯的人们有说有笑地穿行在花灯的海洋里，随着熙熙攘攘的人流，从一个景点出来，又走向另一个景点。

那一夜，他们逛了很久很久，沉浸在浓浓的节日氛围之中。

回到家后，张载忽然听到父母的卧室里不断传来爹爹的咳嗽声。

第二天，他向爹爹去问安，爹爹说这是老毛病了，一着凉就犯了，最近除了不断地咳嗽，还老感觉胸闷气短，不过也不要紧，吃点儿药就好了。他劝爹爹去看看郎中，爹爹说没事儿的，吃点儿药，过几天就好了。但他还是隐隐感觉到一丝不安。

快到重阳节的时候，一天傍晚，张载从书房里出来，看见父亲和母亲正在花园里观赏菊花。他们坐在石凳上，石桌上放着酒壶和酒杯，旁边的竹篱里一丛丛金黄的菊花怒放着，朵朵争奇斗艳，花园里弥漫着淡淡的菊花香。他们一边饮酒，一边说着什么。

"载儿，快过来，娘有话要对你说。"母亲看着张载，微笑着说。

"娘，您和爹爹在赏菊吗？"张载跑过来，坐在母亲的身边。

"是的，你也来看看菊花吧。看这些菊花开得多美啊！"娘说。

"是的，'采菊东篱下，悠然见南山'，今天的情景很契合这两句诗的意境。"张载说。

"载儿，你也不小了，我和你娘商量着，想给你定下一门亲事。"父亲终于开腔了，缓缓道来。

"定亲？和谁定亲呢？"张载的脸红了，一脸惶惑。

"你觉得吴府千金吴玉姑娘怎么样?她温柔贤淑,而且多才多艺,琴棋书画无一不精,真是一位好姑娘。"娘看着张载,怜爱地说。

"是啊,只有吴府那种诗书世家的环境,才能熏陶出这样的好姑娘。再说了,她爹爹吴越和我也是好朋友,我们两家也算知根知底!"父亲一字一板地说。

"吴玉姑娘是不错,只是……只是孩儿现在正是读书、练武、学本领的时候,长大还准备报效国家呢,怎能考虑这些儿女情长的事儿?"张载羞红了脸,半天,才低声说。

"载儿,你有志气,爹很高兴。但你也不小了,我看这门亲事就这样定下来吧!"父亲语重心长地说,说完又咳嗽了几声。

"是啊,我看也挺般配的,就这样定下来吧!"娘也随声附和着。

一个飒爽的秋日午后,暖暖的秋阳照着,微风轻拂,满目绚烂,橘柚飘香,江上可见片片渔帆泛着白光。

"爹爹,请喝茶吧。几天不见,您头上又添了许多白发!"张载和父亲张迪坐在涪水边的一个小茶亭里,面对着浩浩荡荡的一江涪水,父子二人品茗谈着人生。

小茶亭的廊柱上有这样一副楹联:

趣言能适意;
茶品可清心。

茶亭的主人说:"这是一副有趣的回文楹联,倒着读起来也很有意思,不信你就倒着读一下。"

于是,张载就从下往上倒着读起来:

意适能言趣;
心清可品茶。

张载反复读了两遍,觉得真的很有趣,有一种恬淡自适、心境澄明的感觉,觉得用在这小茶亭上,真是太合适了。

多么难得啊,终于有一个下午的休闲时光,张载不用上课,父亲不用在衙门里被公务琐事缠身,父子二人可以面对面坐在一起了。

"咳!老了,不行了!近来精神也大不如从前了。"张迪咳嗽了几声,说道,"经常一走路就气喘吁吁的,晚上老是不断地咳嗽,而且饭量也是越来越差了。"

"爹爹,您要保重好身体,不要操劳过度了。"张载望着父亲那苍老的容颜,心里有了几分伤感。

他似乎忽然觉得自己对老父亲照顾得太少了,他想到了自己的这几年,童年的贪玩,少年的懵懂,虚度了多少光阴啊!当自己猛然知道用功了,就一头扎进书堆里,废寝忘食地用功读书,哪里还能想到父亲的身体、父亲的生活、父亲的起居呢?

原来自己已经疏远了父亲,原来自己和父亲竟然是这样疏离,想到这里,他的眼睛湿润了。

"载儿,最近都读了什么书?"

"读了《孟子》《庄子》和《礼记》。"

"张先生说你悟性好,是块读书的料,我很欣慰。你要好好用功啊!"

"是的,爹爹放心,儿子一定会努力的!"

张载起来给父亲斟了一杯茶,亲手端给父亲,说:"爹爹,说说我们的老家吧,我小的时候,经常听您讲汴梁的老家。"

"噢,老家,汴梁,"张迪抬起头,若有所思,一丝乡情浮上了他略显浮肿的脸,"那是多么遥远的地方啊,与我们隔着千山万水。咳!多少年没有回老家了,自从你爷爷奶奶去世后,我就再也没有回去过。老家的屋檐上怕是早已长上了厚厚的苍苔了吧。还有那棵老槐树,还有……"

说着说着,张迪的眼圈红了。他抬头望着天空飘过的白云,眼睛里有一种亮晶晶的东西在闪烁。

重阳节后的一天,吴江来到张府找张载玩,他推开书房的门,看到张载正在聚精会神地习字,就说:"张载哥哥,你在写什么呢?"

"哦,吴江弟弟,我正在抄一首诗,是建安时期曹子建的诗,《白马篇》。"张载回头望了一眼吴江。

> 白马饰金羁,连翩西北驰。
> 借问谁家子,幽并游侠儿。
> ……

吴江站在张载的身后,就读出来了。读完后,他说:"好个曹植,这首诗的确豪迈奔放,慷慨沉雄,又不乏潇洒飘逸。才高八斗的曹子建,果然名不虚传!"

"噢,原来你也很喜欢这首诗!我想把它写下来挂在我的书房里,用来自勉。"

"好主意!不过,你猜我今天来给你带来什么好东西?"吴江故作神秘地卖了个关子。

"一定是一本什么好书了,看看,还藏起来了!"张载说。

"猜错了,我今天带来的可不是什么一般的书,是鸿雁传的书,是封信!"

"哦,信,谁的信呢?"

"你的啊,还装傻呢!"吴江从宽宽的袖筒里取出一封信放到张载的书桌上,笑着说,"还不快谢谢我,我都成了天上飞的鸿雁了。"

吴江刚一说完就跑出去了。书房里剩下张载一个人怔怔地站着。

张载小心翼翼地打开信,原来是用工笔小楷抄写的一首晚唐词:

梳洗罢,独倚望江楼。
过尽千帆皆不是,斜晖脉脉水悠悠。肠断白蘋洲!

落款是吴玉。

张载久久地看着这封信,仔细品味字里行间的柔情蜜意和深深的相思之苦,忽然感到怅然若失。是的,自从和吴玉定亲后,他去吴家的次数是越来越少了。一方面是一心用功苦读,很少有时间分心来思考儿女情长的事儿;另一方面,也是有意回避,怕人家说闲话。偶尔他会写一封信,让吴江捎给吴玉,就这样,他们鸿雁传书已经很久了。

丁丁琴声仿佛从渺远的天外而来——时而悠扬舒缓,就像青青草地上的阳光,像月光下清泉从白石上流过,又像三月牛背上牧童的歌声;时而高亢而急促,像疾风吹过松林,像瀑布从悬崖上跌落,像铁骑突出刀枪铮鸣;时而低回婉转,像星夜的流萤,像儿女的私语,像落花时节的忧伤。

这是谁在弹琴呢?琴声似乎在花园的那边,张载循声而去。他从落红遍地的花园小径中穿过,风吹来,红叶、黄叶像漫天飞舞的彩蝶一样簌簌飘落,走到小径的尽头,他终于看到了,原来是吴玉姑娘在花园里非常投入地弹琴。

"吴玉妹妹,你的琴声好美啊!"张载说。

"张载哥哥,难得你有时间来看我。"吴玉嫣然一笑说,"是我的琴声将你引来了吗?"

"是啊,如听仙乐耳暂明,真是天外来音!"张载走过去站在吴玉的面前,看着她纤纤素手在琴弦上上下舞动,风吹得她裙裾飘飘。她长发上飘来淡淡的花香,双眸像秋水一样澄清。张载望着她,出神了,沉醉在她的琴声里。

鸟儿在窗外鸣叫,张载忽然醒了,原来这是一个梦。

"青青园中葵,朝露待日晞。"那是一个清新的上午,阳光和暖地照着,青草上的露珠已经被初阳蒸干了,草在结种子,风在摇它的叶子,一切都是那么美好。

这天上午,张载正在书房读书。忽然门开了,吴玉带着笑脸闪了进来。

"张载哥哥,这是我昨晚抄写的一首诗。"吴玉羞红了脸笑着说,"请你看看。"说着,就将一张折叠好的宣纸条幅放在他的书桌上,转身就跑了。

一会儿,就从张薇的闺房里传来了她们嬉笑的声音。

张载慢慢打开这幅字,只见上面写着:

> 青青子衿,悠悠我心。
> 纵我不往,子宁不嗣音?

张载看着吴玉娟秀的字迹,想着她如花的面庞,禁不住心潮澎湃,一种从未体验过的情感在心中涌动、奔腾。

五 去日苦多

斗转星移,岁月就像落满缤纷花瓣的小河,蜿蜒而去,迤逦而行。

这一年是明道二年(1033),张载十四岁,还在涪州的书斋里静静地读书。但朝廷却很不安定,充满着动荡和争斗。

这年春天,皇帝赵祯按照惯例来到汴京郊外,举行一年一度的皇帝亲耕仪式。皇帝亲耕仪式一般是为了祈求风调雨顺、五谷丰登,也表示朝廷重视农桑,关心老百姓的生活。

皇帝亲耕刚过,却由皇太后刘氏祭祀了太庙。祭祀太庙自古就是皇家大典,一般都是由皇帝按照传统礼仪亲自实施的,后宫的皇后嫔妃和皇室宗亲、朝廷大员只能作为随从参与。而这一次,配角却成了主角,是什么原因呢?

刘氏垂帘听政已有十一年了,曾经的少年皇帝也已经二十四岁了,过了弱冠的年纪。在大臣们纷纷要求还政于皇帝的呼声中,性情刚烈、工于心计又颇有权势欲的皇太后刘氏虽然很不情愿,但由于年老体衰,也自感生命即将走到尽头,于是她要风光一回,亲自来祭祀太庙出一次风头,让世人知道她才是这个帝国真正的主宰,这也是她最后的心愿了。过了几个月,刘太后去世,谥号"章献明肃皇后",还政于帝。这时候,宋朝的第四位皇帝赵祯终于开始执掌朝政了。

一朝天子一朝臣。赵祯要摆脱母后专政的阴影,于是对朝廷大臣进行大清洗大换血。参知政事晏殊、陈尧佐被贬出京城,枢密使张耆及副使夏竦、范雍也被贬,刘太后最倚重的权臣宰相吕夷简自然也没有逃脱被贬的命运。张士逊、李迪担任了宰相,王随、宋绶为参知政事,李谘为枢密副使,蔡齐被任命为三司使。范仲淹这时候虽是一个七品的谏官,但已经显示出胸怀天下的大格局、大气象了。这一年,江淮、中原等地发生严重的蝗灾,范仲淹多次上书,要求巡察灾情,后被仁宗任命为巡察史,巡视江淮,开仓放粮,赈济百姓。

这天傍晚时分,张载一家刚刚吃过晚饭,张迪拿起一本厚厚的《杜工部集》坐在灯下翻阅起来,张载看见了,就走过来说:"爹爹,这本书我前几天翻过,有几首诗我已经熟记于心了。"

"哦,你也读过这本诗集?杜诗的博大精深、沉郁顿挫你能领悟出来吗?"张迪看着张载问。

"不敢说全部领悟,但也略知一二。比如说'国破山河在,城春草木深''无边落木萧萧下,不尽长江滚滚来''来如雷霆收震怒,罢如江海凝清光''吴楚东南坼,乾坤日夜浮''出师未捷身先死,长使英雄泪满襟''飘飘何所似,天地一沙鸥'这些诗句,我都能读懂,也都很喜欢。我总觉得杜甫这位诗人并不像一般人想象中的诗人那样,风流倜傥、峨冠博带,相反,他整天忧国忧民,一辈子颠沛流离、忍饥挨饿,过得很苦。"

"说得不错,看来你还是能读懂一些杜诗的。唐代是一个诗人辈出的时代,那么多有成就的诗人,就像夏夜璀璨的群星,但杜工部之成就可谓唐诗巅峰。"

"为什么呢?"张载问道。

"因为杜甫生活在唐代由极盛转衰的时期,经历了'安史之乱',他一路走来,目睹了社会的丑恶与残酷,历尽了世事的沧桑、人情的冷暖,于是将这些全部诉诸笔端,写出了现实主义的巅峰之作'三吏''三别'。他的诗歌不仅从形式上来看对仗工稳、音韵和谐,从内容来看大气磅礴、博大精深,而且在艺术上有沉郁顿挫的风格,在思想上积极昂扬,颇有盛唐气概,对后世极具影响力。"

"哦,原来是这样。"张载说。

"你知道杜甫的人生信条是哪两句诗吗?"父亲问他。

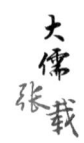

"这个让我想一想……大概是'致君尧舜上，再使风俗淳'吧。"张载答道。

"是的，就是这两句诗。你知道其含义吗？"

"就是说他要努力辅佐皇上，使皇帝成为像尧和舜那样的明君，重现一个民风淳朴的太平盛世。"

"是的，从这两句诗中，我们就可以想见杜甫先生一生艰难求索、忧国忧民的原因了。"

"杜甫先生是一位儒家的弟子吗？我感觉他的诗歌里有孔孟思想的影子。"

"是的，说得不错。杜甫先生的骨子里是一个儒家的书生，这就决定了他的最高理想就是要通过自己的奋斗和努力，来实现一个太平盛世。其实，杜甫先生的理想和追求，也是我们大家的理想和追求。他为自己的人生信条在奋斗、在求索，他用一生来追寻和实现自己的人生信仰，他的人生其实也是幸福的，难道不是吗？"

"哦，爹爹，我知道了。"

时间又过了一年，转眼到了景祐元年（1034）。这年秋天，连绵的秋雨一下就是十几天，时而电闪雷鸣大雨倾盆，时而又是绵绵细雨斜织在空中。秋风瑟瑟，秋雨凄冷，仿佛龙王爷发怒了，随着接连几天的倾盆大雨，涪水暴涨了，大河小河都波浪汹汹，浑黄的河水激怒着，不断地冲刷着河堤。终于，河堤决口了，河水泛滥了，一泻千里，淹没了农田庄稼、农舍民居。

汛情、险情、灾情，十万火急，不断地向涪州府传来。知州张迪顾不上吃饭、睡觉，昼夜不停地在防汛救灾的第一线奋战着。他用嘶哑的声音不断地指挥着属下的文吏，协调着乡贤士绅、厢军乡兵，派发赈灾小船运送粮食、药品；组织抢险健儿队，四处营救落水者；搭建临时棚舍，安置灾民……

天上乌云翻滚，大雨唰唰地下着，雨滴斜着砸下来，浑黄的洪水泛着泡沫。知州张迪站在小船上，一名随从给他撑着油纸伞。他颧骨高耸，两眼深陷，神情忧郁，显得无比疲惫和憔悴。看着眼前的灾情，他想无论如何，就是散尽家资,也要尽最大努力抢救百姓的生命与财产,将水患带来的损失降到最低。

张载和赵鸿他们也划着小船,在水上救人。张载看到他爹爹站在船头,他就将船划过来,大声说:"爹爹,我们刚才又救了三个人,算起来,我们今天已经救了八个人了!"

"载儿,好样的!"张迪用嘶哑的声音说,"风浪很大,一定要注意安全啊!"

"爹爹放心,我和鸿哥的水性都很好!"张载应了一声,就将船划向远处去了,他看到那边水里有一个人,抓着一棵树的残枝,不断地挥动胳膊呼救。

就这样,经过一个多月的抗汛抢险,涪州的水患终于平息了,但知州张迪为了救治受伤和染病的百姓,已经花去了自己多年来全部的积蓄。

"官人,你连日奔波操劳,消瘦多了,憔悴多了。"那天,张迪回到家里,夫人端来一杯茶,看着他怜惜地说,"你要注意身体啊,不要太劳累了!"

"夫人,这场水患让老百姓受苦了!"张迪说,"我自己的劳累算不了什么,有许多老百姓还在病患之中呢!"

"哦,那要赶紧医治才是啊!"

"是的,可是朝廷的赈灾款就是拨不下来。"张迪用沙哑的声音说,"真是急死人了,我将咱家多年积攒下的钱财都用在救灾上了!"

"那是我们省吃俭用留给载儿、戬儿、薇儿他们将来用的,"夫人急了,"怎么能用来救灾呢?到时候,孩子们怎么办啊?"

"夫人,已经顾不了那么多了。"张迪坚定地说,"常言道,救灾如救火。老百姓在死亡的边缘徘徊,我们哪能只顾自己的孩子呢?"

"唉!也好。"夫人长叹一声说,"你是地方的父母官,救人是你的职责,再说了,救人一命,胜造七级浮屠哩。"

一个秋风肃杀的凄冷深夜,窗外落木萧萧。一阵强烈的咳嗽声将张载从梦中惊醒,他仔细听了一下,原来是爹爹在咳嗽,他赶紧穿好衣服,来到爹爹的卧室问安:"爹爹,您身体不舒服吗?怎么咳得这么厉害?"

"是啊,胸口疼,胸闷得慌,不由得要咳嗽。"爹爹说着,又一连串地咳

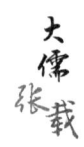

嗽起来，咳了一会儿，又吐了几口痰。

张载给爹爹端来了水，让爹爹漱口，忽然发现爹爹吐的痰中带血，他感到一丝不祥和恐惧，就说："爹爹，我去请个郎中来吧。"

一会儿母亲和家人也都起来了。

好不容易将郎中请来了，郎中给张迪诊了脉，又问了几句，然后就开了药方。

母亲和张载将郎中送出门去的时候，母亲小声问郎中，郎中和母亲说着什么，声音很低，张载隐约感到了他们似乎在说父亲的病很重，要赶快医治，好好休息。

一种不祥的气氛笼罩着夜空，和着萧萧的秋风和凄冷的夜气，张载不由得感到了几分夜的肃杀和恐怖。

张载有个弟弟叫张戬，比张载小十岁，今年已经五岁了。一个午后，张载正静静地在书房里读书。忽然门被推开了，一个小顽皮跑进来扑到张载身上，一把抱住了他。张载一看，原来是弟弟张戬。这个小精灵一会儿钻到书桌下面，一会儿又爬到书桌上去抓笔，一会儿又在张载的习字簿上乱涂乱画。嬉笑着，活泼又快乐。终于，他静下来了，看张载在读书，他也读起了《三字经》："人之初，性本善……"

天气越来越凉了，秋风萧瑟，白露为霜。麻雀都躲进了檐下的巢里，北风吹得满院黄叶飘零，霜降也过了，早晨可见满园枯败的草木上结了一层白霜。

这天傍晚，张载照例在读书，忽然听到父亲的卧室里传来了一阵阵哭声，他赶紧跑出书房，直奔父亲的卧室。他推开门一看，只见母亲扑倒在父亲的床上失声痛哭，旁边侍候的丫鬟和仆人们也都默默地流泪。

"爹爹怎么了？"他走上前去。

"你爹爹他……"母亲说了半句，又泣不成声。

"爹爹，醒醒啊，我是载儿，我是您的载儿啊！"张载扑到父亲的床头上，失声痛哭，"爹爹，我来迟了！爹爹，您看看我吧！"

他看着父亲蜡黄蜡黄的脸，消瘦且极度疲倦的面容，深陷的眼窝，父亲已经永远闭上了眼睛，没有一丝声息了。他的眼泪夺眶而出，像断了线的珠子一样，扑簌簌地落到了张迪的身上。

愁云惨淡，北风呼啸，落木萧萧。深夜昏黄的油灯下，张载还在父亲的棺椁前抽抽搭搭地流泪、低泣。母亲、姐姐和小弟弟张戬也守在灵前。这时候，张安轻轻推门进来了。他坐在张载身旁，拉着张载的手，低沉而伤感地说："载儿，老爷走了，让他安息吧，你也节哀顺变吧。"

"安叔，爹爹走了，我该怎么办呢？"张载抹了一把眼泪说。

"载儿，我是看着你长大的，你今年已经十五岁了，有学问，也会武功，也算是一个小男子汉了，以后的路，就靠你自己走了！"张安无奈地说。

"安叔，我不会让父亲失望的，我要用我男子汉的双肩撑起这个家！"说着，张载走过去拉起了母亲、姐姐和弟弟，"母亲，别哭了，让父亲安息吧，孩儿以后就是这个家的顶梁柱，就是再苦再累，我也要撑起这个家，我不会让您、姐姐和戬儿受苦的！"

"有志气！我们载儿果然是条汉子，安叔没有看错你！"张安低声赞道。

张载的父亲张迪走了，他是一个亲民爱民的好官，深受当地老百姓的拥戴，他由于为公务操劳过度，在涪州任上英年早逝了。听到张知州去世的消息，赵雷、吴越、赵鸿、吴江吴玉兄妹纷纷身穿素服前来吊唁，当地的官员和老百姓也都生刍致祭。一时张府里哭声一片，撼山震岳的。但见满目缟素，满座衣冠如雪。

凄冷的秋夜里，张载守在父亲的灵柩前默默流泪，看着父亲的牌位，往日与父亲欢聚的画面又不断在眼前闪现：

父亲手把手教他写第一个字的情景；父亲为他戴上帽子，抱着他坐上马车；父亲牵着他的小手，走过那座橘园，来到河堤上看白鹭在稻田里飞；父亲为他买来一本新书，给他讲书中的故事……

多少往事还历历在目，仿佛就像是昨天才刚刚发生，但父亲却走了，永远地走了……

父亲走得太快了，他多么希望父亲能再和他说说话，再和他随意谈谈心，

能继续语重心长地告诉他那些做人的道理,他多么希望父亲能再陪他走几年人生路。

漫漫风雨人生路,以后的凄风苦雨、坎坷与泥泞只能他自己一个人承受了,而他今年只有十五岁啊。一个十五岁的少年,马上就要用稚嫩的双肩挑起家庭的重担了,就要面对世事的沧桑了,虽然他表面上很坚强,但内心真的很茫然。

六　横渠书生

一个旭日初升的春日清晨，布谷鸟在屋脊上鸣叫着，横渠镇崇寿院里传来琅琅的读书声。

崇寿院是一座面南背北的建筑群，但见白墙黑瓦，栋梁间简单髹饰，古色古香。漫步院中，可见古柏参天，鲜花满地，绿草茵茵，竹径回廊，环境幽雅。该书院历史悠久，闻名遐迩，桃李满天下。

张载坐在书桌前，他的面前放着笔墨纸砚，他打开一本书，大声读着：

上善若水。水善利万物而不争，处众人之所恶，故几于道。居善地，心善渊，与善仁，言善信，政善治，事善能，动善时。夫唯不争……

这一年是景祐二年（1035），张载已经十六岁了。

一个白发苍苍的老先生在课室中踱步，慢慢从他的弟子中间走过。他一手执一把戒尺，一手拿一卷发黄的经书，微微晃着脑袋，说道："上善若水。水善利万物而不争，处众人之所恶，故……"

老先生读完，又将《道德经》的这一章大致讲了一遍，然后就开始问他的弟子："谁能说说老子为什么要用水来比喻上善和至善？"

"先生，水是世间最平常的东西，正因为平常，往往被人们忽视，但水的特点是处于最低的地方，与世无争，却能滋养万物。如山中的泉水、溪流，不仅仅纯净，纤尘不染，而且能滋养水中的鱼虾，以及岸上的小草和大树。溪

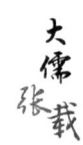

流、小河中的水最终都能汇入江河，百川归海，形成不可低估的力量。这就是水的平常又不平庸，水的伟大与可贵之处正在于此。"张载站起来，从容不迫地侃侃而谈。

老先生听了张载一席话，放下书本，捻着胡须，微微一笑，连连说："好！回答得好！看来你已经深刻领会了老子的思想了。"先生对这个刚刚来旁听的弟子刮目相看了。

傍晚，张载从崇寿院回到家里，开始为母亲做饭，侍候母亲服药。当母亲安歇下后，他又要照顾好小弟弟张戬的起居。好在家中的婢女阿云不愿意离开，也还能帮他照顾小弟弟。

当家中的一切都恢复了平静，夜已降临。他就点起油灯，开始了夜读。读着读着，他的眼前恍惚了……

去年父亲张迪去世后，按照老家的习俗，叶落归根，魂归故里。于是，母亲和他及亲戚朋友们商量后，决定要将父亲的灵柩运回老家汴梁，安葬到张家的祖坟里。

十五岁的张载携姐姐、五岁的弟弟和体弱多病的母亲上路了。他们越巴山，奔汉中，出斜谷，风餐露宿，小心翼翼地护送着载有张迪灵柩的车仗缓缓前行。那天离开涪州的时候，张载的好朋友赵鸿和吴江前来送张载，他们骑着马，送了一程又一程，也不忍和张载分离，最后他们还是挥手洒泪而别。

车仗经过西县（今勉县）的定军山时，张载拜谒了武侯祠。遥想诸葛武侯一生为蜀汉江山鞠躬尽瘁、死而后已的高风亮节，遥想他殚精竭虑、六出祁山的大智大勇，又想到杜工部"出师未捷身先死，长使英雄泪满襟"的诗句，张载不禁感慨万千，心情久久难以平静。于是张载在大殿外的墙壁上写下了自己的感受：

言有教，动有法，昼有为，宵有得，息有养，瞬有存。

这就是儒家有名的"六有"，这是张载拜谒武侯祠，缅怀诸葛武侯一生的丰功伟绩后，对做人和修身养性的体悟。大致的意思是：说话要有教养，行动应有规矩。白天要有所作为，晚上应当静思自己的心得。休息时，必须保养身体与气质。在瞬息之间也不能放心外驰，而要有收获和存养。

多年以后，关学兴起，横渠书院兴办，张载的"六有"成为他教育学生的准则。

车马踏上曲折狭窄的褒斜道后，一边是险峻的峭壁，一边是万丈深渊。本来道路艰难就令人胆战心惊，再加上一路上猿猴的哀啼，豺狼的嗥叫，山鸟的怪鸣，就更令人觉得毛骨悚然。那天傍晚，车仗来到了褒斜道的北口，两头饿狼嗥叫着紧紧尾随车仗前行，吓得弟弟张戬和姐姐薇儿不断地哭。张载急中生智，将一件衣衫浸上灯油，绑在一根长竹竿上，然后点燃，挥舞着向两头饿狼打去。竹竿落处，饿狼的毛被熊熊大火烧得吱吱冒烟，饿狼也被烧得嗷嗷乱叫，于是转身向山沟深处仓皇逃命去了。张载智斗恶狼的事情被马车夫看得清清楚楚，后来他逢人就讲这个故事，这个勇武的小故事也被乡亲们传为佳话。

就这样，经历了无数的艰难坎坷，经过了几十天的行程，车仗终于来到了关中的郿县（今眉县）横渠镇。

由于张载的父亲是一个清廉的小官吏，家中本来积蓄就不多，经过一场水患，父亲已散尽家资，再加上为父亲治病和料理后事，到了横渠时，张家的盘缠已经花光了，忽然又惊闻前方战乱，看来是无法返回故里汴梁了。迫于无奈，在当地好心人的帮助下，张载便将父亲安葬于横渠镇南大振谷迷狐岭上。他要在此守孝三年，于是全家也就定居在横渠镇了。

一个冬日的清晨，张载照旧很早就起床了。他打开门，一股冷寂的空气迎面扑来。但见雪花飘舞，纷纷扬扬，漫天皆白，眼前已变成一个玉树琼枝、千树万树梨花开的世界。

"下雪了，好大的雪啊！"他不由得高兴起来。在南方的涪州很少能见到下雪天，当然也不会下这么大的雪。

他来到院子里，抖擞精神，练了几套拳。虽然冷风飕飕，但他的身体慢慢热起来并微微出汗了。

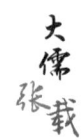

他又拿出一把宝剑，那是他离开涪州时，恩师张先生送给他的。临行时张先生叮嘱他，不要耽误了功课，也不要荒废了武功，鼓励他不要放弃少年时的梦想，还送给他一副亲笔写的对联："江山开眼界；风雪练精神。"想起张先生，他的心中涌起了一股热流，眼眶湿润了。

是啊，"风雪练精神"，先生说得多好啊！

他又想起了他的好朋友赵鸿。赵鸿的赵家枪已经练得非常纯熟了，就连赵父有时也不是赵鸿的对手。赵鸿如果能在他身边就好了，他们还可以继续切磋武功，学习兵书。嗨！世事难料，人生无常，真不知什么时候还能见到这位童年的伙伴。

风呼呼地刮着，雪花纷纷扬扬地飘落。一个少年在院子里矫健凌厉地舞剑。但见一片剑光闪烁，劈得雪花纷纷四散飘飞。

酷热的夏日傍晚，学子们都相继回家了，崇寿院里还有一名学生在习字和温课，他擦了一把汗，打开《礼记》，翻到《大学》篇，在本子上用工整的小楷写道：

所谓齐其家，在修其身者：人之其所亲爱而辟焉，之其所贱恶而辟焉，之其所畏敬而辟焉，之其所哀矜而辟焉，之其所敖惰而辟焉。故好而知其恶，恶而知其美者，天下鲜矣。故谚有之曰："人莫知其子之恶，莫知其苗之硕。"此谓身不修不可以齐其家。

写完后，他在心里反复揣摩着这一段话：说得多好啊，真是一语中的，精辟而入木三分地说出了人性中的一些不足的地方和人们日常容易犯的错误。不是吗？人们总是对自己热爱的、厌恶的、敬畏的、同情怜悯的人存有偏见。这是一般人在情感和理智上都不可避免的错误，所以我们要修身，要加强修养，才能培养自己理性、公正而不偏颇地识别和认知事物的能力。

这名学子就是十七岁的张载。

来横渠镇后，他奉母教弟，完全挑起了家庭的重担，起早贪黑地耕种、读书、学习，过着清苦的半耕半读的生活。一晃时间已经过去了两年。

横渠镇位于关中平原腹地，属于鄠县管辖，在鄠县的东部。这里南有以险峻著称的秦岭主峰太白山，北边有波涛汹涌的渭河，西有闻名遐迩的凤凰温泉，东与古老的盩厔（今周至）毗邻，是一处风景优美、土地平坦、经济富庶的风水宝地，特别适合小麦、谷子、水稻等农作物的生长，自古就是关中有名的粮仓。三国时期的武侯诸葛孔明曾在这里囤过粮。

横渠镇的人们经常会看到书生张载手里拿着书本，每天出入崇寿院。但在田野中也经常会看到他躬耕陇亩，不辞辛劳地下田播种和收获的身影，一切农活他都拿得起，里里外外是一把好手。那时候，他们看到张载，也曾悄悄议论："瞧，这位书生，他曾经是官宦家的弟子，如今小小年纪，当官的父亲就去世了，是他一个人挑起了赡养母亲、照顾弟弟的重任。"慢慢地，大家都觉得他过得很不容易，是一个敢于担当的小男子汉，便对他肃然起敬。张载无论是在田间地头，还是街道小巷中见了乡亲们，都很礼貌地向大家问好行礼。在相处中，横渠镇的老百姓都喜欢上了这名对人和蔼热情而又坚强果敢的清秀书生。

周伯是横渠镇一位德高望重的长辈，五十多岁，国字脸，络腮胡，高大魁梧，身板健壮，说话声如洪钟，是一个热心肠的西北汉子。他看到张载一家孤儿寡母，生活艰难，但张载却半耕半读、奉母教弟、任劳任怨，就经常主动在农活上帮助张载，教张载如何播种，如何施肥，如何浇灌，如何防虫，如何收割，等等。张载也很尊重和喜欢这位长辈，经常向周伯学习一些作务农活、种植庄稼的知识和经验。慢慢地，张载就和周伯成了忘年交。

周伯有两个儿子。大儿子名叫周峰，长得很壮实，刚过了弱冠的年龄，是一名非常憨厚的年轻人。别看他人很憨厚老实，沉默寡言，但手很巧，学得一手好木匠手艺，经常在家里做木匠活。小儿子叫周宇，也在崇寿院读书，和张载是同窗好友。周宇非常像他的父亲，生得高大健壮，剽悍威猛，除了读书外，经常使枪弄棒，练得一身好功夫，还好骑马射猎。有时候，他会邀上张载一起去山中射猎，往往会满载而归，猎物中有野兔、狐狸、狼等，能装一大车。

周伯有一个外甥叫宋寿昌,俊朗洒脱,一表人才,又弓马娴熟,他意欲从军报国。他有一次到横渠舅舅家做客,和薇儿在街上相遇,两人一见钟情。那时候是春天,桃花开得正艳,两人刚好在一棵桃树下相遇,春风拂过,满树桃花就飘落了两人一身,也许就是这彼此的凝眸、注视和微微一笑,注定了两人一生的情缘。后来,宋家托周伯向张家提亲,张母陆氏对宋寿昌也比较满意,就将女儿薇儿嫁给了宋寿昌。

景祐三年(1036),朝廷发生了一件大事,影响大宋朝朝政的"朋党之争"由此拉开了序幕。

这一年,范仲淹知开封府。这年五月,忠直而不畏权贵的范仲淹向皇帝上《百官图》,弹劾权相吕夷简。范仲淹所上的《百官图》详细解说了朝中每一位官员的升迁之路,义正词严地揭露了吕夷简在官员提拔任用中的任人唯亲、培植党羽和暗箱操作的卑劣行径,对宰相用人制度提出尖锐批评,劝说皇帝改革官员任用制度,亲自掌握官吏升迁之事,并追究吕夷简党同伐异之责,在朝野上下引发强烈反响。吕夷简不甘示弱,反讥范仲淹迂腐,诬蔑范仲淹越职言事、勾结朋党、离间君臣。范仲淹便接连向皇帝上了四道奏折,论斥吕夷简狡诈和独断专行。范仲淹因为进谏言辞激烈,后被贬出京城,改知饶州。这也是他仕途生涯中第三次因为直言进谏被贬。在这一事件中,秘书丞余靖、太子中允尹洙、馆阁校勘欧阳修、西京留守推官蔡襄等因为范仲淹求情和辩护,被吕夷简党派划入范仲淹的朋党范畴,从此拉开了北宋"朋党之争"的序幕。

范仲淹虽然被贬出京城,但他不畏权贵、直言进谏的美名却传遍了天下。张载和周宇等人也经常谈论范仲淹的事迹,对他的人品敬慕不已。张载说:"周宇,以后咱们若能考取功名,也要心系社稷百姓,像希文先生一样,做一位正直和直言敢谏的忠臣。"

自从在横渠镇安葬了父亲,母亲就一病不起,张载请来了当地的郎中给母亲诊了病,开了药方。郎中说母亲身体无大碍,就是伤心思虑过度了,再加上从涪洲来到关中,长路漫漫,一路颠簸、风餐露宿的,受了点儿风寒,所以才会得这种病,吃了药,慢慢将息将息就会好的。

一天晚上,张载服侍母亲喝完药后,说:"娘,你知道吗,吴玉姑娘从涪州来信了。"

"哦,不知吴玉信上都说了些什么?"母亲靠在病榻上,缓缓地说。

"她说她过些日子,会和弟弟来看望咱们的,她让我代她向您请安。"张载说。

"哦,真是一位好姑娘,难得她还没有忘记旧情。只是,如今……我们家……"母亲欲言又止。

"娘,您想说什么?"

"载儿,娘得告诉你,你爹爹生前,为救灾散尽家资,靠着朝廷的抚恤,我们一家来到横渠,又添了随身细软,才置得几十亩的薄田。我们家已经败落了,我担心这门亲事怕是靠不住了。"说着,娘的眼眶湿润了,显出几分悲戚的神色来。

"娘,您别伤心,我相信吴玉姑娘不是那样的人!"张载替母亲宽着心。

"载儿,你不知道,这就是世道,世态炎凉,如今的境况,你和吴玉姑娘不仅远隔千里,而且已经是门不当户不对了。"母亲冷静地说。

"哦,娘,我知道了……"张载陷入了沉思。

在崇寿院,张载除了学习《道德经》《孟子》《礼记》《论语》等典籍外,还学习了《周易》。

这是他第一次正式接触这部充满神秘色彩的古老奇书。连起来的横杠叫作阳爻,中间断着的横杠叫作阴爻。三个不同的横杠成为一组分别表示乾、坤、坎、离、震、艮、巽、兑,又分别对应大自然的天、地、水、火、雷、山、风、泽。若将八个不同的单卦两两组合,就产生了八八六十四个复卦,比如屯卦、蒙卦、需卦、否卦、泰卦等等,每一个复卦代表着不同的事物及社会现象,也预示着一定的吉凶祸福。

先生说,八卦相传是上古时期的伏羲氏画的,到了商朝末年,西伯侯姬昌被纣王囚禁于安阳的羑里城,推演出六十四卦,流传至今。哦,真是太神奇

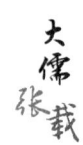

了,多么不可思议!

"子厚(张载的字),你的名字,是不是来自《周易》这部书中的坤上坤下这一卦呢?"傍晚,出了崇寿院的大门,走在回家的路上,周宇问张载。

"是啊,我曾经听爹爹说过,我出生的时候,他正在读《周易》,刚好看到坤上坤下这一卦,他就读了一句'地势坤,君子以厚德载物',正在反复玩味的时候,我就降生了。"

"哦,原来如此,看看,我猜得不错吧!"周宇得意地说。

"周宇,我要考考你,坎上乾下是个什么卦?"张载说。

"是个什么卦呢……我一时想不起来了。"周宇用手抓了一把头发,使劲地回想。

"是个需卦。上卦坎为水,代表云气,下卦乾为天,上下卦组合在一起象征着云气上集于天,待时降雨。"张载条理清楚地解释道。

"哦,原来是个需卦,那它又说明了什么呢?"周宇不解地问。

"此卦阐明了事物在发展过程中当耐心待时的道理。"张载不慌不忙地说,"先生说,这个卦应该是个大吉卦,君子观此卦象,可以宴饮安乐,待时而动。"

"哦,你记忆力真好!我一学过,就忘记了。嗨,瞧我这记性!"周宇感叹着说,"不过我倒是记住了一个卦,我也要考考你!下震上坤,是个什么卦?"

"是个复卦!"

"这个卦是什么意思呢?"

"上卦坤为地,下卦震为雷,震雷在地下微动,预示着阳气回复。全卦展示事物正气复转、生气更发的情状,指明了正道复兴这一不可抗拒的自然规律。"

"说得好!那么在节气上,复卦代表着哪个节气呢?"

"让我想一想,是冬至吧,因为这正是阴气极盛,阴极生阳,阳气初生的时节。是的,应该是冬至!"

"真是很厉害!我算服了你了!"周宇向张载伸出了大拇指。

夏风从遥远的太白山那边吹来，带着温热的即将成熟的麦子的气息。横渠镇的麦浪泛着金光，一直延伸到天边。端午节刚过，马上就到收割的时节了。老百姓已经开始磨镰刀，收拾农具，准备收割小麦了。

这天上午，一辆华贵的马车在马蹄的嗒嗒声中来到了横渠镇，车上的马夫向行人问了路，一会儿工夫，马车就停在了张载家的门前。车帘一挑，从车里出来一位十六七岁的公子，接着又出来一位衣着华贵的小姐。公子扶着小姐来到了张载家门前，上前叩门。门开了，张载的母亲陆氏迎了出来。

"噢，原来是吴公子、吴小姐来了。这么远的路，真不容易啊！快请进，快请进！"陆氏喜出望外地说。

"夫人，我和弟弟很早就想来看看您，但苦于山长水远，一直不能成行。还请您见谅。"吴玉用一双水灵灵的凤眼看着陆氏说。

"是啊，夫人，自从您和张载哥哥离开涪州，我姐姐天天说要来这里找你们，不知哭了多少次了。"吴江说。

两年多的时间不见，吴江长高了，越发英俊了；吴玉也出落得越发楚楚动人了。

"好孩子，难得你们还一直想着我们。我们本来是要回老家汴梁的，但后来苦于兵乱，就将你伯父安葬在横渠镇，我们也就在这里住下了。你张载哥哥这会儿还在崇寿院读书呢，我这就让人去叫他回来。"

张载得知吴玉和吴江不远千里从涪州来看望自己，就赶紧往回跑。当他回到家里的时候，看到母亲拉着吴玉的手在落泪，吴江站在一旁正不知说些什么好。他走过去，一把抱住了吴江，拍着他的背说："好兄弟，可算见到你了！"俩人都激动得热泪盈眶。

"张载哥哥，你受苦了。"吴玉看到了张载家里陈旧的家具、简陋的陈设，又来到他的书房，看到书桌上高高堆起的书籍，墙上挂的边疆堪舆图，就知道他虽然忍受着艰难，却没有放弃自己的宏图大志。

"吴玉妹妹，谢谢你不远千里来看我。"张载沉稳地说，"涪州一别，时间过得太快了，不想两年多就过去了，你在那边还好吗？"

"张载哥哥，我在那边一切都好，就是经常思念你，想念我们一起度过

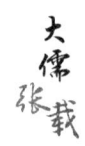

的那些美好的时光。"吴玉眉目含情地望着张载，继续说，"你还记得那个中秋夜吗？那月光如水的晚上，你舞拳，我弹琴，大家饮酒赋诗，多美的时光啊！"

"是啊，一切就像是昨天一样。"张载望着吴玉澄明如水的双眸，黯然神伤地说，"你的琴弹得那么好，让大家听得如醉如痴。可惜那样的日子，以后不会再有了！"

"张载哥哥，两年多不见，你经历了人世沧桑，经受了那么多的艰难困苦，你变得成熟多了！"吴玉望着张载宽阔的胸膛，厚实的双肩，晒得黝黑的脸庞，唇上浓密的胡须，心想，岁月的风雨已经将他锤炼成了一个真正的男子汉了，就忍不住怦然心动，爱慕和怜惜之情油然而生，不觉就羞红了脸。过了一会儿，她慢慢地说："虽然我爹娘也经常悲叹人生的无常，说要给我另找人家，但请你相信我，我对你的心是永不改变的。"

"吴玉妹妹，难得你一片痴情，只是……"张载欲言又止，他不敢看吴玉炽热的双眸，"只是，如今我家的境况已大不如从前了，只怕你跟着我，会受苦的！"

"我不怕受苦，只要能和你在一起！"吴玉坚定地说。

他们谈了很久很久。后来吴江和吴玉在张载家住了一夜，就踏上回蜀中涪州的路了。回去的时候，吴玉给张载留下了一个画轴，她说这是她用两个月的时间精心画成的，她叮嘱张载等她走后再看。

姐弟俩走后，张载打开了那个精致的画轴，原来是一幅人物风景画。但见日暮时分，黄叶纷纷凋零，一对青年男女相携着走在山间的崎岖小路上，走向云水苍茫处。画面的空白处题着几行诗，仔细看时，却是：

死生契阔，与子成说。
执子之手，与子偕老。

张载看了半晌，呆了半晌，一种莫名的感动令他发痴发傻。

七　男儿本色

屋子里有一股浓浓的中药味，混杂着一股淡淡的檀香味。

"娘，药熬好了，我来喂您服下吧。"张载将刚刚熬好的药盛在一个小碗里，里面放一个小汤匙，轻轻端到母亲的病榻前。

"载儿，你从书院回来了。"母亲欠了欠身子说，似乎想坐起来，"娘睡着了，迷迷糊糊的，一点儿都不知道。看看天都快黑了。"

"是啊，天就要黑了。"张载轻轻扶着母亲让她坐起来，然后在她身后垫了个枕头，让她靠在病榻上，说，"我来喂您喝药吧，喝了这几服药，您感觉能好一点儿吧？"

"是啊，能好一点儿了，比前几天好些了。"母亲慢慢地说，明显气力不足。

"戬儿呢？是不是又出去玩鸟去了？"张载一边喂母亲喝药，一边不安地问，"那孩子要总是这么贪玩，可怎么办哪！"

"不，戬儿最近知道读书了。他不再贪玩，他下午去私塾读书去了。"母亲说。

正说话的当儿，门开了，戬儿挎着一个小书包回来了，他一见娘和哥哥，就说："娘，我回来了。哥哥，你在给娘喂药呀！你知道我们今天学什么了？"

"《蒙求》，还是《千字文》？哦，我知道了，让哥哥猜一下，一定是《蒙求》吧？"

"不是，你猜错了！"

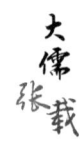

"那是什么呢?"

"我们先生教的是《百家姓》,我背给你听吧:'赵钱孙李,周吴郑王……'"屋内回荡着张戬甜甜的童音,张载听着弟弟背诵,心里很高兴,心想弟弟慢慢长大了,他不再那么贪玩了。

张戬今年七岁了。他原来很贪玩,最喜欢玩鸟,只要一听到鸟叫,就往门外跑,还爬到树上去捉鸟。有时候一个人跑到山里的树林子里用弹弓打鸟,甚至有一次还迷失了方向,让张载在山里找了一个晚上呢。

就这样,他一边听着弟弟背书,一边将药一汤匙一汤匙慢慢地喂给母亲服下。他看着弟弟那天真可爱的样子,往事又一幕一幕地浮现在眼前。

一个夏天的中午,张戬和几个贪玩的孩子玩得满头大汗、一脸是泥的回来了。他手里拿着一个鸟笼子,衣服也被林子里的荆棘划破了,衣服上沾满了草籽和土灰。张载看见了,非常生气,一把夺过鸟笼子厉声说:"戬儿,又出去捉鸟去了?看看你们都干了些什么?"一边说,一边生气地打开鸟笼,从鸟笼子里取出一只画眉鸟、一只黄鹂鸟,一扬手,两只鸟儿扑棱棱就飞了。"这些鸟也是遭了殃了,被你们祸害的,你们简直成了野孩子了!"他说完便将鸟笼子一下子就踩扁了。

张戬看到哥哥发火了,又看到自己辛辛苦苦捉来的鸟被哥哥放飞了,鸟笼子也被踩坏了,伤心地哭了。他一边哭一边往门外疯跑,张载就在后面追,一直跑到南边山脚下的树林子里,才总算追上了他。

张载拉着弟弟的手,一起坐在河边的一块大石头上,苦口婆心地规劝弟弟。他告诉弟弟爹爹去世得早,如今娘又有病,家里的经济情况又不好,弟弟如果不好好读书,将来可怎么办呢?只要他们兄弟二人团结一心,互相帮助,用功读书,将来一定会成就一番大事业的,也一定会光宗耀祖的。这样也就对得起他们早逝的父亲,他老人家如果知道兄弟二人好好做人、用功读书,一定会含笑九泉的。

慢慢地,弟弟不哭了。他是个聪明的孩子,道理总是能听懂的,他说他不再玩鸟了,一定会好好读书,让哥哥放心。后来他们手拉着手回到了家。从此,张戬就像变了个人似的,再也没看见他去捉鸟和玩鸟。

在对往事的追忆中,张载给母亲喂完了药。弟弟背完了书,就习字去了。他看了弟弟的习字本,给弟弟纠正了几处书写错误,便回自己的房间去了,他也有自己的功课要做。

这天,先生教授《孟子》,是《滕文公下》这篇文章:

景春曰:"公孙衍、张仪岂不诚大丈夫哉?一怒而诸侯惧,安居而天下熄。"

孟子曰:"是焉得为大丈夫乎?子未学礼乎?丈夫之冠也,父命之;女子之嫁也,母命之,往送之门,戒之曰:'往之女家,必敬必戒,无违夫子!'以顺为正者,妾妇之道也。居天下之广居,立天下之正位,行天下之大道。得志,与民由之,不得志,独行其道。富贵不能淫,贫贱不能移,威武不能屈。此之谓大丈夫。"

先生说在这篇文章中,孟子以气势磅礴的语言,回答了景春关于什么是大丈夫的问题。孟子关于大丈夫的这段名言,句句闪耀着思想和人格力量的光辉,千百年来,鼓励了多少志士仁人,成为他们不畏强暴,勇往直前,坚持信仰和正义的座右铭。特别是结尾那几句,读来铿锵有力。

张载在心中反复默诵着:"富贵不能淫,贫贱不能移,威武不能屈。此之谓大丈夫。"一种精神力量,从他的心中慢慢升腾起来,他不再感到自己力量单薄和脆弱了,他忽然感到自己单薄的身体似乎能爆发出千钧之力,他要成为一个顶天立地的男子汉、大丈夫,他似乎看到了大鹏鸟展翅翱翔蓝天的雄姿,那就是——"其翼若垂天之云"。

他每天下午从书院回家,第一件事就是为母亲煎药,侍候母亲服药。等母亲的药服完了,他又会去药铺抓药。时间一长,他慢慢也懂得了一些中药知识,医生给母亲开的药方里有黄芪、当归、山药、酸枣仁、龙眼肉、甘草、金银花、薄荷等等。在药铺里,当抓药的伙计从药橱子里往外抓药的时候,他就

注意哪一味药是个什么样子,慢慢地他就认识了许多中药。回家后,他又找来医药典籍,比如《黄帝内经》《神农本草经》《千金方》等学习。一天晚上,他打开《黄帝内经》翻到《上古天真论》:

> 上古之人,其知道者,法于阴阳,和于术数,食饮有节,起居有常,不妄作劳,故能形与神俱,而尽终其天年,度百岁乃去……夫上古圣人之教下也,皆谓之虚邪贼风,避之有时,恬惔虚无,真气从之,精神内守,病安从来。是以志闲而少欲,心安而不惧,形劳而不倦,气从以顺,各从其欲,皆得所愿……

读着这些文字,他心想,《黄帝内经》虽然是中国最古老的一部医学经典,但并不像想象中那样艰涩难懂。经过一番阅读和研究,他认识到,《黄帝内经》博大精深,主要包括脏腑、经络、病因、病机、病证、诊法等内容。该书以中华传统的阴阳五行为框架,以人体为主要研究对象,形成医学家所特有的天人合一的思想体系。该书假借华夏始祖黄帝之名,以黄帝和岐伯对话切磋医技一问一答的形式,讲解医学知识。这也就是后世所说的"岐黄之道"的来历。

这本中医经典,语言是那么简洁凝练与浅近易懂,讲述又那么亲切平和与言简意赅。而且从文中来看,只要能做到"食饮有节,起居有常,不妄作劳",还有"虚邪贼风,避之有时,恬惔虚无,真气从之,精神内守",人就不会得病。这真是一种前所未闻的观点和论断,真是令人大开眼界,他感到新奇有趣,也颇受教益。他一边读一边想,看了一会儿,又翻到《四气调神大论》:

> 春三月,此谓发陈,天地俱生,万物以荣,夜卧早起,广步于庭,被发缓形,以使志生,生而勿杀,予而勿夺,赏而勿罚。此春气之应,养生之道也。逆之则伤肝,夏为寒变,奉长者少。

本篇讲述了人如何顺应自然，在一年四季春夏秋冬中如何作息，如何行为，如何养生，如何调适心情与情志，才能做到颐养天年。比如春天，本篇认为春天是生发的季节，所以就要"夜卧早起，广步于庭，被发缓形，以使志生"。到了夏天呢，本篇认为夏天是万物繁茂、蓬勃生长的季节，所以就要"夜卧早起，无厌于日，使志无怒，使华英成秀"。到了秋天呢，是万物成熟收敛的季节，则要"早卧早起，与鸡俱兴，使志安宁，以缓秋刑，收敛神气"。到了严寒的冬天，是万物蛰伏闭藏的季节，要做到"早卧晚起，必待日光，使志若伏若匿……去寒就温"。最后得出了这样的结论："夫四时阴阳者，万物之根本也。所以圣人春夏养阳，秋冬养阴，以从其根。"就是说人作为自然界的成员，要顺应自然的阴阳：在春夏季要保养身体的阳气，以适应生长的需要；而秋冬季呢，要涵养身体的阴气，以适应收藏的需要。如果能做到这些，身体就会健康；反之，如果违背了这些，逆天而行，那么身体自然就会生病。

还有，这本中医典籍不仅仅是治病，更主要的是教人们预防疾病，怎样养生，怎样调节自己的神情，怎样做到天人合一，怎样顺应四时的天气、气候、时令适时地调节自己的精神和神情，如书中所说"不治已病治未病"。他愈发感到了神奇，也感到了中医典籍的博大精深，他慢慢地迷上了这本书。后来他就不断地把书中的一些话说给母亲听，让母亲好好休息，调养身体，好好养生，不要再忧伤了，只要有他在，他一定会让母亲过上好日子的。陆氏为有这样一个孝顺而又有志气的儿子感到欣慰，于是病体也感到轻松了许多。

麦收后，天气愈来愈热，骄阳炙烤着大地，横渠镇的田地里已经长出了一尺来高的谷子苗。这天，南阳的舅舅家来人了。从马车上下来的是张载的二舅舅陆远和表弟陆鸣。

十年不见，当年那个正在换牙一说话就"漏气"的小男孩，如今已经长成了一个腼腆的小伙子了。他很像他的父亲，圆脸、浓眉、大眼睛，肩膀宽宽的，长得比张载还要高一些，而且身体很壮实。

陆氏颤巍巍地走过来，拉着陆鸣的手，上下仔细打量了他一番，怜爱地说："鸣儿，十年不见，都长得和你父亲一样高了。读书了吗？"

"姑妈,我读了许多书,'九经'都读过了的。"陆鸣望着陆氏说,"姑妈,这些年您受苦了,看您都有那么多白发了!"

"是啊,姐姐,您这些年都是怎么过来的?您受苦了啊!"陆远望着他大病尚未完全康复的姐姐说。

张载的母亲就把丈夫张迪去世后,自己怎么来到横渠镇,又怎么定居下来,张载是怎么样挑起照顾一家人的重担,怎样为自己看病熬药喂药,又怎样教育弟弟的事情从头说了一遍。

陆远看着张载,拍拍他的肩膀,很欣慰地说:"载儿,好样的,算条汉子,你果然没有让我失望!"

陆远又问张载定亲了没有,说他们南阳有一大户人家姓郭,郭员外在当地德高望重,又是书香门第。郭员外有一个女儿叫郭葳,生得很美丽,不仅天资聪颖、知书达礼,而且琴棋书画样样精通。他很想让张载和这个姑娘定亲。陆氏一听很高兴,就和弟弟细细地长谈起来。张载一听,就借故告退了,因为他心里想着他的吴玉妹妹。

只有涪州的吴玉妹妹才是他的心上人。他的心早就飞越了千山万水,向着涪州飞去了。吴玉妹妹现在在干什么呢?是在抚琴吗?那清越的琴声,那婉转的琴声,那缥缈如仙乐的琴声啊,他什么时候才能再次听到?

有一天,张载在先生那儿发现了一本发黄的老书,打开一看,看到了这样的句子:

茶者,南方之嘉木也……茶之为用,味至寒,为饮,最宜精行俭德之人。若热渴、凝闷,脑疼、目涩、四肢烦、百节不舒,聊四五啜,与醍醐、甘露抗衡也……

先生说,这是一本论述茶的书,名叫《茶经》,这是唐朝的陆羽(733—804)先生所著。关于陆羽先生,张载略有耳闻,那还是几年前在涪州时,有一次父亲和他品茶的时候告诉他的,父亲说陆羽是茶圣,曾经写过一本很有名的谈论茶的著作，看来就是眼前的这本书了。他读了几段文字，觉得这本书写得清新而凝练，而且内容有益有趣，特别是那些关于茶与养生的文字很吸引他。他想这本书对娘的身体康复肯定有好处，于是，就从先生那儿借回来认真研读。

后来，他又从一些中医典籍中发现了一些药茶的秘方，就尝试着给母亲煮一些药茶。张载选用上好的茶饼，再加入枸杞子、红枣、百合、龙眼肉等熬制成药茶，让母亲饮用。母亲喝了几天，脸色红润起来，精神状态也好了许多。

在横渠镇的西南方有一处风景名胜叫凤凰泉。这里位于太白山麓，山环水绕，古木参天，四处葱郁葱茏，景色如画，因地处龙凤、凤凰两山环抱之中，故名凤凰泉。据后世记载，"凤凰神泽"为郿县八景之一。隋文帝杨坚曾在此建凤泉宫作为避暑洗浴之地。唐玄宗曾三临其地，赐名"凤泉汤"。

凤凰泉的泉水很神奇，水常年温热，升腾着氤氲的蒸汽。据说人在这里沐浴后能轻身不老、延年益寿，还有人说这汤泉的水能医百病呢。

"娘，周宇来看望您了。"张载指着身旁的书生说。

周宇将手里拿的礼品放在张载母亲病榻旁边的案几上，说："婶子，您的身体好些了吗？"

"好些了，你是载儿的同窗，好啊，好啊，你们要互相扶持，用功读书啊！"母亲看着眼前这个强壮的年轻人微笑着说。

"婶子，您放心，我们经常在一起读书、习武呢，就像一对好兄弟！"周宇用浑厚的声音说。

"娘，我们今天要送您去凤凰泉沐浴，您坐车，我们俩骑马跟在后面。"张载说着，就去套马车了。

为了让母亲能尽快康复，张载经常用马车送母亲到凤凰泉沐浴养生。经过一段时间的调养，母亲的身体终于康复了。康复后的母亲很高兴，她逢人就说张载是个孝子。

秋风渐凉，群雁南飞，黄叶飘落了一地。这天上午，一匹马从南山那边飞驰而来。骑马的是一位锦服华冠的公子，他双眉紧锁，神情忧伤，似乎有满腹

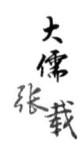

的心事。当他来到横渠镇后,就径直奔张载家而来。他将马拴在张载家门口的大槐树上,就上前敲门。

门开了,张载迎出来说:"吴江弟弟,快请进来!"

"张载哥哥,大事不好了!我姐姐……我姐姐……我姐姐她出事了!"吴江一见到张载,就上前抱住了他,伏在他的肩上抽抽搭搭地哭出声来。

张载惊愕地问:"你姐姐……吴玉妹妹她出什么事儿了?"

"她去了,她永远地去了!"说着,吴江便泣不成声了。

原来,知州张迪的突然去世,给吴越以极大的打击,他伤心不已。令他伤心的是,他不仅仅痛失了一位挚友、一位官场的长官,更为重要更为难过的是,他经常想到女儿的归宿。

张载是一个天资聪颖的孩子,好学上进,文武兼备,又尊敬师长、礼貌待人,是他看着长大的孩子,对这个孩子,他确实是喜欢的,也确实没有什么可说的。但是一丝隐隐的不安和担忧又经常悄悄袭上他的心头,张家已经家道败落了,又远隔千山万水,如果将来将自家的千金小姐嫁过去,让女儿去受苦,他怎么能安心呢?于是他经常黯然神伤,经过他与夫人反复商量,最后决定将女儿另行许配给当地的名门富户。

谁知吴玉死也不从,她直言此生非张载不嫁,一直和父母闹着别扭,抗拒着父母之命、媒妁之言。慢慢地,她日渐憔悴,日渐消瘦。后来当得知父亲已经将她许配给涪州富户马员外家的公子时,她昏过去了。从此,她整日以泪洗面。三个月后,正当马员外家张罗着准备给儿子完婚的时候,吴玉在忧郁中气绝身亡。

听着吴江的讲述,张载泪眼蒙眬,那个中秋之夜给自己抚琴的姑娘,那个月容花貌、温柔贤淑的姑娘,就这么匆匆地走了吗?那像流泉、像天籁、像仙乐的琴声啊,难道就此成了绝响?这简直就是一个晴天霹雳!苍天啊,你为什么要这样折磨人?!

他发疯似的跑出家门,向着镇子南边的原野跑去。他跑过一道道山岗,停在漫山遍野的野菊花丛中,望着连绵起伏的重重叠叠的群山,大声呼喊着:"吴玉妹妹!吴玉妹妹!"

山鸣谷应,山谷间回荡着他的声音,久久不绝。

山风吹来,满山的黄叶红叶飘飞着,他感到一阵阵的眩晕,就昏倒了。

他醒过来时,发现自己躺在周宇的家里,姐姐薇儿、周峰、周宇和周宇的父母都坐在他的旁边。"好孩子,你终于醒过来了!"周宇的母亲微笑着说,"你昏迷了很久很久,可把我们都要吓死了。"原来,是周宇将自己救回来了。

就这样,张载大病了一场。

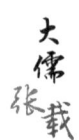

八　热血报国

一阵笃笃笃的敲门声。张载打开门。

"好心人,给口吃的。"只见一名衣衫褴褛的老人领着一个光着脚丫的小男孩站在门外。他们脸色苍白,面容凄苦,一人手里拿着一只破碗。

"老人家,您是从哪里来?"张载问。

"我的家在延州,西夏兵入侵了,他们打家劫舍,烧杀抢掠,老百姓死的死、逃的逃,可怜我的儿子啊,他在逃跑的路上被西夏兵杀死了。"老人伤心地说着,老泪纵横。

"那朝廷的兵呢?难道他们就不管吗?"张载给老人和他孙子一人盛了一碗热气腾腾的小米粥,愤愤不平地问。

"朝廷的兵将不是西夏的对手,早就溃不成军了。"老人说。

张载默然。

对于北宋朝廷来说,宝元元年(1038)是非同寻常的一年。因为这一年十一月十日,西北部党项族的首领李元昊自立为王,国号为"大夏",史称"西夏"。西夏后来不断对宋朝西部边境进行侵扰,成为宋朝的劲敌。

党项族是一支生活在我国西北部地区的少数民族。若要追溯党项族人的历史,他们原是北魏鲜卑族拓跋氏之后,其姓氏李姓也是唐朝皇帝所赐。党项族人所居住的玉门关以外的地区原属于宋朝统治。公元1032年李元昊当上了党项族的首领,野心勃勃的李元昊开始了一系列政治改革。他首先弃李姓,自称"嵬名氏"。公元1033年以避父讳为名改宋明道年号为显道,第二年开始使用西夏自己的年号。在其后几年内，他建宫殿，立文武班，规定官民服饰，定兵制，立军名，创造自己的民族文字西夏文，并颁布"秃发令"。

"秃发令"是最能显示李元昊与大宋王朝分庭抗礼的决心的。因为当时党项族也像汉族一样蓄发、结发。从装束来看呢，党项族人一般腰间束带子，腰佩短刀，并带上挂包、火镰等物件。李元昊下令秃发后，规定"三日不从令，许众杀之"，也就是说，三天之内，党项族人如果不剃光头发，就要杀头。可见其政令之残酷！

后李元昊又多次发动对异族的侵略战争，不断扩大其疆域和势力。在他当首领后的六年间，先后对其毗邻的回鹘族、吐蕃族进行了多次侵略和攻击，后逐步统一了西北部的河西走廊地区。宝元元年（1038）十一月十日，李元昊脱离宋朝的统治，自立为王，建立了大夏帝国。大夏国东到黄河，西至玉门，南接萧关（今宁夏固原东南），北控大漠，占地近一万平方千米。西夏东北与辽朝西京道相邻，东面与东南面与宋朝接壤。

登上帝位后，李元昊一边向大宋发动侵略战争，一边在中兴府大兴土木，建设规模宏大的宫殿、宗社、寺庙、陵园等等。

西夏帝国的自立，震动了宋朝朝野。皇帝赵祯极为愤怒，宣布要征讨西夏，积极筹备战事，但最后未能实施。从此，大宋的西北部防务变得重要起来。

康定元年（1040）初，西夏大举入侵北宋。首先遭遇的是"三川口之战"。三川口，即延川、宜川、洛水三条河流汇合处。在这一战役中，由于宋军守将李士彬飞扬跋扈、骄傲自大，藐视西夏军，李元昊抓住他的这一弱点，将计就计来了个诈降，设伏兵，里应外合，一夜之间，便攻破宋军的营寨，连主将李士彬也成了西夏兵的俘虏。

突破了宋军的西部防线后，西夏兵更是势不可当，所到之处，烧杀抢掠，无恶不作，给宋朝西北边陲（今陕西北部）的老百姓带来了深重灾难，生产、经济和民生遭到了严重的破坏。边陲宋民纷纷南逃，流离失所，十室九空。这些逃难的老百姓带着伤病，拖儿带母，忍饥挨饿，见到关中的宋人，痛哭流涕着，诉说着自己的悲惨遭遇，其惨状令闻者落泪。

一天,张载又亲眼看到陕北的一家五口逃难来到了横渠镇。老父亲生着重病,形容憔悴,不断地咳喘着。两个儿子在抵抗西夏兵的劫掠中受了伤,跛着腿走路。一个儿媳妇怀里抱着嗷嗷待哺的婴儿,因为没有奶水,孩子饿得哇哇直哭。看到此情此景,张载义愤填膺,上前线杀敌报国的决心在他心中越来越强烈。

由于官僚地主阶层兼并土地,贫富分化严重,加之连年自然灾害,导致社会矛盾突出,关中一带匪患不断。土匪成群结队趁着夜色袭扰村庄,打家劫舍,使得广大老百姓居无宁日,民怨沸腾。

这天,张载找到了周宇和其他几个同窗好友,谈了对西夏兵入侵的愤恨,对陕北边境境况的深深担忧,对宋朝朝廷出兵的期望,也谈到了清除匪患、保护村庄的构想。后来他慷慨陈词:"国难当头,民不聊生,我们不能再在崇寿院静静地读书了,我们必须采取行动,习演兵法,杀敌报国!"同窗们都随声附和着:"习演兵法,杀敌报国!清除匪患,保护村庄!"

于是,他们就开始了行动。他们组织了一百多个青壮年,每天白天练习队列、骑射、刀剑和器械格斗;晚上就轮流值班,在横渠的村庄周围巡逻守更,密切监视着土匪的行踪。有时晚上与土匪相遇,他们就勇敢地冲上去,施展精湛武功,直杀得土匪们狼狈逃窜。张载和周宇他们的高强武功、英勇善战,使土匪们闻风丧胆。横渠的夜晚又恢复了宁静和祥和,百姓们又进入了梦乡。

晚上在昏暗的灯光下,张载打开《孙子兵法》,开始学习用兵之术。

> 孙子曰:"兵者,国之大事,死生之地,存亡之道,不可不察也。故经之以五事,校之以计,而索其情:一曰道,二曰天,三曰地,四曰将,五曰法……"

通过学习《孙子兵法》等兵书,他认为行军打仗靠的是谋略、智慧,而不是匹夫之勇,所谓运筹于帷幄之中,才能决胜于千里之外。

这天上午,他们正在演武场上演练兵法、战阵,忽听得欢腾的锣鼓声由远及近,放眼望去,只见一队热情洋溢的老百姓敲锣打鼓、抬着几个酒坛子向他们走来。原来是周伯等人犒赏民团兄弟来了，他们就迎了上去。周伯打开酒坛子，给每人倒上一海碗米酒，高声说道："民团好儿郎，你们清除匪患，保护村庄有功！今天，乡亲们来犒劳你们了！来，喝酒！哈哈哈！"在一片爽朗的笑声中，大家开怀畅饮，好不痛快！

张载后来得知邠州新平县（今彬州）有一位民间武术家叫作焦寅，也正在组织民团，演练兵法和战阵，就决定去拜访焦寅。

新平地处渭河北岸，是连接秦陇的咽喉要道。因此，也是西夏兵频繁侵扰的地区。

焦寅是一个精通兵法的西北汉子，也是远近闻名的民间武术家。他高大魁梧，膀阔腰圆，健壮结实，力大无穷，练就了一身上乘武功，善使一把手刀，无人能敌。他身怀绝技，而且极富正义感，经常打抱不平，民间流传着许多关于他的侠义故事。

西夏兵的暴行，激起了焦寅的强烈愤慨。

前不久一个月黑风高的深夜，他单枪匹马到前线去偷袭西夏兵营，直杀得敌营里人仰马翻、血流成河，而他自己却安然返回，毫发未损。他是一位孤胆英雄，也是一位极富传奇色彩的人物。

焦寅行侠的故事越传越远，引得四方好汉都聚集在他的麾下准备起事。于是他组织起一支一千多人的民间武装力量，每天练习武功和兵法，准备抗击西夏兵的侵略。

舅舅陆远又来了，他说陆鸣要成亲了，邀请陆氏去参加侄儿陆鸣的婚礼。于是，陆氏又向她弟弟说起了张载的婚事，说到了原来定亲的吴玉姑娘的不幸遭遇，托弟弟在南阳给张载说门亲。张载顾不上与舅舅详谈，与舅舅打了个招呼，就出门了，因为他要准备练兵的事儿。

一个初夏的上午，张载想去拜访大侠焦寅，于是他骑着马，向新平方向疾驰而去。

蓝天白云，阳光灿烂，夏风吹送着野花的清香。他望着前方的长亭、绿树

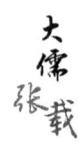

和山岗，望着天空飘过的白云，想着好男儿保家卫国的志向，忽然他激情昂扬，吟唱起一首久远的诗歌：

岂曰无衣？与子同袍。王于兴师，修我戈矛。与子同仇！
岂曰无衣？与子同泽。王于兴师，修我矛戟。与子偕作！
岂曰无衣？与子同裳。王于兴师，修我甲兵。与子偕行！

这是《诗经·秦风》中的一首。当年，就是在这块周秦故地上，英勇无畏的秦国好男儿们，吟唱着这首豪放的歌谣，慷慨激昂，舍生忘死地向入侵的西戎宣战。这是一首充满爱国主义激情的战歌，歌中唱道："谁说我们没有战衣？我与君同穿着（一件）战袍！君王要出师作战，为了保家卫国，赶快修整好我们的戈与矛，我要与君同仇敌忾，共赴沙场。……"

张载吟着吟着，远远就听到了渭河波涛汹涌的哗哗声。渭河到了，但见河水暴涨，浑浊的河水已经淹没了枯水季堤岸边暴露的沙丘和灌木，一河怒涛裹挟着泥沙，向东奔腾着、流泻着……这是流经关中平原最大的一条河，那汹涌的波浪声似乎应和着张载那雄壮的歌谣，为他壮行！

张载渡过渭河，一路风尘仆仆来到新平。远远就看见练兵场上飘扬的旗帜、整肃的队伍，听到民团操练的声音：人的喊声，金鼓的声音，刀枪碰撞的声音，马的嘶鸣。他心想，看来焦寅练的兵确实名不虚传。

"焦大侠，晚辈张载有礼了！"见到焦寅，张载抱拳说道。

"噢，张载，就是郿县横渠的张载吗？"焦寅上下打量了一下张载说。

"是的，我就是横渠的张载。"

"好一位儒雅的后生！"

"久闻焦大侠大名，今天晚辈就是为和大侠商讨习演兵法、杀敌报国的大事而来的。"

"难得一位儒雅的书生，竟然也学武报国！"

"如今国难当头，西夏南侵，朝廷软弱无能，无力抵抗，西夏兵一路烧杀抢掠，无恶不作，老百姓处在水深火热之中，作为一个准备报效国家的读书人，我能坐视不管吗？"

"说得好！朝廷的事，咱匹夫草莽不懂；但老百姓受的苦，咱不能坐视不管哪！我们要团结起来，用我们的热血，捍卫大宋子民的尊严，共同抗击夏贼入侵！"

焦寅后来和张载谈了很久，他们谈到了对付西夏兵的战略和战术，谈到了组织民团去夺回被西夏侵占的洮西失地，也谈到了筹备物资、粮饷和招兵买马的事儿。他们谈得很投机，所谓英雄所见略同。

张载回到横渠后，一边继续加紧练兵，一边不断扩充队伍，很快他的武装队伍就发展到三百多人。就在他雄心勃勃准备和西夏兵大干一场的时候，忽然听到了一个消息，那就是朝廷新任龙图阁直学士范仲淹（989—1052）为陕西经略安抚副使，与夏竦、韩琦一起主持边境的防务工作。

九 弃武从文

康定元年（1040）夏天，为抵御西夏的入侵骚扰，平定西北边疆的局势，皇帝任命五十二岁的范仲淹为陕西经略安抚副使，与陕西经略安抚、招讨使夏竦，枢密直学士、副使韩琦一道主持对西夏的防务。前线局势并不乐观，营寨接连失守，范仲淹自请前往延州（今延安），朝廷便迁任范仲淹为户部郎中兼延州知州。

当二十一岁的张载得知范仲淹主持延州防务后，非常高兴，一拍桌子说："朝廷用对人了，老百姓有希望了！"他还经常打听边防上的消息，想知道范仲淹都有什么新的防务举措。

果然不负众望。范仲淹不仅是一位著名的文学家，也是一位很有作为的政治家、军事家，心怀天下，忧国忧民。他来到西北边塞以后，便全面检阅军旅，并实行了认真的裁汰和改编。通过走访民众，实地考察地形，他从士兵和低级军官中提拔了一批猛将，由当地民间选录了不少民兵。比如说出身贫寒的狄青（1008—1057），由于武功高强、骁勇善战，被范学士破格提拔任用。范仲淹采取了一整套以防守为主、攻守结合的正确的御夏战略方针，并推行修固边城、精练士卒、招抚边民、开通互市等相应的措施，逐渐扭转了宋朝被动挨打的局面，使已被破坏的边防重新巩固起来。

狄青字汉臣，是汾州西河（今山西汾阳）人，身长七尺，生得浓眉大眼、虎背熊腰，武功好，善骑射，虽然出身低微贫寒，但为人侠肝义胆，心胸坦荡，好结交朋友。范学士到任后，经过一番考察了解，认为狄青每次战役均能冲锋陷阵，勇冠三军，确实有勇将的风格，于是破格提拔他为军官。

狄青被提拔后，更加奋勇出战。他每战必披头散发，戴一怪兽样铜面具，像神兵天降，一马当先，勇不可当。在战争中，他骁勇善战，多次充当先锋官，率领士兵夺关斩将，所向披靡，在宋夏战争中，立下了累累战功。先后攻克金汤城、宥州等地，烧毁西夏粮草数万石，"收其帐二千三百，生口五千七百"，并指挥士兵在战略要地桥子谷修城，筑招安、丰林、新砦、大郎诸堡，"皆扼贼要害"，为朝廷立下了汗马功劳。

由于范仲淹用兵有方，边境上流传着这样一首歌谣："军中有一韩（琦），西贼闻之心胆寒；军中有一范（仲淹），西贼闻之惊破胆。"西夏军也互相告诫说："别想打延州的主意了，现在的老范老子（范仲淹）胸中有数万甲兵，不像小范老子（前任延州知州范雍）好欺负。"

张载在横渠继续练兵，又多次联系新平的大侠焦寅，二人的民团武装势力不断强大起来，影响也不断扩大。为了了解西夏兵安营扎寨和备战、作战情况，他曾经和周宇骑马偷偷去过边境，仔细观察敌情和边境的地形，以做到"知己知彼，百战不殆"。

晚上，他经常在昏黄的油灯下研究对敌策略，他写着，画着，思考着，计算着，不知不觉天就亮了。

经过几十天的调查研究，他的思想越来越成熟，作战方略也越来越清晰了。于是，一天晚上，他在灯下用工整的小楷写着《边议九条》，这是他准备向范学士呈上的作战方略，他希望沉稳老练的范学士能采纳他的建议。《边议九条》是张载根据边境的防务和敌我双方的作战情况，提出的九条军事主张：清野、回守、省戍、因民、讲实、择帅、择守、足用、警败。这篇文章他写了很久很久终于写完了，这时候，雄鸡打鸣了，天亮了，他又熬了一个通宵。

张载将自己写的《边议九条》拿给周宇看，周宇看完后说："不错，内容挺翔实的，极具操作性，如果能被范学士采纳，一定会起到很好的作用。"

"你觉得好，我就有信心了！这可是咱们几十天来考察和研究的心血结晶啊！"张载笑着说，眼睛里布满了血丝。

"你准备什么时候去拜见范大学士？"

"明天怎么样？你愿意陪我去吗？"

"好吧,咱哥们没的说,我当然要去,就是赴汤蹈火也在所不辞。再说了,范学士也是我敬仰的人物!"

他们就这样说定了。

第二天是一个阳光灿烂的日子。他们骑上马,挎着宝剑,向着延州的方向疾驰而去,身后是马蹄扬起的尘土。

初夏的阳光已经有了威力,不到一个时辰,他们就热得汗流浃背。稍微歇息片刻,在马背上喝口水,他们又继续前行。前方依然是一眼望不到边的葱茏的绿树、庄稼,田野上麦子已经吐穗了,走过了一个又一个村庄,越过阡陌小路,渡过渭河,他们的骏马开始在陕北的黄土高原上奔驰。

直到再一天太阳偏西的时候,他们才赶到延州的兵营。老远就看见兵营里飘扬的各色旗帜,整肃的军容,以及阳光下闪着亮光的铠甲、兵器,果然在范学士接任后,军容和气势有了很大变化。

他们向站岗执勤的守卫说明情况后,一会儿工夫,里面的卫兵喊话说:"范学士有军务在身,暂不会客,请年轻人将书信呈上去。"

于是张载就将他写好的《边议九条》呈了上去。看看天色将晚,他和周宇就来到延州的馆驿,准备歇息一晚,明天再去拜见范学士。

延州的馆驿设在一个高高的黄土岗上。夜静下来了,新月初上,馆驿门口亮起昏黄的灯光。由于馆驿里面很闷热,张载躺在床上辗转反侧,横竖睡不着。他听见军营里操练的号角声,还有窗外风吹树叶的沙沙声,于是打开门,走出去,来到馆驿外面,站在这高高的黄土岗上,望着远方的家乡。月光下,万里江山,一片苍茫。他又望了一眼延州前线连片驻扎的军营,军营里还有一队队士兵正在操练。月光下,火把中,马鸣风萧萧,大敌当前,壮士自当奋勇报国。霎时,他满腔豪情,思绪万千。

忽然,隐隐约约的箫声在幽暗中响起。他仔细听着,分辨着箫声的方向,听了一会儿,原来箫声来自馆驿下面的街道民居。仔细听了一会儿,原来吹奏的是一首古典乐曲,张载觉得调子很熟悉,他联想到那首唐人诗歌《从军行》:

> 青海长云暗雪山，孤城遥望玉门关。
> 黄沙百战穿金甲，不破楼兰终不还。

箫声隐隐约约地响着，深沉而悠扬，低回而又婉转，似乎在诉说着自己的一腔情愫，似乎在诠释着无尽的报国豪情。一会儿，箫声又变成了另一首唐人诗歌《从军行》：

> 烽火照西京，心中自不平。
> 牙璋辞凤阙，铁骑绕龙城。
> 雪暗凋旗画，风多杂鼓声。
> 宁为百夫长，胜作一书生。

张载听着这隐约的箫声，心中暗想，初唐四杰之一的杨炯说得好啊："宁为百夫长，胜作一书生。"在这烽火连天、狼烟四起的危急关头，好男儿谁还能静静地坐在书斋里读书呢？于是他又想起了东汉大将马援在战场上的豪言壮语："男儿要当死于边野，以马革裹尸还葬耳！"

第二天上午，张载在营寨外面见到了狄青将军。果然是膀阔腰圆、虎背熊腰的一员猛将。只见威风凛凛的狄青将军头戴一怪兽样铜面具，往来驰骋，正在演兵场上为士兵示范其百步穿杨的骑射绝技。在飞驰的战马上，狄青将军拉弓如满月，箭去似流星，连着射出三支羽箭，箭箭正中靶心，于是，惊呼声和喝彩声响成一片。

张载又来到了范学士的营帐外，通报一番后，里面传话说："有请！"

于是张载就进去了，周宇留在外面等候。

张载昂首阔步，从容地走进营帐。只见范学士一身戎装，正在案头奋笔疾书，手边放着一张地图。他虽然年过半百、两鬓染霜，但精神抖擞、神采奕奕。一副用刚劲笔法书写的对联十分醒目：

九 弃武从文

> 老骥伏枥志在千里；
> 烈士暮年壮心不已。

范仲淹看见张载进来了，就停下手中的笔，面带微笑地看着眼前这名英武的年轻人说："下站的年轻人莫非就是横渠的张载？"

"正是晚辈。范大学士，久仰先生大名。为了抗击西夏，杀敌报国，今天晚辈张载特来上书！"张载一抱拳，铿锵有力地说。

"好啊，老夫昨晚已经看了你的《边议九条》。"说着，范仲淹打开案头的信封，从里面取出张载手书的《边议九条》，又仔细地看了起来。他一边看，一边捻着胡须，微微颔首，看完后，连声说："不错！不错！好一个《边议九条》，书法飘逸，内容翔实，有理有据，又很实用，说到老夫的心里去了！看来是经过周密的考察和研究才得出的作战方略！"

"感谢先生赏识！是的，晚辈经过几十天的仔细勘察边境地形和研究敌我战事情况，才拿出这套作战方略，确保我军知己知彼，百战不殆！"

"噢，年轻人，看你年纪不大，不想竟然有这样的志气！"

"先生过奖了！为了救黎民于水火，我们还组织了五百多人的民团武装，每天操练兵法和战阵，随时准备杀敌报国呢！"

"好啊！如今边境战事吃紧，正是用人之际，你们的民团武装正好可以补充我军兵力的不足！"

"只要先生用得着，我们随时准备投靠先生，报效国家，一起抗击西夏兵入侵！只是不知先生能否容在下到您麾下效犬马之劳？"

"年轻人，我看你虽然英武飒爽，但骨子里仍透着一种儒生的书卷气息。儒家自有名教可乐，何事于兵啊？"

"不知先生此言怎讲？"

"年轻人，报效国家的方式方法很多，不一定要去驰骋疆场，浴血奋战啊。"

"请先生赐教！"

"年轻人，凭我多年阅历来看，你读书做学问会比从军打仗更有出息。一

来,兵事胜败,不是兵将就能左右的,内政外交每一处风吹草动都能影响前线战况。二来,国朝重文轻武,若无科举出身,总归人微言轻,功业有限。你如果弃武从文,攻读儒家经典,一定可成大器!"说着范仲淹从书架上抽出一卷《礼记》递给张载,"你一介儒雅书生,浴血疆场,弃身白刃间,真是太可惜了,不如回家好好研究这篇文章。《礼记》诸篇中,《中庸》独有深意,学好此篇,将来一定能成为可继孔孟之道的儒学大家!"

"谢谢先生的赏识和热情鼓励!先生的褒奖和赞誉,让晚辈觉得很惭愧。先生,《中庸》晚生原来也读过的。"

"哦,那么老夫问你,《中庸》所讲述的人生修养的最高境界是什么呢?"

"这个,大概是至诚、至善,达到'致中和,天地位焉,万物育焉'吧。"张载略一迟疑,慢慢说道。

"是的,说得不错!其实,就是说要达到'天人合一'的境界。天人合一的真实含义是合一于至诚、至善,达到'致中和,天地位焉,万物育焉''唯天下至诚,为能尽其性。能尽其性则能尽人之性;能尽人之性,则能尽物之性;能尽物之性,则可以赞天地之化育;可以赞天地之化育,则可以与天地参矣'的境界。'与天地参'是天人合一。这才是《中庸》天人合一的真实含义。因而《中庸》始于'天命之谓性,率性之谓道,修道之谓教'而终于'上天之载,无声无臭'。这就是圣人所要达到的最高境界,这才是真正意义上的天人合一。天人合一就是人们自觉修养所达到造福于人类和自然界的理想境界。"

接着,范仲淹又在大帐里不厌其烦地向张载讲述了《中庸》的思想和价值。他说《中庸》是博大精深的,需要好好阅读和领悟。《中庸》的中心思想是儒学中的"中庸之道",它的主要内容并非时下人们所普遍理解的中立、平庸,其主旨在于修养人性。其中包括学习的方式博学之,审问之,慎思之,明辨之,笃行之;也包括儒家做人的规范如"五达道"(君臣也,父子也,夫妇也,昆弟也,朋友之交也)和"三达德"(智、仁、勇)等。《中庸》所追求的修养的最高境界是"至诚"或称"至德"。"中庸之道"的主题思想是教育人们自觉地进行自我修养、自我监督、自我教育、自我完善,把自己培养成为具有理想人格，达到至善、至仁、至诚、至道、至德、至圣、合外内之道的理想人物，共创"致中和，天地位焉，万物育焉"的"太平和合"境界。

"嗯，先生高屋建瓴的一席话，拨云见日，把这部经典讲解得如此透彻和深刻。说实在的，今天聆听了先生的教诲，才感到晚生对《中庸》只知道个皮毛，感到晚生所学之浅薄。听君一席话，胜读十年书。晚辈获益匪浅，非常感谢先生的点拨。晚辈回家后要好好攻读这部经典之作，告辞了！"

张载就这样从范仲淹的大帐里出来了。他和周宇一起延州策马扬鞭，一路上思考着范学士语重心长的话语，回到横渠镇。

周宇本想投到范学士的麾下效命，但正在这个时候，他的母亲去世了，他要在家守孝三年，所以很遗憾不能去从军了。

后来张载的民团武装和大侠焦寅的民团武装全部被范仲淹收入麾下，充实到军营里，成了一支敢打硬仗的实力派武装队伍，屡立奇功。

天昏地暗，日月无光。战鼓声、号角声、喊杀声、战马嘶鸣声、刀枪铮鸣声交织在一起，震耳欲聋；两军士兵冲锋陷阵，短兵相接，只见战场上血肉横飞、尸横遍野、血流成河。士兵的战袍和两军的旌旗都被鲜血染红，碧血染黄沙，那血红的战场就像西天的一抹残阳。

张载举起手刀，向一名断臂的西夏兵劈去。那名西夏兵发出苦苦的哀求，说家里有八十多岁的老母亲和年幼的儿子等着他照顾，求张载饶他一命，说他从军也是被逼无奈，其实在他内心里，也是渴望和平和厌战的。西夏兵那绝望的眼神中流露出无限的凄楚、无限的悲哀，让人不忍直视！

就在张载举刀犹豫不决的时候，忽然，正前方缥缈的云端上出现了一位须发皆白的圣人，他微微一笑，说道："孩子，放下屠刀吧！放下屠刀吧！战争是万恶之源！世间唯有和平才是正道！才是正道啊！"这位圣人是如此眼熟，当张载想仔细分辨这位圣人到底是谁的时候，圣人已经不见了，瞬间消失得无影无踪。再看那名西夏兵的时候，他忽然变成了自己的弟弟戬儿，看着戬儿一身是血、无比痛苦的样子，张载吓得将手中的刀都丢掉了，惊出了一身冷汗，失声哭喊出来！

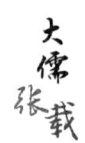

  窗外鸟儿在鸣叫，张载哭喊着坐了起来，原来这是一个梦！一个多么可怕的噩梦啊！

  他抹了一把冷汗，细细回味着昨夜那个奇怪的噩梦，想着那血腥的战场，想着那位圣人的话，又想着那西夏兵绝望眼神中流露出的悲戚，思考着武力、屠刀与恶，和平、正道与善之间的关系，连续几天都郁郁寡欢，常常陷入深沉的思索之中。

  就这样，张载回到家后，经过一番苦苦的思想斗争，决定弃武从文，继续用功攻读儒家经典，他要从儒家经典中探寻报效国家和经世济民之策，寻找救世的方略。这是张载一生的重要转折点，从此，他开始了对人生意义和价值的新的追寻。

十　我有迷魂

子曰:"天下国家可均也,爵禄可辞也,白刃可蹈也,中庸不可能也。"

夜深人静,一盏昏黄的油灯下,张载还在捧读那篇《中庸》。这篇文章,他在涪州的时候就读过,来到横渠镇后,他又读过一些章节,但为什么范先生还让他要继续精读呢?《中庸》中究竟有什么奥秘呢?这样一篇儒家的经典著作,究竟隐藏着多少人生的哲理和智慧呢?

灯光摇曳着,雄鸡已经叫了头遍,夜很深了,四周是那样宁静。他打了一个哈欠,虽然已经很困倦了,但那些困扰人生的问题,却往往会在这个时候袭上心头。

这样静静的夜晚似乎更能触发人对往事的追忆及对前途的遐思。

他已经二十一岁了,古人云"二十弱冠,三十而立",如今自己已经过了弱冠的年龄,已经成熟了,已经成长为一个顶天立地的男子汉了。然而蓦然回首自己走过的人生之路,回首自己这些年所经历的一切,童年的顽皮,少年的懵懂,青年的任侠……

年少时家中是多么富足啊,在外结交的都是地方豪绅,回家则过着衣来伸手饭来张口的生活。那些随心所欲的快乐日子啊——吟诗作赋,舞枪练拳,抚琴作画,赏春踏青……美好的时光从身边溜走,留下了多少美好的记忆。

父亲去世后,他一下子从无限风光的顶峰跌到了黑暗的深谷。安葬父亲后,只置办了几十亩薄田,家中积蓄便用尽了。一个曾经锦服华冠的少爷开始躬耕垄亩,过上了自耕自种、半耕半读的生活。奉母教弟的日子,那些曾经在

炎阳下流着汗水默默耕种的日子,那些曾经在滴水成冰的深冬中苦读的时光,这所有的一切,让他体验到人生的艰辛、世事的不易。吴家悔婚后吴玉姑娘抗婚忧郁而死,周伯一家的古道热肠,横渠镇百姓对他家的帮助,这些,让他不仅看到了世态的炎凉,也看到了底层老百姓的善良和淳朴。

那些庙堂上峨冠博带的人,那些作威作福的人,那些美服华冠的人,那些指手画脚的人,还有那些山珍海味、亭台楼阁、千里搭长棚的人生盛宴都从他的眼前消失了,取而代之的是巍巍的秦岭、浩浩的渭水、绿色的田野、厚实的黄土地,还有淳朴的一如这黄土地一样的乡亲们。为了淳朴的乡亲们,为了这古老大地上美丽纯净得一如亘古山泉一样的良善和淳朴,他也要发奋读书,自强不息,去求索,去为他们谋幸福。

自太祖皇帝登基以来,大宋朝已经换了四个皇帝了。宋真宗赵恒(968—1022)在位二十五年,前期治理有方,国家各项制度日益完善,政治清明,经济繁荣,国力强盛,老百姓安居乐业,将北宋王朝推向中国封建社会的高峰,史称"咸平之治"。人口是国家繁荣的重要标志之一,真宗皇帝统治的前期,国力不断增强,经济社会得到了很大的发展,人口大幅度增长,到了天禧五年(1021),全国的人口已经接近九百万户,较其即位初期几乎翻了一番。

但是到了真宗后期,以王钦若、丁谓为相,二人常以天书符瑞之说,妖言惑众,惑乱朝野;赵恒则耽于迷信,炼丹修道,梦想着长生不老,长期不理朝政。这致使朝政混乱,社会矛盾不断激化。加之大宋东北部的契丹和西北部的党项李氏政权一直虎视眈眈,不断在边境上骚扰,还屡屡进犯中原,于是狼烟四起,战事频仍,大宋陷入了内忧外患的处境。特别是景德元年十二月(1005年1月),在宋军初战有利并且可望取得更大成果的形势下,真宗贪生怕死,无心作战,无奈与辽国签订了屈辱的和约——"澶渊之盟"。这一和约规定,大宋朝每年送给辽国岁币银十万两,绢二十万匹。这样,财政支出的增加,进一步加重了大宋朝老百姓的税赋负担,于是朝廷的栋梁之才和有识之士不断开始推行改革和变法。

大宋朝的第四个皇帝是赵祯。他即位之初较为节俭,但对西夏战争屡败,被迫妥协,"岁赐"银、绢、茶,对契丹也以增纳岁币求和。由于内忧外患,土地兼并及冗官、冗兵、冗费现象日益严重，国库空虚，财政赤字，贫富分化，社会矛盾日益突出。

庆历三年（1043），赵祯任用范仲淹为参知政事，富弼、韩琦为枢密使，开启改革之路。为了改变大宋朝内忧外困、积贫积弱的局面，范仲淹上《答手诏条陈十事》，旗帜鲜明地整顿冗官，任用贤能，提出了澄清吏治、均公田、厚农桑、减徭役、重命令、推恩信等富国强兵、厉行法治的十条治国举措。这就是有名的"庆历新政"。

范仲淹在施行新政时，办事果断，雷厉风行，特别重视对官员的选拔、任用和考察。据说他经常会选派一批精明强干的按察使，到各路（宋朝的行政区划）检查官吏的廉政与勤政，每得到报告，他便翻开官员花名册，把不称职的官员毫不客气地勾掉。有一次，他正在勾画官员名册的时候，恰好富弼看到了，连忙说："范大人勾掉一笔很容易，但这一笔之下，会让一家人痛哭啊！"范仲淹愤慨地说："这些贪官污吏留他何用？一家人哭总比一路人哭要好啊！"

这场改革直接触犯了封建腐朽势力，限制了大官僚的特权。他们对此恨之入骨，随着新政的推行，这些封建官僚便集结在一起攻击新政。他们诬蔑范仲淹、富弼、欧阳修等结交朋党，并串通宦官不断到赵祯面前散布范仲淹私树党羽的谗言。由于官僚和地主的强烈反对，"庆历新政"推行了短短一年零四个月就宣告失败，范仲淹也被贬谪邓州。

内忧外困，战事不断，贫富不均，高官作威作福，百姓流离失所。"朱门酒肉臭，路有冻死骨。"这是一个黑暗的乾坤颠倒的世界，在这样一个世界中，谁能肩负起重整乾坤的重任呢？灯光摇曳着，张载陷入了深深的思索。

明天的路在哪里？本想着学一身武功，演练兵法，去驰骋疆场，杀敌报国，建功立业。谁承想范大学士的一席肺腑之言，拨云见日，为自己指点了迷津。"儒家自有名教，何事于兵？"范老先生的话犹在耳畔，但弃武从文，攻读儒家经典应从何开始，又应如何从书山中研究出成就，救黎民于水火，经世济民之策又来自哪里？他觉得很迷惘。

少年心事当拏云,谁念幽寒坐呜呃。

一位清瘦的唐朝少年的诗句仿佛破空而来,在他的心头回荡着。那位郁郁不得志的诗人李贺在几百年前就曾经面临着和他一样的困境,一样的理想,一样的心境,一样的困难重重。那一样的看不到希望的亘古的忧伤啊,在这寂寂的夏夜里,在这梧桐花落的夏夜里,一样地穿透着人的心肺,也难怪李贺曾发出"我有迷魂招不得""天若有情天亦老"的人生喟叹!

子曰:"道不远人,人之为道而远人,不可以为道。"

这天上午,张载正在书房里读书,门开了,周宇跑了进来。

"你知道吗?子厚,范学士在延州戍边的时候写下的一些诗词,如今在民间广为流传。"周宇说。

"是啊,我听说过。可惜没能抄下来一首。"张载放下手中的书说道。

"瞧,我为你抄下了一首《渔家傲》。我知道你很喜欢范学士的作品。"

"太好了,让我仔细欣赏一下。"张载兴奋地站了起来。

周宇慢慢打开他手里的宣纸长卷,于是一首范仲淹的《渔家傲》呈现在张载的面前:

塞下秋来风景异,衡阳雁去无留意。四面边声连角起。千嶂里,长烟落日孤城闭。

浊酒一杯家万里,燕然未勒归无计。羌管悠悠霜满地。人不寐,将军白发征夫泪。

"好词!好词!词风苍凉悲壮,又慷慨沉雄。"张载赞叹着,"有一股英雄气在字里行间回荡着。"

"是啊,我也感觉很不错的,非常真实地写出了戍边将士的悲凉心情,又流露出伤感与无奈。"周宇说。

"真不愧为大家的作品,情景交融,浑然一体,语气沉郁雄浑,风格苍凉悲壮,极具感染力。以词中凛然的英雄气概扣动着读者的心弦。"张载不住地赞叹着。

"别光顾着赞叹了,你知道吗?大家都在说,范学士推行的'庆历新政'失败了,他的参知政事(副宰相)职务也被罢免了,被贬到邓州了。"

"知道一点儿。还不是因为范学士推行的新政改革强调澄清吏治,注重以实际的功善才行提拔官员,淘汰老病愚昧等不称职的和贪污腐化的官员,对地主官僚和贵族构成了极大的威胁。加之守旧派朝臣苟且偷安,在皇帝面前进献谗言,反对新政!"

"可惜,范学士忠心耿耿,不被重用,反倒遭遇贬谪,真是苍天不公啊!"

"是啊,乾坤颠倒,国家内忧外患,急需几个擎天柱级的人物来拯救,但忠臣良将却遭到贬谪,这就是我们必须面对的现实!正如老先生词中的句子——将军白发征夫泪!"

"说得不错!但是,谁来拯救国朝这种危亡的局面呢?"

"千嶂里,长烟落日孤城闭。"吟诵着这句词,忽然,张载又想起了一件往事,那是关于孤城——大顺城的往事,也是在此次宋夏战争中使宋军转危为安的一件大事,被广大边民传为佳话。于是他就向周宇讲起了自己亲历的那件事:

庆历二年(1042)三月的一天,为了出奇制胜,足智多谋的范仲淹学士密令其长子范纯祐和将军赵明,趁着夜色偷袭西夏军,兵贵神速,好像神兵天降一样,此次偷袭令敌人措手不及,杀得敌营里人仰马翻,血流成河,实现了宋军的预定计划,顺利夺回了庆州西北的马铺寨。趁敌人惊魂未定,范仲淹亲自引大军出发,深入西夏军驻防腹地,突然发令动工筑城。仅仅用了十天时间,一座孤城——大顺城筑成,这是一座楔入宋夏交界的孤城,它的快速筑成,将宋夏的边境向北推移了许多,刚好与此前修筑的青涧城遥相呼应,形成掎角之势,有效地遏制了西夏兵的南侵,使西北边防的紧张局势得到了改善,成为促使宋军在边防上由被动转为主动的一件大事。从此,宋军转危为安。于是当地

老百姓传唱"军中有一范,西贼闻之惊破胆"的歌谣。

那些天,张载听到这一好消息,也非常高兴和振奋,于是策马扬鞭到大顺城去拜访范学士。

当张载来到庆州,接见他的是一位英武的青年将官。只见这位青年将官身着一身金甲,胯下一匹白马,使一杆银枪,威武雄壮,气度不凡。通报姓名之后,才知道这位将军就是范学士的长子范纯祐。自从上一次张载延州上书时,范纯祐就对张载印象深刻,当他的父亲和张载在虎帐谈兵的时候,他一直就在帐外听命,他对张载深通韬略、对答如流和从容不迫的将帅之才深表敬佩,后来他还将张载送出帐外,一直目送他走出很远很远。现在又见到了张载,他自然友好热情地接待了张载。关于边事,关于如何抗击西夏,他们谈了很多,半天工夫,他们就成了相见恨晚、无话不谈的好朋友。

后来张载又拜见了范仲淹,他们谈到了边事和防务,范仲淹又带张载在大顺城参观了一圈。回家后张载按捺不住自己的兴奋,于是怀着无限的崇敬和豪迈的心情,奋笔疾书,连夜撰写了《庆州大顺城记》,记述了这一重要的边防事件,并将这篇文章呈给了范仲淹,得到了他的肯定和热情鼓励。

没想到,两年后"庆历新政"失败,范学士就遭遇到了被贬谪的不公平待遇。真是世事难料,前途难测啊!为什么总是天不遂人愿,好人多遭难呢?

他们看着范学士的这首《渔家傲》,陷入了沉思,很久很久都没有说话。

舅舅陆远来了。他一下马车,就高兴地向迎接他的陆氏说:"姐姐,大喜事啊!大喜事啊!"

"兄弟,看把你高兴的,不知喜从何来?"陆氏望着弟弟高兴的样子说。

"郭员外看了载儿手书的诗文,很是欣赏。"陆远一边比画着,一边说,"郭员外先是惊异地说:'这真是你外甥写的诗吗?'后来他郑重地看了一遍又一遍,很惊讶!说:'真是个才子啊!'"

"哦,这么说郭员外很欣赏载儿写的诗文了?"走进屋子,坐下来,陆氏给弟弟倒了一杯茶说。

"岂止是欣赏,我看几乎是赞叹了。他说,令甥不仅书法功力好,字写得漂亮,遒劲飘洒,而且诗文里面有一种深沉的家国情怀,有一种豪迈的英雄气概,不是一般文弱书生所能写出来的!他应该习过武,还驰骋过疆场!"

"哦,这么说这个郭员外很有眼力!"

"是啊,我就寻思,从一幅字能看出这么多的事情,真是不简单!而且几乎是神了,竟然说得那么准!"

"那么,他对你提亲一事应允了吗?"陆夫人追问道。

"应允了,应允了!郭小姐看了载儿写的诗文,也很欣赏,她还回赠了一首诗呢!"

"哦,这么说,这个郭小姐也会作诗?"

"是啊!我看了郭小姐的诗,清新淡雅,意境深邃,很有品位。看,在这儿,我打开你看看。"

陆远慢慢打开了一张宣纸写的手卷,上面俊秀的笔迹,颇见功力。那是一首五言绝句咏物诗,托物言志,从诗中可以看出郭葳姑娘聪慧和贤淑的气质,当然也不乏空灵幽深的诗境。

正当母亲和舅舅谈论郭小姐的诗时,张载从外面回来了。他知道了舅舅的来意后,也看了看郭小姐的诗,他看了一眼,没想到这首诗竟然吸引住他了,他眼前一亮,感受到了一种清秀俊逸的诗情从遥远的地方慢慢飘来,就像他忽然来到了一处清幽美丽的秘境一样。但忽然,心底的琴声又响起来了,那像流泉、像天籁、像仙乐的琴声啊,怎么忽然又在耳边响起?多么熟悉的琴声啊,那是吴玉的琴声吗?

于是,他什么也没说,就走进书房去了。

在他身后,传来了母亲一声长长的叹息。

七夕节到了。白昼在人们的喜庆欢乐中过去了,在街市的繁华热闹中流逝了。夜晚来了,酷热慢慢退下去了,喧嚣也慢慢远遁了,留下来的是静夜的时光。繁星闪烁,月光如银,这是一个多么富于诗情画意的夜晚。

张载来到庭院里,仰头看着繁星璀璨的夜空,他寻觅着银河两岸的牵牛星和织女星,想着那远古的传说,牛郎和织女今晚真的会在鹊桥相会吗?金风吹

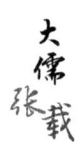

来了落花的惆怅,吹来了悠远的琴声,那像流泉、像天籁、像仙乐的琴声啊,怎么忽然又在耳边响起?多么熟悉的琴声啊,那是吴玉的琴声吗?

夜凉如水,他久久地凝视着星空,想着那些忧郁的、伤感的往事,眼睛模糊了,几滴冰凉的水滴从他的脸上滑落,难道是星星坠落下来了吗?

初秋的风吹来了落花的惆怅,吹来了悠远的天籁般的琴声……

十一　回望关中

　　几场蒙蒙的春雨过后，在燕子的呢喃声中，在布谷鸟的鸣叫声中，又一个芳草萋萋、柳绿花红的春天来到了横渠镇。

　　一辆马车停在了张载家门前。原来是姐夫宋寿昌驾着马车送姐姐回来了。姐夫扶着姐姐从车上慢慢下来，姐姐抱着小外甥回娘家来了。母女相见，分外亲切，娘从姐姐怀中抱过孩子，亲着小宝宝的脸蛋儿，心肝儿宝贝儿地叫着，怜爱之情溢于言表。她们絮絮叨叨地谈论着家庭琐事，谈论着喂养小孩子的体验。姐夫宋寿昌在一旁也插不上话，只是憨憨地笑。

　　张载看到姐姐已经完全变成了一个成熟和蔼的妇人了。少年的天真活泼从她的身上消失殆尽了，富户千金的矜持和娇生惯养的气息也几乎没有了。她变得勤劳、质朴而善良，落落大方而成熟和蔼。他不得不惊叹沧桑人世的变迁带给人的变化，不得不惊叹境遇能改变一个人的性格和气质。

　　他爱姐姐，也爱着自己的小外甥。他和姐姐、姐夫聊家常，他们刚说了几句话，姐姐、姐夫就开始关心他的婚事，说他已经不小了，得赶紧成家立业，南阳的郭小姐如何如何好，说舅舅已经向郭员外提亲了，劝他尽快定下这门亲事。他不知说什么好，就敷衍了几句，借故匆匆逃出了家门。

　　张载走出家门，来到原野上。和风吹拂着，蓝天下，麦田一碧千里。辛勤的农人在田里劳作着，处处可见他们弯腰除草、施肥的身影。田间的阡陌小径上，随处可见开着黄花的蒲公英、开着紫花的地丁草，还有叶片肥硕的土大黄、车前草。他弯腰采了几朵金黄的蒲公英，拿在手上细细地看着、嗅着，一股幽香沁入他的心脾。这令他又想起了童年的往事、童年的歌谣，那时候他多

天真啊，在这样明媚的春光里，他牵着风筝的长线在绿草地上奔跑，让童年的歌谣随着风筝飘上云霄……

巍峨的秦岭就在眼前：它巍然屹立，它连绵不绝，它高耸入云。它以林木的苍翠和蓊郁，以飞挂的瀑布，以潺潺的溪流，以山巅的层云，以千年的积雪，遮断了蜀中涪州的旧梦……

站在这高高的山梁上，向北俯瞰，在红花绿柳和绿油油的麦田尽头就是翻滚着波涛的渭河。它自西向东，日夜流淌着，流淌了千年，流淌着关中人质朴的梦想和希冀。渭河北边是古老的武功县，那是唐太宗李世民的出生地。再往北，就是乾陵了，那里长眠着一代女皇武则天和她的丈夫唐高宗李治。东边与郿县接壤的是历史悠久的盩厔县，那里是周文王姬昌的祖父古公亶父的故乡。在盩厔县之南秦岭北麓有一处祥云瑞气萦绕之处，那是一代圣哲老子说经讲道的楼观台，也是老聃先生为自己寻找的暮年归宿地。那五千言的《道德经》以其无穷无尽的玄机和永恒的智慧之光，光耀千载。楼观台西南方有一座隋代的古刹——仙游寺，当年大诗人白居易曾在这里写下了名篇《长恨歌》。盩厔之东，就是长安了，那是十多个王朝的故都。周秦汉唐的兴盛和衰落，就像远天的一抹云霞。那座四方城，曾经掩埋了多少王朝的兴衰与荣辱，多少荣耀、富丽和繁华被岁月的风雨逐渐荡尽，留下了一座饱经风霜的城郭。再往西北瞭望，那里有香火旺盛的佛门圣地——法门寺。据说这里埋有佛祖乔答摩·悉达多的佛骨舍利，才引得善男信女每天络绎不绝前去参拜。再往西往南，就是炎帝陵了。那高高的常羊山上，那曾经为先民疗疾治病尝百草而一日遇七十二毒的炎帝神农氏啊，是否还在以慈悲的目光注视着人世间的苦难？

这就是关中。关中的山河，关中的土地，关中的人文，关中的历史和沧桑，还有传承千年的关中文明。山河如此美丽，江山如此多娇，文明如此悠久，但在这样一个民不聊生、乾坤颠倒的世界里，谁能肩负起重整乾坤的重任呢？

嗒嗒的马蹄声由远而近，随着马蹄声的渐近，征尘扬处，一位武人打扮的青年将官来到张载面前。只见这位英武的将官跃身下马，一落地就拉住了张载的手说："子厚弟弟，不认识我了吗？"

张载仔细一看，原来是涪州的老朋友赵鸿。于是他高兴地说："赵鸿兄，好久不见了，你从军了？"

"是的，那一年西夏兵南侵，我遂志从戎，投到了范大学士麾下，杀敌报国！"

"真好啊！你终于实现了平生夙愿！"

原来赵鸿两年前就从军了。在延州前线抗击西夏兵的战争中，赵鸿英勇无畏，勇冠三军，以无敌的赵家枪法冲锋陷阵，在前线屡立战功，受到了范仲淹的重用。他目前还在延州边界驻防，今天是特地来看望张载的。他们在一家小酒馆里要了酒菜，喝了几杯，谈了分别十年后各自的境况，也谈到了对国家前途和命运的担忧。因赵鸿公务在身，短暂的相聚后，他们就匆匆分手了。

夜来了，张载打开《中庸》，就看到这样的句子：

喜怒哀乐之未发，谓之中；发而皆中节，谓之和。中也者，天下之大本也；和也者，天下之达道也。致中和，天地位焉，万物育焉。

"致中和，这是多少儒家弟子的理想啊，但又是多么难以到达的理想境界。正心、修身、养性、齐家，才能治国平天下。"张载掩卷思索着。

夜深了，张载还在油灯下读书。灯光摇曳着，昏黄的光晕下，他又一次打开了《道德经》。一本五千言的经典之作，包容了纷繁世间的万象，参透了宇宙永恒的秘密，打开了一扇观察世界的窗户，融汇了多少人生的智慧，又包含着多少永远也参不透的玄机与秘密：

道可道，非常道。名可名，非常名。

无，名天地之始；有，名万物之母。

故常无，欲以观其妙；常有，欲以观其徼。

此两者，同出而异名，同谓之玄。玄之又玄，众妙之门。

　　《道德经》分为上下两篇，共八十一章，是春秋时期的老子所作。老子，姓李名耳，字伯阳，春秋时代楚国人，曾任周王朝的史官。在周王朝的守藏室任职。守藏室是周王朝的图书馆、档案馆，也是文物收藏馆，所以中老年的李耳其实扮演的是一个掌管典籍、坐拥书城的史学家角色。正是因为这种特殊的身份，才使他知识渊博、无所不晓，才使他有更多的机会、有工夫细心体悟上古和与他同时代的各个流派的学说，给他特立独行的思想的形成奠定了基础。

　　"道可道，非常道。""道"如果说得出，就不是永恒的道了。那么究竟什么是"道"呢？

　　老子把"道"作为自己哲学体系的核心，他说应该从天地万物的永恒的原始状态中去观察"道"的微妙，应该从万物不变的根本之处去观察"道"的深邃。"道"是从有形的境界到达无形的境界，深远莫测，玄之又玄，是通向一切奥妙和神秘的总门径。

　　张载暗暗思忖：看来，老子所讲述的这个"道"还真是有点儿玄啊！只可意会，不可言传，全靠我们自己的悟性来体会呢！

　　《道德经》所反映的哲学思想是客观唯心主义的。老子用虚无的本体"道"代替商周以来的天命观，同时否定客观世界的物质本源。但老子的哲学思想含有朴素的辩证法的因素，如老子对事物中存在着矛盾对立的两个方面、对立的双方可以互相转化的道理的论述是具有积极意义的。

　　老子思想的核心是"道"，这个玄而又玄的"道"是什么呢？这个被一代又一代的文人学者众说纷纭的神秘的"道"究竟是什么呢？

　　《道德经》的第一章第一句话就是"道可道，非常道"，揭开"道"的神秘面纱，它其实是老子探究存在的秘密，探索宇宙的本源。说白了，"道"就是哲学家老子眼里世界的本源、世间万物生存发展和运动变化的规律和门径。

　　他又将书翻到了另一章：

　　　　大成若缺，其用不弊。

　　　　大盈若冲，其用不穷。

　　　　大直若屈，大巧若拙，大辩若讷。

> 静胜躁,寒胜热。清静为天下正。

这一章讲的是辩证法的思想,充满了中国式的智慧。

张载心想,这怎么可能呢?但仔细一想,却真是这样!世间有非常完美无缺的事物吗?大概不会有吧。最大、最好,到底有多么大,到底有多么好?想来想去,大概世间真的没有十全十美的东西,金无足赤,人无完人。因此我们不能求全责备,万事追求完美是徒劳的,也是不符合客观规律的。从老子的这一观点出发,我们就会得出许多关于人生的道理:比如谦虚谨慎,戒骄戒躁。再比如,要完成大的目标、大的事业,做小的迁就、小的让步、小的妥协是必要的,所谓"大直若屈,大巧若拙"。这样的观点,怎能不令人叹服呢?张载心里默默地感叹道。

灯光摇曳着,夜已经很深了。他打了一个哈欠,感到真的有点儿累了。一抬头,就看到了那副自己刚刚撰写的对联:

> 夜眠人静后;
> 早起鸟啼先。

是的,多少天了,他总是在夜深人静、读得很累了后才会入眠,又会在早起鸟儿啼叫前早早起床,开始晨练。为了心中的济世理想,他要坚持下去,博览群书,探寻济世救民的良方,他不会半途而废的,正如《中庸》所说:

> 君子遵道而行,半涂而废,吾弗能已矣。君子依乎中庸。遁世不见知而不悔,唯圣者能之。

于是他喝了一杯茶,又开始阅读《道德经》:

> 为学日益,为道日损。
> 损之又损,以至于无为,无为而无不为。

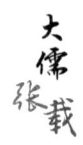

取天下常以无事，及其有事，不足以取天下。

这是老子《道德经》第四十八章。大致是说：做学问，要每天都积累和增加知识；但修道呢，则正好相反，要每天都丢掉一些欲望，最后到什么都丢掉都放下了，丢得一无所有，当一切都空了的时候，也就是到了返璞归真的地步，也就到了无所不有、一切皆知、一切皆有的境界了。当什么都不作为，也就没有一件事情做不成了！当然要想取得天下，也是同样的道理，那就要无为而治。这一章重点谈的是老子思想的核心之一，那就是"无为"。虽然老子强调"无为"，但他是为统治者夺取天下而出谋划策的，亦即"无为而无不为"，说明了老子最终追求的还是"有为"。

终于他翻到了最后一页，看到了这样的文字：

信言不美，美言不信。
善者不辩，辩者不善。
知者不博，博者不知。
圣人不积，既以为人己愈有，既以与人己愈多。
天之道，利而不害；圣人之道，为而不争。

这是《道德经》的最后一章，老子提出了对立着的一系列问题，真与假、美与丑、善与恶，他一分为二地看待事物，阐述着自己的辩证思想。

真实的话并不漂亮，漂亮的话并不一定真实；善良的人不会巧辩，善于巧辩的人不一定善良；真正有学问的人并不卖弄，善于卖弄的人不一定有学问。接着他又讲了关于助人为乐的思想：尽力帮助别人，尽可能地奉献自己，反而使自己更富有。

眼光犀利，观点独到，论述入木三分，老子善于透过纷乱复杂的表象一针见血地指出事物的本质。这样的观点怎能不令人折服！

张载思索着：纷纭复杂的社会，令人眼花缭乱的大千世界，我们往往会被一些粉饰的表面现象所迷惑，我们往往喜欢美丽的外观，喜欢繁华虚荣的生活，喜欢花言巧语的恭维，羡慕那些巧舌如簧的辩者，羡慕那些尽力展示美好形象的歌者、舞者，但我们看到些什么，知道些什么？我们知道那些虚荣和繁华背后的真实吗？繁华落尽之后，什么才是生活的本真？！

读了这些，一个念头在他心里越来越清晰了，他得去一趟楼观台，拜谒一下他仰慕已久的先哲——老子。灯光摇曳着，夜已经很深了，窗外起风了，簌簌落花声，明日落红应满径吧。想着春光易逝，想着时光匆匆，想着一千多年前的故事，于是他的眼前恍惚了，一幕画面在他脑海中浮现：

时光倒流了一千五百多年。那是一个上午，紫气东来。

一位智慧老人，倒骑青牛，过函谷关。芳草萋萋，阳光明媚。他向西踽踽而行。那悠闲自在的神态，仿佛从云端徐徐降落的仙人。

他要归去，是的，早就厌倦红尘纷争的他，寻找着暮年的归宿地。

归去，归去，归依何处？哪里才是清静、无为、不争的好去处呢？

牛背上的老人远望终南山，一处山麓绿染翠叠，祥云瑞气，隐隐约约有仙气浮动。就这样，楼观台进入了老子的视野。

多年以后，这片天下第一福地，因一位圣哲的隐居，和他每日的说经讲道，而名扬四海。

这就是盩厔县楼观台的故事，我在冥冥之中与楼观台有缘，无论如何我得拜访一回楼观台了。张载从想象回到现实后，在心中暗暗说道。

琴声仿佛是从渺远的天外而来，时而悠扬舒缓，就像青青草地上的阳光，像月光下清泉从白石上流过，又像三月牛背上牧童的歌声；时而高亢而急促，像疾风吹过松林，像瀑布从悬崖上跌落，像铁骑突出刀枪铮鸣；时而低回婉转，像星夜的流萤，像儿女的私语，像落花时节的忧伤。

这是谁在弹琴呢？琴声似乎在花园的那边，张载循声而去。他从落叶遍地的花园小径中穿过，风吹来，红叶、黄叶像漫天飞舞的彩蝶一样簌簌飘落。走到小径的尽头，他终于看到了，原来是吴玉在花园里非常投入地弹琴。

"吴玉妹妹，你的琴声好美啊！"张载说。

"张载哥哥，难得你有时间来看我。"吴玉嫣然一笑说，"是我的琴声将

你引来了吗？"

"是啊，如听仙乐耳暂明，真是天外来音！"张载走过去站在吴玉的面前，看着她纤纤素手在琴弦上跳动，风吹得她裙裾飘飘。她长发上飘来淡淡的花香，双眸像秋水一样澄清。他望着她，出神了，沉醉在她的琴声里。

鸟儿在窗外鸣叫，忽然他就醒了，原来这是一个梦。

梦中醒来，想到吴玉姑娘已经香消玉殒，想到那如天籁般的琴声已经成了永远的绝响，张载不禁黯然神伤，于是他提笔写下了一首诗：

<blockquote>
我所思兮在朔湄，欲往从之白雪霏。
登崖永眺涕泗颓，我之怀矣心伤悲。
佳人遗我云中翮，何以赠之连城璧。
愿因归鸿超遐隔，终然莫致增永积。
</blockquote>

风儿轻轻，一群白鸽子、灰鸽子从他的头顶飞过，蓝天上飘着几缕白云，天空是那样纯净而明澈。桃花、杏花几乎要开败了。在绿油油的麦田深处，间或可以看到大片大片的油菜花田，那些油菜花啊，肆意开得金黄而泼辣，尽情渲染着盎然的春意。

那天阳光很好，张载从横渠出发，骑着马向东边的盩厔县而去。为了欣赏一路上无尽的春光，他驾着马儿，时而疾驰，时而缓行。有时候，他跳下马来，牵着马儿向前慢慢地走。经过了秦岭北麓终南山下的傥骆古道，过了仙游寺，又过了大秦寺，楼观台越来越近了。远远望去，那真是一处染绿堆翠的高台。但见云遮雾罩，林壑幽美，树木葳葳郁郁，在苍翠的林木掩映之处，一座座楼阁若隐若现，似乎真的有缕缕仙气缭绕。

"先生可是横渠的张子厚先生？"张载牵着马正往前走，眼看就要到楼观台的山门了。忽然一名十五六岁的少年书生走上前来，向他一抱拳问道。

"哦，是啊，我就是横渠的张载，你是哪位呢？"张载看着面前这名背着书囊的清瘦的少年书生答道。

"晚生是邠州的张舜民,久闻先生大名,仰慕已久。不久前曾去横渠拜访过先生,但遗憾的是没有遇到先生,只见到了您的画像,不想今日在这里相遇,真是三生有幸。"书生喜出望外地说。

"哦,那你怎么知道我今天要来这里呢?"望着这个文气的书生,张载已经有了几分喜欢。

"我今天拜谒老子的说经台,也是偶然路遇先生,远远看去,觉得和画像中的先生有几分相像,不想真被我猜中了,这难道不是缘分吗?"书生有几分紧张,略带腼腆地说。

"是啊,看来我们真是有缘,"张载微笑着一挥手说,"那么,我们结伴而行,一起去参拜老子吧!"

多年以后,这名书生成为张载诸多弟子中的佼佼者,考中进士后,不仅成就一番大的事业(后官至监察御史、谏议大夫),而且也是一位词风慷慨豪放的文学家,写下了"回首夕阳红尽处,应是长安"的千古名句。

张载将马拴在山门外的一棵大银杏树上,就和张舜民结伴向说经台而去。他们沿着石阶路迤逦而行,缓步上坡,穿过茂盛的林木,穿过青青的竹林,有一泓清澈的小溪从身旁流过。真是"茂林修竹,清流急湍",两人正感叹的时候,又与几株古老的大树不期而遇。古柏、银杏,还有橡树,均是几百年树龄的老树,但见,枝繁叶茂,树冠婆娑,如一片绿云,遮天蔽日,绿荫匝地,让人顿生几分凉意。复又前行,又见一棵千年的银杏树,银杏树对面就是说经台了。当年老子隐居楼观台,每天在这里说经讲道,来听讲者众多。

说经台前是上善池,取"上善若水"之意,但见池中碧波荡漾,荷叶亭亭。

二人走上这高高的说经台,寻觅老子当年的踪迹,但见一座座楼阁雕梁画栋,白墙灰瓦,檐牙高啄,颇有几分庄严肃穆之感。室内陈设古色古香,隐隐约约处,有一位须发皆白的老人正襟危坐,声如洪钟,讲经论道。抑扬顿挫间,洞穿了宇宙的奥秘,阐释着世间万物的玄机。四周的石壁上刻着老子当年的事迹和五千言的《道德经》:

　　道生一。一生二。二生三。三生万物。万物负阴而抱阳，冲气以为和。

　　人法地，地法天，天法道，道法自然。

　　……

　　得道的智慧老人早已坐化升天，如今留下来的只是一座空空如也的说经台和坚硬而冰冷的石碑与雕塑，还有那些道士的故弄玄虚以及善男信女盲目朝拜的身影。这些难道是李耳先生当年想看到的情景吗？

　　"先生，'致虚极，守静笃。万物并作，吾以观复'是什么意思？"正当张载的思想信马由缰地驰骋在千年前的时空中的时候，书生张舜民说话了，"我原来也读过《道德经》，每次读到这句的时候，总是不能理解。"

　　"哦，老子强调一种心灵的状态，这就是虚极与静笃。就是说，当我们的心灵进入到一种'虚静'状态的时候，就会看到世间万物生生不息、循环往复的规律。"张载慢慢地解释道。

　　"那么'曲则全，枉则直，洼则盈，敝则新，少则得，多则惑'和'祸兮，福之所倚；福兮，祸之所伏'又怎么理解呢？"书生又问。

　　"这其实说的是事物的运动变化的永恒规律。也就是说人们常常只看到事物的一面，却看不到事物的另一面，而当老子在对立统一的关系中去观察事物时，就透过事物的表象，发现了事物的本质，随着事物的运动变化，事物对立的两极有可能发生转化和互换，这样曲可以变成直，小可以变大，少的可以变多，'福'中也可能潜伏着导致'祸'发生的因素。"张载望着少年闪闪发光的眼睛，眼神疑惑又急切，于是耐心地不厌其烦地解释着。

　　"哦，先生讲得真好，这些问题困扰我好久了，如今我一下就明白了。"书生会心一笑说。

　　后来，他们又结伴去登说经台南边的炼丹炉。据说老子当年曾在南边那个高高的山头设炼丹炉炼制丹药，经七七四十九天，终于炼成了长生不老的金丹，人吃了以后可以长生不老、返老还童。老子后来被民间神化了，成了天上的太上老君。张载当然不相信这些观点。

拾级而上,沿着曲曲折折的青石路向上攀登。山路两边是竹海、松林、橡树林,浓荫遮蔽,空气是那样清新,不时可以看到敏捷的松鼠在树枝上跳跃,有着长长翎尾的华丽雉鸡在林间漫步觅食,还有各种鸟儿的清鸣不绝于耳。当他们攀登得气喘吁吁的时候,终于上到了怀远亭,这里就是半山腰了。

二人坐在亭子里小憩一会儿,喝口茶,歇歇气,朝山下俯瞰,但见盩厔县的无限风光尽收眼底。河流像带子,道路像细线,田野像棋盘,亭台楼阁就像缩微的器具。一片绿,那是麦田;一片黄,那是油菜花;还有那些夹杂在绿与黄之间的绯红、粉红、雪白,那是各种盛开的花的颜色。

"老子的观点是有局限性的,事物其实都是可以认识的,就像我们上到了这个高高的怀远亭,下面的一切,都尽收眼底,还有什么看不清的呢?"张载自言自语道。

"先生,您是说老子的《道德经》中也有值得怀疑的地方吗?"书生惊讶地问。

"是的,任何思想家的思想都会有时代的烙印,在那个周王朝倾颓、礼崩乐坏、诸侯争霸、烽火连天、干戈遍地的春秋末期,老子写出了这本五千言的经典,但时光已经过去了一千多年,他又怎么能预见到我们的今天呢?"

"哦,请先生说下去。"

"而且,老子的思想是唯心的,什么在他的眼里心里都是玄之又玄,都是没有定论,让人始终摸不着头脑。其实,天地之间是由气构成的,太虚无形,气之本体,其聚其散,变化之客形尔……"

"哦,先生说得太好了,聆听先生的教诲,晚生真是受益匪浅!"张舜民高兴地说。

几天后的一个傍晚,张载在野外一边散步,一边吟诵诗书,在田间小路上遇到了周宇。

"子厚,你知道吗?"周宇见到他就急不可待说,"范学士不久前写下了一篇好文章,坊间都在争相传诵呢!"

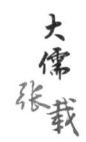

"这个嘛,我知道的,是《岳阳楼记》。"张载笑着说。

"哦,你都知道了!不知写得怎么样?"周宇急切地问,"你能朗诵几句,让我欣赏一下吗?"

"当然,我已经记诵得很熟了。"张载胸有成竹,略一沉吟说,"待我慢慢诵来。"

说完张载就声情并茂地朗诵开了:

庆历四年春,滕子京谪守巴陵郡。越明年,政通人和,百废具兴,乃重修岳阳楼……

……

嗟夫!予尝求古仁人之心,或异二者之为,何哉?不以物喜,不以己悲,居庙堂之高则忧其民,处江湖之远则忧其君。是进亦忧,退亦忧。然则何时而乐耶?其必曰"先天下之忧而忧,后天下之乐而乐"乎。噫!微斯人,吾谁与归?

朗诵完,张载解释说,这篇文章作于庆历六年(1046)九月十五日,是范老先生应他的朋友滕子京的邀请,在参观完重修的岳阳楼后写出来的。这篇文章不仅文辞优美,格调高雅;更为重要的是,在这篇文章中,范老先生表达了自己"不以物喜,不以己悲"的旷达胸襟,抒写了"先天下之忧而忧,后天下之乐而乐"的忧国忧民的济世情怀和宏伟远大的政治抱负。因此,才成为大家争相传诵的名篇。

"子厚,你能不能把它写出来,挂在书房里,我们也好早晚拜读记诵。"周宇真诚地说。

"好的,这样的好文章,是应该把它挂出来的。"张载说,"范学士胸怀博大,抱负宏伟,且拥有忧国忧民的情怀,应该成为我们学习的典范!"张载不无感慨地说。

"是的,我相信这篇文章一定能成为不朽的、传世的经典!"周宇感叹道。

十二　寻仙访道

那是庆历四年（1044）的炎炎夏日，麦子已经收割入仓了，四野显得如此空旷，只有一棵棵绿树在田埂上枝繁叶茂，在大太阳下尽情吟唱着生命的美好。

这天张载骑着马想去终南山寻仙访道。他从横渠策马一路东行，来到了盩厔县，他策马继续往东驰去，过了姜维台，过了傥骆古道，又过了楼观台，再往东往南，就是有名的终南山了。远望连绵的终南山，翠峰林立，植被茂盛，沟壑遍布，林壑幽美，这让他不禁想起一首唐诗：

终南阴岭秀，积雪浮云端。
林表明霁色，城中增暮寒。

这首诗是一位名叫祖咏的唐朝诗人写的，写的时候大约是在初春时节吧，那时候还有积雪。想起了这首诗，就联想到祖咏年轻时去长安应考不第的故事。忽然，张载又想起王维的一首诗来：

太乙近天都，连山接海隅。
白云回望合，青霭入看无。
分野中峰变，阴晴众壑殊。
欲投人处宿，隔水问樵夫。

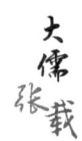

他很喜欢王摩诘的这首诗,小时候读的时候就经常浮想联翩,终南山到底是什么样子呢?他经常会这样陷入无尽的遐思。

"白云回望合,青霭入看无"这一联,细品起来就像仙境一样;还有最后一联"欲投人处宿,隔水问樵夫",有着多么空灵美妙的意境。现在,终南山就到眼前了。

他将马拴在山麓下一户人家门前的大树上,背起行囊,顺着山间曲折的小径,向山中慢慢走去。树木葱郁,遮天蔽日;野花清馨,漫山遍野。一条小河在小径旁潺潺流淌,蜿蜒而曲折地向山下流去。河谷中清流激湍,游鱼与青石、白石、水草清晰可见,有不知名的山鸟在枝头自由自在地鸣叫。炎夏远遁了,清凉之感丝丝缕缕袭来,让人忽然觉得有几分寒意。

山路回环曲折,斗折蛇行。正往前慢慢走着,忽闻前面山路上有人吟唱诗句,张载仔细听时,却听到这样的句子:

> 山势嵯峨接远峰,九皋鹤唳彻长空。
> 清音仿佛苍松外,疏影依稀皓月中。
> 石洞云封仙去后,桑田世换水流同。
> 登临厌听黄鹂语,弄巧绵蛮噪碧丛。

听着听着,张载不禁连声感叹:"好诗,好诗啊!"于是他急走几步赶上前去,只见一个书生模样的人正朝他迎面走来。这是一个二十多岁的年轻人,高高的身材,宽宽的肩膀,卧蚕眉、丹凤眼、面如冠玉,几绺长髯随风飘着。他身着一身交领锦袍,手拿一本诗书,吟啸着前行,举手投足之间,飘飘然,大有神仙的风度。

于是张载微笑着一抱拳问:"兄台适才吟诵的诗真不错啊!特别是'清音仿佛苍松外,疏影依稀皓月中'两句,疏朗俊逸,自然天成,很有意境。不知这首诗的名字叫什么?写的是哪里的景色?"

"哦,兄台好功力,听了一遍,竟然鉴赏得这么到位!真是遇到知音了!"年轻人一抱拳,惊异地说,"这首诗的名字叫《鹤鸣古洞》,是在下不久前赴山中古洞参观后写的。敢问兄台尊姓大名？"

"在下乃鄜县横渠人氏，姓张名载，字子厚。敢问兄台高姓大名？"张载答道。

"哦，原来是延州上书的张横渠先生！久闻大名，尝欲结识，不想今天在山中邂逅，真是有缘，有缘啊！"年轻人一抱拳，连声感叹道，接着又介绍自己说，"在下赵瞻，字大观。乃鳌峊本地人，祖籍安徽亳州永城，二十多年前随父迁居至鳌峊城南的北辛头村。"

"哦，这么说，兄台就是赵大观先生了！"张载也感叹道，"久闻兄台文武兼备，才华出众，今天欣赏了兄台一首诗，果然名不虚传！"

"哪里，哪里啊！"赵瞻谦虚地说，"一首小诗，兄台过奖了！"

后来他们坐在河边的一块大青石上，谈了各自的境况，又谈一会儿诗词。原来赵瞻的父亲名叫赵刚，曾为太子宾客。他们家是书香门第，赵瞻比张载大一岁，今年二十六岁，已经通过了会试，考中了举人，如果两年后能通过殿试，就考中进士了。张载说自己无心功名，但祝福赵瞻能鹏程万里，为老百姓多办实事。

他们分手后，张载继续往前走。走过一座小桥，就来到了一个黑森森的山谷。此处灌木丛生，显得潮湿、阴郁而冷寂，隐隐约约有一股杀气弥漫。

突然几声铜锣响起，紧接着，山径旁的灌木丛里冲出几个彪形大汉。为首的一个黑脸大汉手持一把大刀，站在路中间挡住了张载的去路，只见他把大刀往空中扬了几下，大喊道："站住！此路是我开，此树是我栽；要从此路过，留下买路财！"

张载不由得惊住了，心想这朗朗乾坤的，竟然碰到山贼了。他有一身的好功夫，哪里会畏惧，于是他走上前去，大声地说："哪里来的蟊贼，敢在这里劫道撒野！"

"爷爷姓雷！人称雷神大王！识相的，还不快快跪下求饶！"那山贼答道。

"哈哈哈！好个泼贼，我正愁英雄无用武之地，不想今天要和你这蟊贼一试身手了！"张载说完，就向前紧走几步，来到这山贼的面前，运气凝神，拉

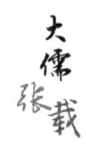

开打斗的架势。他施展二十多年练就的武功，空手夺白刃，三下五除二，就将这个山贼打得趴在地上求饶。其他几个山贼刚想围上来群起而攻之，被张载一声大喝镇住了。

"好汉爷，好汉爷饶命！"被张载踩在脚下的山贼趴在地上大声求饶，"小的有眼不识泰山，今天冒犯了爷爷，求爷爷饶命啊！"

"饶命？你这蟊贼，为何在此劫道？"张载大喝道。

"小的也是不得已啊！爷爷有所不知，小的名叫雷深，家在渭北高原上，被地主逼租遭羞辱，我忍无可忍打伤地主，后被告到官府，又受到官府迫害和追杀，我无路可走，就拉了几个弟兄占山为王，不想今天遇到爷爷这位高手！"

"哦，原来如此。"张载暗暗寻思，土地兼并，高额地租，社会的不公平，官府的横征暴敛，真是官逼民反啊，于是他说，"即便如你所说，也不能图财害命，干这种勾当啊！"

"爷爷说得是，我们占山为王也是讲道义的！"

"道义？什么道义？"

"只劫富济贫，只打劫可恶的地主和当官的，不伤害贫苦老百姓。"那山贼趴在地上喘着粗气断断续续地说。

山贼看张载气度非凡，又有一身好武功，知道一定是高人，一问才知道是横渠的张子厚。几年前张载训练民团、延州上书的英勇事迹他们早就有所耳闻，想不到今天竟然在这山中见到这位大侠了。

于是，他们哥儿几个一起跪下了，要拜张载为大哥，拉他入伙，推举他做山大王。张载哪里肯做，他义正词严地好言相劝，让他们散伙下山，好好做个营生，不要再干这些君子不齿的事情。那个为首的山大王雷深答应了，说他们一定听子厚大哥的话，上山寨收拾一下行李，就下山好好做营生，并说后会有期。说完就灰溜溜地逃到山上去了。

经历了这场劫道事件，张载穿越山谷，抖擞精神继续往山里走去。山路曲曲折折，峰回路转，前面山头忽现一座道观。

他踩着青石台阶拾级而上，就在一棵枝繁叶茂浓荫遮蔽的大橡树下，有一块石碑，石碑上的字迹已经模糊湮灭得看不清楚了，于是他歇了口气，又往前面不远处的道观走去。去往道观的路上有一片树林，树木的叶片很大，长条形，毛茸茸的，上面有许多小刺，树上结着一种奇异的果子，圆圆的，比桃子小，比枇杷果要大一点。张载嗅了嗅，有一股清香沁入心田，很诱人，于是他摘了一颗，剥了皮，咬了一口，酸甜可口，非常好吃。于是他就吃了几颗这种野果子，顿觉神清气爽。他心想，真是一种奇妙的感觉啊！

正在这时候，忽听得树林背后隐隐地有笛声响起，越来越近。张载定睛一看，只见一个道童，倒骑着一头黄牛，横吹着一管竹笛，转出山坳来。那道童身穿一袭青衣，头绾丫髻，明眸皓齿，大有飘飘然不染尘埃的感觉。忽然，那道童就不见了，笛声也听不到了。张载便又继续向道观走去。

道观名仙云观，土木结构，白墙黑瓦，饱经风吹雨淋，显得有些残破，但仍不失古朴的韵味。他看了一眼道观墙壁上题写的诗词，就慢慢跨进正殿。

正殿里有太上老君等神仙的塑像，当然也少不了缭绕的香火，还有一些道士在诵经。有一个书生模样的道士静静地坐在榻上，手捧一本发黄的经卷，旁边小木凳上放着一杯清茶。张载看着这个书生那恬淡自若、心静如水、静如处子的样子，又注意到他乌发、白面、清秀的面容，忽然想起了《庄子》中的一段话：

藐姑射之山，有神人居焉。肌肤若冰雪，绰约若处子；不食五谷，吸风饮露；乘云气，御飞龙，而游乎四海之外……

再往里走，在一间侧殿里就看到了王道士，据说他颇有道行。张载进到侧殿时，只见那王道士盘腿坐在榻上，一把拂尘搭在臂弯上，双目微闭，口中念念有词，似乎魂魄飞升。

"西夏兵就要打过来了！"张载故意高声说道，"您还能安坐在这里修道吗？"

那王道士慢慢睁开双目，一看是一个教书先生模样的年轻人，就慢慢说道："我们修道之人已跳出红尘，讲究清静无为，西夏兵与我何干？"

"好个清静无为！我且问您，"张载顿了顿，就说，"目下西夏侵扰，契丹国虎视眈眈，官场腐败，土地兼并，税负深重，灾害不断，民不聊生，您修道又有何用？"

王道士一听，觉得今天遇到高人了。他对大宋朝时局了解得如此深透，看来一定不是等闲之辈，就定了定神，答道："清静无为有什么不好？遥想西汉文帝和景帝之时，无为而治，朝廷让百姓万民休养生息，对于天下和老百姓的生活，尽量不加干涉，任其自然发展，世称'人君南面之术'，不是也出现了有名的盛世'文景之治'吗？"

"此言差矣，如今的天下不能和西汉的文景时代相提并论！"张载坚定地高声说，"文景时代，经历了多年的楚汉相争，干戈纷争、烽火狼烟刚刚平息，天下凋敝，人心思定，当然需要休养生息。但如今天下纷争正起，外族侵扰，社稷不稳，老百姓期待扭转乾坤和力挽狂澜之人出现，如果大家都像您一样沉迷修道，岂不国将不国了？"

"呵呵，天下大势分久必合，合久必分。"王道士微微一笑，说道，"红尘之中，治乱兴衰，恩怨情仇，吵吵嚷嚷，你方唱罢我登场，我出家之人，哪能管得了这些！呵呵。"

"生于尘世之间，不问尘世之事，那么修道何用？"张载继续追问道。

"前朝有个白云先生，人称扶摇子，他进京赶考不幸落第，后遇高人指点，他慢慢看透红尘，归隐武当山林修道，服气辟谷修道二十多年，终于修成长生不老、金刚不坏之躯。你知道吗？据说他一觉就是一百多天呢！呵呵。"王道士故作高深地说道。

"这个，我略知一二，不就是传说中的陈抟老祖吗？"张载淡淡一笑说道，"他就是一觉睡上一百年，活过一千岁，对这个世道又有何用？"

"道家见素抱朴、坐忘守一，多加修习，就可以得道成仙，与天地齐寿，日月同庚，逍遥游于四海，像羽人一样，飘飘乎游于不死之乡。岂不快哉，岂不悠哉？呵呵。"王道士答道。

"笑话！世间哪有与天地齐寿之人？人和世间的万物一样，也是要生灭的。就像大树经冬要落叶子，花草到了深秋就会枯萎。还有，比如您旁边这把座椅，用着用着，就朽烂坏掉了。人也一样，一出生，就逐渐走向成熟，经历青年、中年，最后必然要走向衰老和死亡！太虚无形，气之本体。其聚其散，变化之客形尔……太虚不能无气，气不能不聚而为万物，万物不能不散而为太虚。循是出入，是皆不得已而然也。"张载为了驳斥王道士，一口气说出了这些道理。

王道士见说不过张载，就念念有词背诵起一些经文来："道可道，非常道。名可名，非常名……玄之又玄，众妙之门……"

就这样，他和这个王道士谈了一席话，谈到对这世间事情的看法，谈到如何救黎民于水火时，王道士说道家讲究清静无为，他只知道这山间的雾霭流岚、松涛溪流、清风明月、阳光雨露，根本不关注尘世之中的治乱兴衰、恩怨情仇。因为他知道世间之事永远也只是分久必合，合久必分，争争吵吵，你方唱罢我登场，至于说对与错、正与邪、善与恶，哪里又能分得清呢？

经过与王道士的交谈，张载明显感受到他有一种超脱红尘的境界，那是一种不食人间烟火的得道高人的感觉，但张载觉得这种漠视正邪善恶的状态是非常消极的，也是非常不可取的。

出了道观之门，向山下俯瞰，但见山腰处有缕缕岚烟浮动，美丽的幽谷深不可测，让人倒吸一口凉气。他疑惑自己是不是进入了仙境。

那天，他一直游玩到月亮出来才出了山。

秦岭北麓，终南山下，有一处清幽的好去处，那就是辋川别墅。

辋川别墅位于蓝田县境内，是唐朝著名山水诗人王维隐居的地方。辋川，那是一条美丽的川道，川水自嶷关口流出以后，蜿蜒流入灞河。古时候川水流过川内的欹湖，两岸山间也有几条小河同时向欹湖流来，从山上望下去，川流环凑涟漪，好似车辋形状，由此得名——辋川。

辋川，因"诗佛"王维而成名。那是一处富于诗情画意的去处，几百年来，它就像一位隐居于山僻的处子一样，静静地独处，不染纤尘，在唐诗中悠然地存在着，绽放着幽香和诗意。

幼年读书时，每每读到王维的《竹里馆》《辛夷坞》《临湖亭》《椒园》

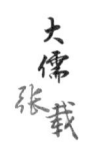

等诗时,张载就暗自想象,这个辋川别墅到底是什么样子呢?于是对王维的辋川别墅就常常心生向往之情。

那天,他决定骑马去拜访王维的辋川别墅。

远望辋川,远山叠翠,白云缠绕,湖水明澈,古木婆娑,亭台桥榭,好一派清秀迷人的风光。走近辋川,但见绿草茵茵,小桥流水,飞瀑流泉,树木茂密,游廊曲栏,楼阁处处。他穿过曲曲折折的小径,迤逦向前,寻找着梦中向往已久的竹里馆,和风吹送着野花的清香,令人沉醉。

在一处幽篁茂密的阁楼前,他忽然听到有人悠闲地吟诗:

独坐幽篁里,
弹琴复长啸。
深林人不知,
明月来相照。

张载凝神观看,只见一名二十岁左右的青年书生手拿一本诗书,站在一块石碑前,读着石碑上王维的这首有名的《竹里馆》。但见那名书生眉目清秀,器宇轩昂,身着一身襕衫,形容出众,举止不俗。

张载不由得叹了一句:"好一位儒雅书生!王摩诘的诗好,兄台诵得更好!"

"哦,兄台过奖了!"书生缓缓转过身,面朝着张载微微一笑说,"兄台是首次游览辋川别墅吗?"

"是的,在下对这里向往已久,只是一直无缘拜访。兄台经常来这里吗?"

"是啊,我家距这里只有十几里路程,所以嘛,经常携三五个文朋诗友前来吟诗作赋。"

"哦,不知兄台尊姓大名?家住何处?"

"在下吕大钧,字和叔。是蓝田三里镇人氏。兄弟四人,我排行老三。"年轻人将手里拿的诗书背到长袍后面,笑着答道,"敢问兄台尊姓大名?"

"哦,原来是吕大忠、吕大防的兄弟,久闻蓝田吕氏是名门望族、书香门

第,今日一见,果然是名不虚传!"张载满是欣赏地说,"在下张载,乃郿县横渠人氏,字子厚。"

"哦,原来是横渠先生,久仰大名。"年轻人望着面前的张载,一抱拳谦恭地说道,"在家中读书时,就经常听哥哥们说起先生的大名。先生奉母教弟,文武兼备,延州上书,四方游学,学识渊博,今日相见,真乃三生有幸!"

就这样,在王维的辋川别墅,张载与吕大钧相遇了,很快就成了心灵相通、互相欣赏的知己。于是在吕大钧的陪伴下,张载很愉悦地游览了辋川内不少的景点。后来,他们还在文杏馆里王维手植的一株银杏树前作诗唱和,希望这棵三百多岁枝繁叶茂的大树能见证他们的友情。

在鳌峉和郿县的交界之处,有一处山谷,唤作"泥峪沟",但见林木茂盛,山峰峻秀,有河水潺潺从山谷中流出,河水清澈,有游鱼在绿莹莹的水草中戏水。从泥峪沟往南就进入了深山,山行三十多里路,就是一处古文化遗址,据说这里曾是周文王的祖父古公亶父生活过的地方。

寻访和缅怀了一回古公亶父的遗踪,一路上张载就想着西周末年的风云变幻,想着文王建立周朝、武王伐纣的故事,让思绪在千年前的时空中遨游,一会儿就出了山。在山脚下,他坐在河谷中的一块大石头上稍事歇息,脱了鞋袜,把脚放在清澈的河水中。在这炎炎酷暑,没想到河水竟然是这样的清凉。顿时,一种惬意、一种凉爽袭遍全身,炎夏在这泥峪沟的河水中远遁了。

十三　经世致用

一天晚上，张载打开《中庸》，又看到熟悉的句子：

> 喜怒哀乐之未发，谓之中；发而皆中节，谓之和。中也者，天下之大本也；和也者，天下之达道也。致中和，天地位焉，万物育焉。

《中庸》中的句子，他几乎都能倒背如流了。"'致中和'，这是多少儒家弟子的理想啊，但又是多么难以到达的理想境界。正心、修身、养性、齐家，才能治国平天下。"张载掩卷思索着。

经过连续多年对《中庸》的研究，张载认为《中庸》阐述了"诚"在"性与天道"体系中的作用。他认为《中庸》所提出的"诚"是包括"诚"与"明"的复合范畴。因此，它不仅表示了人所达到的道德最高境界，而且也表示了人所达到的认识的最高境界。后来他在自己的著作《正蒙·诚明篇》中写道：

> 天人异用，不足以言诚；天人异知，不足以尽明。所谓诚明者，性与天道，不见乎小大之别也。

这也就是说，一个人只要达到了"诚"的境界，也就认识了自己和自然的本质，也就可以克服不能驾驭自然（天人异用）、不能认识自然（天人异知）的盲目性，使天人关系和谐地统一起来，从而达到"天人合一"的境界。

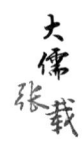

经过潜心钻研，张载感悟到：中庸在认识理论上，实现了"两过渡"：由问神向问人过渡，由直观经验向逻辑抽象过渡。中庸在社会领域，适应了"三转变"，即家族制向家庭制、分封制向集权制、传亲向传贤的转变；推动了"一结合"，即分散的一家一户小生产与高度集权封建专制的结合；促进了"两分离"，即思想家与政治家、议政与行政的相对分离。从而，明朗化了封建中央集权制下君权与相权的矛盾统一，突显了宰相在调解皇帝与万民关系中的中庸作用，宰相作用的正确发挥是封建王朝稳定兴旺的重要原因之一。千古名相魏徵是宰相中最杰出的代表，他与唐太宗共同造就了唐初盛世——贞观之治。

在游学期间，除了躬耕陇亩，做好田地里的农活外，张载在崇寿院做了教书的先生。农闲季节，他白天在崇寿院教书育人，为学生们授课，讲解《论语》和《孟子》；晚上挑灯攻读经典，循序渐进，熟读而精思，在学业上进步很快。

一天，邠州学子张舜民来访，他到崇寿院一见到张载，就以弟子的身份向张载行了礼。五六年不见，张舜民长高了许多，身体也比以前强壮了，唇上有了淡淡的胡须，一双眼睛聪慧中透着刚毅和果敢。他向张载说了他这些年都读了什么书、有什么收获，还说了在攻读经典中遇到的一些困惑，也谈了人生的梦想和追求。张载很高兴，感受到了年轻人的锐气和朝气蓬勃，不由得他进行了一番指点。张舜民很感激，以后每过一段时间，他就来崇寿院几天，向张载求教。

过了些日子，武功少年游师雄来崇寿院拜访张载。游师雄看上去十四五岁，一身武士打扮，显得器宇轩昂，精干英武。一见到张载，纳头便拜，张载将他扶起来。后来他们坐下来喝茶谈话的时候，才知道原来游师雄生于景祐四年（1037），字景叔，世居京兆武功县。他的曾祖父名叫游永渍，祖父名叫游裕，皆潜德不仕。他的父亲名叫游光济，曾任过大理寺丞等官职。他自幼文武兼修，特别喜欢武学，学过一些武功，准备长大后驰骋疆场，建功立业。

张载望着眼前这名英武的少年，听着他的远大志向和豪言壮语，似乎看到了自己年轻时的影子。是的,少年的他也和游师雄一样,有着多么远大的抱负啊!但世事艰难,时光蹉跎,如今的他已经被岁月磨去了尖锐的棱角。就这样,游师雄正式拜张载为师。张载除了教他《孟子》《中庸》《大学》等儒学典籍外,还教他一些武学知识,还有一些戍边卫国方面的知识,这些对游师雄帮助很大。多年以后,游师雄考中进士任军事判官,在西部边疆与西夏的战争中屡立奇功,威名远扬,成为宋朝的一位名将。

一天,张舜民又来到了崇寿院。此时,张载刚给弟子们授完课,倒了一杯茶,在茶香袅袅中,他翻开《韩非子》。最近他开始认真研读这部法家经典。

"来,舜民,进来,坐下喝茶!"张载招呼着他的弟子张舜民。

"先生,您最近在研读《韩非子》吗?"张舜民看见先生的案头上有一本打开的书,就走过去看了一眼,正是《五蠹》这篇文章,就好奇地问。

"是的,韩非是先秦法家思想的集大成者,他总结了商鞅、申不害和慎到三家的思想,提出了一套法、术、势相结合的法治理论。他主张君主应凭借权力和威势以及一整套驾驭臣下的权术,保证法令的实施与执行,以巩固君主的地位。他还继承了荀子的人性恶说,主张治国以刑、赏为本。因此,可以说《韩非子》是法家的代表作,而法家是诸子百家中的重要一家,不研究,怎么会知道他们的学说到底有什么优点,有什么局限性呢?"

"先生说得对!我也读过这本书,《五蠹》这篇文章我正好也看过,只是……"张舜民喝了一口茶说,"只是,读不大懂,而且还有许多疑惑,正好请教一下先生。"

"哦,《五蠹》是《韩非子》中重要的篇章。这篇文章用犀利、雄辩的语言反复阐述,层层论证,阐明了制定政治措施应适应社会变化的特点,应以发展的眼光来治理国家,提出了非常切合实际的政治措施,反对儒家的复古主义和守旧思想。他最后指出,宣扬儒家思想、破坏法纪、蛊惑人心的儒者、游侠、纵横家、患御者、工商之民是社会的五种蛀虫,也就是他所说的'五蠹'。你有什么不懂的地方吗?"张载问。

"先生说得好,请先生说下去,我听完先生的讲解再说我的疑惑吧。"张

舜民笑着说。

"韩非以非常雄辩的语言,一针见血地指出'圣人不期修古,不法常可,论世之事,因为之备。世异则事异,事异则备变'的道理。他以历史发展观来对待社会的政治制度,充分体现了很有创意的革新精神!他在文章中举了许多历史例证,以对比来论证,层次清晰,很有说服力。比如他说:周文王实行仁义能称雄于天下,但徐偃王推行仁义之举却亡了国。在舜禹的时代,执干戚舞能降伏有苗氏;但共工与颛顼争帝时,身上穿的铠甲不坚牢就会被杀伤。还有,齐国攻打鲁国,鲁国派了一个能言善辩的说客子贡去退兵,但齐国的将领说:'子贡,你的话不是不好听,说得也不是没有道理,但我们要的是鲁国的土地,而不是想听你的这套空话!'"张载接着说。

"是啊,我的疑惑就在这里。先生您想,这一点,不是正好与孔子所持的观点相对立吗?孔子主张效法先王的美政思想,主张实行仁政治国的思想,而不是主张'不期修古,不法常可'。我记得孔子在《大同》中说:'大道之行也,天下为公,选贤与能,讲信修睦。故人不独亲其亲,不独子其子,使老有所终,壮有所用,幼有所长,鳏、寡、孤、独、废疾者皆有所养,男有分,女有归。货恶其弃于地也,不必藏于己;力恶其不出于身也,不必为己。是故谋闭而不兴,盗窃乱贼而不作,故外户而不闭,是谓大同。'看样子,孔子面对当时'礼崩乐坏'的社会政治局面,极其向往原始社会的'大同''大道',那么是不是可以这样认为:孔子拘泥于古人的思想,有保守和落后的一面呢?"

"舜民,你的思考很好,这一问题我也思考过。"张载点点头,笑着说,"孔子的大同思想有其积极的一面,他给人们描写了一个比较初级的原始大同社会,他让人们看到了一个相亲相爱、互相关怀、平均分配劳动成果,夜不闭户、路不拾遗的社会局面。"

"但是'舟已行矣,而剑不行',孔子用静止的眼光看社会,就不能正确地评估他所处的那个时代人们的价值观和人生观,不能客观地对待人们的思想,没有用发展的眼光看社会、看人的思想的变化,他将人们的行为仅仅只用道德来规范,希望人们回到夏商周时代,这难道不是一种倒退和复古吗?!"

张舜民将自己的观点和盘托出，说得很激动。

"舜民，你说得不错。虽然孔子被人们称为'孔圣人'，但是，他的思想是有局限性的，所以我们学习经典不能拘泥不化，要学会思考，有鉴别地吸收。在我看来，夏商周时代，社会财富还很不丰富，社会生产力还很落后，人们没有太多的剩余产品，所以实行尧舜禹的那种政治措施是能行得通的，也是适应当时的生产力发展状况的。但社会在发展，在我们当前的社会，生产力的发展导致人们的思想观念也发生了很大的变化，因此，我们是不能守株待兔式地用古人的观点和思想来看待当前的社会的。你说是吗？"张载继续解说。

"先生说得太好了，这席话简直说到我的心坎上了，困扰我多日的问题解决了，我一下子感到豁然开朗了。"张舜民感激地说完，又顿了顿，喝了一口茶，接着问，"那么，先生，是不是法家的思想就很先进呢？"

张载呷了一口茶，微微一笑，不紧不慢地谈了自己的观点，他说："法家的思想好不好，先进不先进，历来争论不休，或许后来者仍会争论下去，就任由后世评说吧！秦始皇采纳了韩非子的思想，严刑峻法，以法治国，实行皇帝高度集权制，最后统一了六国。但他的统治也并非如他的期望——他是始皇帝，他的子子孙孙可以当皇帝，直到千代万代，永远统治下去！也许是历史和他开了一个很大的玩笑，他的江山只短短的几十年，到了秦二世的时候，陈胜吴广便不堪压迫，揭竿而起。接着楚汉相争，楚霸王一把大火就烧毁了他的宫室殿堂，积累了几世秦王雄心与财富的咸阳宫也被付之一炬。他的江山就这样彻底崩溃了。看来法家的思想能让他夺取全国的政权，统一天下，但却不能保证他的江山千代万代、长治久安！"

通过和张舜民的一番长谈，最后，张载得出了这样的结论：对于儒家和法家，我们无法非常肯定地评价哪一种思想更先进。儒家的思想在中国占统治地位长达一千多年了，无论你怎样批判、怎样驳斥、怎样看待，它已经渗入了我们华夏儿女的身体、思想和血液里了。我们可能会在下意识的情况下不自觉地运用它来看待问题、思考问题、解决问题，但对于它的局限性，我们往往视而不见。因此，对于儒家经典的学习，不能一味地照搬和全盘肯定，应该批判地继承和研究，汲取精华，剔除糟粕。

"归去来兮！田园将芜胡不归？"张舜民忽然站起来，朗诵起陶渊明的文章来了，他说，"采菊东篱的诗人在遥远的地方吟唱着。但'归去来兮'，我们能回到哪里去呢？"

"是啊，世外桃源的路已经行不通了，我们谁也无法回到过去！"张载想着那位归园田居的东晋诗人陶渊明，无奈地感叹道。

随着张载对儒家经典阅读的深入，他经常会想，虽然儒家的学说已经有一千多年的发展，却受到了佛家的冲击，那么佛家的学说为什么能吸引那么多老百姓成为善男信女呢？看来佛家的学说也真的值得研究一下了。

当时封建地主官僚对土地兼并严重，加之水旱灾害频发，边患不断，导致危机四伏，人心惶惶，于是佛道盛行。

到了宋真宗时期，佛教和道教在民间极盛一时。大部分老百姓都信仰佛道，相信鬼神。据史册记载，当时的佛教寺院有近四万座，全国的僧尼比北宋初年增加了一倍；道观全国有一千九百多座，道士有一万五千多人。佛道唯心地认为，宇宙万物、山河大地、世间的一切都是由"心"所造，并大肆宣扬灵魂不灭、生死轮回、因果报应、超脱成佛、天堂地狱等唯心论，导致儒学受到严重的冲击。

有时候，佛教和道教还借助水灾、旱灾、蝗灾或者雷电冰雹等自然灾害和天象宣扬迷信思想，妖言惑众，迷惑了许多老百姓。但张载认为："天行有常，不为尧存，不为桀亡。应之以治则吉，应之以乱则凶。"这是先哲荀子的思想，张载非常赞赏这一思想。就是说，天道不会因为人的情感或者意志而有所改变。在荀子看来，与其迷信天的权威，去思慕它，歌颂它，等待"天"的恩赐，不如利用自然规律为人服务。荀子主张"治天命""裁万物""骋能而化之"的思想。这也就是说，人们认识天道就是为了能够支配天道而主宰自然世界。

张载注意到，当时佛道思想盛行，产生于魏晋时期的"玄学"又开始抬头。官僚地主和文人士子们崇尚佛道，他们酒足饭饱后，聚拢在一起品茶聊天，清谈阔论，而对于当时社会上最需要解决和关注的问题，比如老百姓的生计、农田耕作、水利、税赋、土地兼并、西夏和辽国的侵扰与威胁等关乎社稷安危的事，均无关切。

这些现象，经常会让他陷入深思。他想：我们读书人做学问的目的是什么呢？我们从小就识字读书，然后日复一日，年复一年地积累知识和学问；然后长大了，我们闻鸡起舞，读书破万卷，学有所成；再然后考中功名，进入仕途。读书难道仅仅是为了做官吗？做官又是为了什么呢？难道是为了俸禄和自己一家的温饱和幸福吗？

有一天，游师雄来到崇寿院，向张载谈了一些自己近来做学问的事儿，然后有感于文人士大夫崇尚佛道的现象，就说："先生，我经常想，我们读书人做学问是为了什么呢？您看现在一些文人清谈阔论，谈玄说道，炼丹养生，信鬼神，修来世，读书人出世的思想变得如此浓厚，大家似乎只求独善其身，而老百姓的生死、天下的兴亡、社稷的安危、国家的强弱，这些难道不需要读书人关注和担当吗？"

张载略加思索，就意味深长地说："师雄，独善其身只能是小我，兼济天下才是大我。你观察得很好，思考的这个问题很有价值。是的，从孔孟以来绵延千年的儒家思想一直主张积极入世，要修身齐家治国平天下。为什么传承了千年的儒家思想到了国朝，却变得让人迷惘了，似乎让读书人失去方向了？但我告诉你，读书、做学问，就是为了天下、社稷和老百姓！只有让大家吃饱穿暖、过上好日子的学问才是好的学问，只有让天下太平、老百姓安居乐业的学问才是真正的学问。如今迫切需要学以致用、经学致用和经世致用的学问，才是一种'实学'，它与'玄学'不同，有天壤之别。"

顿了顿，张载喝了一口茶，接着说："因此，我们读书人义不容辞，必须有所担当，必须崇实黜虚、经世致用，要关注一个时代和社会的主要矛盾，解决困扰朝堂天下和百姓生活的难题，读书做学问要关注社稷安危，有益于治国理政，这才是有识之士切中时弊的救世方案。"

西风渐起，崇寿院的黄叶凋落了一地，他们似乎都陷入深深的思索。

十四　四方游学

为了研究佛学，张载决定去一趟佛教圣地法门寺。

法门寺位于炎帝故里，扶风县的法门镇。据传该寺始建于东汉桓灵时，北周以前原名"阿育王寺"，隋改称"成实道场"，唐初改名"法门寺"，被誉为皇家寺庙。该寺因安置佛祖释迦牟尼佛指骨舍利，而成为四海仰望的佛教圣地。

那是一个初夏的上午，张载拜谒了炎帝陵后，又骑马来到了法门寺。远远就看到了高耸的佛塔。进了宏伟的山门，走过佛光大道，眼前就是佛祖的舍利塔了，过了舍利塔，就是正殿了。殿外游人如织，摩肩接踵。但见正殿里香烟缭绕、香火旺盛，和尚们念念有词，善男信女磕头焚香。里面雕塑着佛祖释迦牟尼的金身塑像，还有菩萨、罗汉等塑像。

佛教是世界性的宗教之一，由古印度的迦毗罗卫国王子乔答摩·悉达多（即释迦牟尼）所创，东汉明帝时经丝绸之路正式传入中国。成佛后的释迦牟尼，被尊称为佛陀，意思是大彻大悟的人。

那么什么是佛呢？张载寻思着。经过对佛教的一番认真的研究，他才弄明白了：

原来，大约一千六百年前，十九岁的印度王子乔答摩·悉达多在多次出游中，看到人世间存在着各种不同的痛苦，而且无论是谁，无论贫富，都无法摆脱生老病死的最终命运。但他始终坚信，世界上应该存在一种永恒的东西，不会因为任何暂时的痛苦或者个体的死亡而消失。于是在他二十九岁时，便毅然放弃王子的身份和王宫的安逸生活，经过六年的离家苦修，仍无法找到解脱之道。三十五岁那年,悉达多王子坐在一棵菩提树下,排除杂念,开始冥思苦想,并发誓"不获佛道,不起此座"。终于有一天,他大彻大悟了,领悟到解脱生死之道,入道成佛。

乔达摩·悉达多所悟出的道理便是"四谛说",即苦谛(人生皆苦)、集谛(苦之原因)、灭谛(彻悟苦的原因,达到"涅槃"的境地)、道谛(通过修道达到"涅槃"的途径)。"四谛说"是佛教最基本的教义。人们通过修行、断惑、涅槃,最终成为阿罗汉("不生"的意思),而不再堕入人世的轮回。

也就是说,人的生、老、病、死都是苦的,苦的根源在于人有欲望。只要人们消除欲望,忍耐顺从,刻苦修行,就能脱离苦海,达到"极乐世界"。

张载暗暗思考着:人是有情感的,具备七情六欲,人要活下去;并且当然需要衣食住行等基本的生活资料。如果人什么欲望都没有了,那还叫人吗?社会又怎么向前发展呢?

其实,自隋唐以来,佛教思想一直是社会主流意识形态之一。佛教代表着世族大地主阶级的利益,是世族大地主阶级维护自己特权,奴役广大人民,消蚀人民斗争情绪的精神工具。

佛教宣传灵魂不灭、生死轮回、因果报应、天堂地狱等,同时建立了"一切唯心""万法唯识"的唯心论体系。佛教粗暴地否认了世界的物质性,否认了外在世界的客观存在性。它教导人们忽视现实世界中的事物,忍受现实生活中的一切苦难,去追求那实际并不存在的来世的快乐。

在研究佛教的过程中,张载发现了范缜(约450—约510)。

范缜是南北朝时期一位著名的唯物主义思想家,杰出的无神论者。他的著作就是流传后世的《神灭论》。

或问予云:"神灭,何以知其灭也?"答曰:"神即形也,形即神也。是以形存则神存,形谢则神灭也。"

问曰:"形者无知之称,神者有知之名,知与无知,即事有异,神之与形,理不容一,形神相即,非所闻也。"答曰:"形者神之质,

> 神者形之用,是则形称其质,神言其用,形之与神,不得相异也。"

这本书令张载眼前一亮,顿感豁然开朗。他非常赞赏范缜的思想和观点,特别是"形存则神存,形谢则神灭也"一句,也就是说,形体存在,精神才存在,形体衰亡,精神也就消亡了。还有"形者神之质,神者形之用"一句,也就是说,形体是精神的物质存在,而精神呢,则是形体的功能和作用。这些观点,简直与他的思想不谋而合。因此,这更加坚定了他无神论的立场。

在阅读唐代经典的时候,张载又读到了大文学家韩愈(768—824)先生的《谏迎佛骨表》。谏迎佛骨,是历史上儒家反对佛教的一个重大事件,对后世影响深远。

在元和十四年(819),晚年迷信昏庸的唐宪宗要照例迎佛骨入宫内供养三日。时任刑部侍郎的韩愈听到这一消息,不顾个人安危,挺身而出,毅然上《谏迎佛骨表》,痛斥佛之不可信。刚直不阿、忧国忧民的韩愈先生在《谏迎佛骨表》中写道:

> 汉明帝时,始有佛法,明帝在位,才十八年耳。其后乱亡相继,运祚不长。宋、齐、梁、陈、元魏已下,事佛渐谨,年代尤促。惟梁武帝在位四十八年,前后三度舍身施佛,宗庙之祭,不用牲牢,昼日一食,止于菜果,其后竟为侯景所逼,饿死台城,国亦寻灭。事佛求福,乃更得祸。由此观之,佛不足事,亦可知矣。

并要求将佛骨"投诸水火,永绝根本,断天下之疑,绝后代之惑"。宪宗得表,龙颜震怒,要对韩愈处以极刑。多亏了宰相裴度及朝中大臣极力说情,韩愈才免得一死,后被贬为潮州刺史。

唐代儒学的代表人物韩愈先生以身家性命谏迎佛骨,虽然在当时没有明显的实际效果,但在几十年以后,他的反佛思想在社会上产生了极大的影响,许多仁人志士因他的引导而投入到反对佛教的运动之中。

经过对佛教教义的了解和研究,张载指出,佛家认为天地是人心所造,这是"以小缘大,以末缘本"。物质世界是大是本,人心是小是末,而佛家错误地认为天地由人心所创造,真是一种颠倒是非的荒谬学说。他想起了《庄子》中的"夏虫不可以语于冰者,笃于时也",就是说,这正像夏天的小虫子,没有见过冰,就怀疑冰的真实存在,这不是很可笑吗?他还指出,佛家"诬天地日月为幻妄",只是由于"明不能尽"。天地日月,整个物质世界都是实在的,都是离开人的意识而独立存在的,佛家却反对这样的观点,以天地日月为虚假,这都是不能认识真理的表现。

佛家提出的"梦幻人世",认为人的生活像梦一样虚假而缥缈,这只是"明不能究所从"的缘故。也就是说,他们只是不能研究人世的真实来源罢了。张载更是反对佛教的生死轮回学说,认为佛家说的"有识之死,受生循环"是荒谬的。他提出了对于"有鬼论"的反驳,他说天地间的雷霆、草木其实是最奇怪的,因为有一定的形状,所以人们不以为怪;人们从事冶金机械改造自然也是很神奇的,因为有一定的规律,所以人们不以为怪。至于所谓的"鬼",人们是不可能看见他的形状的,有人说见过,也有人说没见过,而且鬼的形状又不一定,这就是世间并没有鬼,或者鬼难信的一个理由。

总之,张载认为佛教学说是对苦难老百姓的一种心理麻醉,也是一种心灵上的虚妄安慰,没有多少实际意义,不值得深入学习。他在后来的著作《正蒙》中,旗帜鲜明地批判了佛家的言论,明确地肯定了物质世界是独立存在的,明确地肯定了物质的第一性和精神的第二性。这些对佛教的研究,奠定了张载作为11世纪中国卓越的唯物主义哲学家的基础。

经过对道家、儒家、法家和佛家等各门派的学习,张载越来越认识到各种学派认识的局限性。

儒家让人"入世",积极进取,建功立业;道家让人"出世",退隐江湖,归隐林泉;法家主张严刑峻法,以法治国,毫无人情味;佛家又让人"灭欲",消灭一切欲望以修来世。如果单单依靠一种学说,是很难达到救黎民于水火的目的的。因此,他认为必须创出一种独具特色的学派,给大家以精神武器,经世济民,拯救众生。

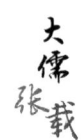

夜深人静的时候，张载常常会思考一个问题：当时在社会上佛道思潮盛极一时，大家要么梦幻般地"修来世"，要么聚拢起来无聊地"谈玄说道"，这是多么异常的现象啊。如此下去，谁来真正关注受苦受难的黎民百姓的疾苦呢？谁来关注老百姓的吃饭穿衣问题？这些实际的问题如果解决不好，老百姓将无法维持生计，那么社会也就不会太平，国家也就不会富强。所以必须有一种经世致用的"实学"，来解决这些问题，来让老百姓过上好日子，这样国家和社稷也就太平了。但这样一种务实的学问又应该从何而来呢？他每每会陷入深沉的思索之中。

那么，什么是"玄学"，什么又是"实学"呢？

玄学，是魏晋时期出现的一种崇尚老庄思想的思潮，玄学的主要代表人物有何晏、王弼、阮籍、嵇康、向秀、郭象等。玄学建立起"以无为本"及"贵无"而"贱有"的唯心主义本体论学说，认为圣人无喜怒哀乐，圣人无累于物也不复应物，因此主"圣人无情"说，即认为圣人可完全不受外物影响。他们逃避现实、消极遁世，注重炼丹养生，企求长生不老。他们不关注社会人生，聚在一起，放浪形骸，谈论玄道，当时人称之为"清谈"或"玄谈"。而后来佛学发展起来了，玄学与佛学就开始互相影响、互相渗透。玄学者论佛，佛学者谈玄，社会上出现了玄学化的僧侣。就这样，佛道合流，一时成为风尚。这种现象和张载所处的时代极其相似，可以说是一种历史重演。

面对这种社会现象和思潮，人们必须有清醒的认识。这就需要一种新的学问，那就是与之对应的"实学"。虽然实学这一概念是后来程颐提出来的，但张载却是最早的实践者和倡导者。中国实学思想发端于宋代的张载先生，在明清之际达到高潮，是儒家思想发展的阶段性理论形态，并成为中国古代思想向近代思想转化的中介和桥梁。这一思想发展了一千多年，现在仍在被重视、被倡导、被崇尚。它的基本精神和思想就是张载先生提出的"经世致用"。实学一般表现为关注现实，关注社会各个阶层，揭露和批判社会的种种弊端，并提出自己的救世方案。实学广泛关注社会的方方面面，关注诸如田制、水利、漕运、赋税、兵制、边防、吏治、科举等方面的社会弊端，并积极寻求改良和改革，以期达到天下太平，万民百姓安居乐业，国家社稷长治久安的良好愿望。

因此，可以说实学强调崇实黜虚、经世致用，主张关切时代主要矛盾、回答和解决时代主要问题，主张学术要有益于治国理政，从而达到经世致用的目的。而且实学思想影响了世界，发祥于中国的实学思想后来传入日本、韩国、越南等国家，成为一门国际性学术，在近代东亚现代化和经济起飞的过程中曾产生过积极作用。

一个春日的傍晚，和风习习，花香幽微。张载正在书房里研读经典，忽闻一阵马蹄声由远而近，到他家门口忽然停下来，接着就响起了敲门声。他打开门一看，原来是赵鸿来了。赵鸿依然是一身戎装，银盔银甲，分外英武，但他的神色很凝重、很忧郁。他一进门就说："子厚，范希文先生去世了！"

"什么？赵兄，你说什么？范先生怎么了？"张载惊愕地望着赵鸿说。

"范先生去世了，朝廷追谥他为'文正公'，我也是刚刚得到这个消息的。"赵鸿顿了顿，忧伤地说，"咳！真是天妒英才，世间又少了国之柱石！"

"范先生走了吗？"张载忧伤地说，"那位曾经写出了'先天下之忧而忧，后天下之乐而乐'的一代忠臣，就这样匆匆走了吗？真是天妒英才啊！"

张载一下子陷入了深深的伤感之中，许多与范仲淹先生有关的往事纷至沓来。那位曾经在延州戍边威名远扬的范经略，那位曾经和自己亲切地在虎帐谈兵的大学士，那位曾经因爱才而不厌其烦地为自己指点迷津的老前辈，那位曾经兵贵神速地建起大顺城而令西贼闻之惊破胆的大英雄，那位曾经推出"庆历新政"意欲富国强兵的大忠臣，就这样匆匆走了！就这样永远离开自己了！他还曾想着有一天能见到范先生，将自己这些年的潜心学习儒家经典的心得与范先生谈谈，也不辜负老先生对自己的殷殷期望，但这一天已经不会有了，他永远见不到范先生了。想到这些，他的眼泪默默地流出来了。

这一年是宋仁宗皇祐四年（1052）。

范仲淹先生在青州知州任上积劳成疾，皇祐四年春天，他接皇帝圣旨，到颍州（今安徽阜阳）任职，在途经徐州时，病逝于当地，享年六十四岁，后安葬于河南伊川。噩耗传来，老百姓都沉浸在悲痛之中，就连皇帝也是难过万

分。后皇帝追加范公为兵部尚书，并亲书"褒贤之碑"，谥"文正"。纪念范公的碑文由曾支持他变法的文学大家欧阳修撰写。

大宋政坛的一代宗师和精神领袖去了，他的人格精神将成为后世的典范，万古流芳。

时间过得飞快，在夜与昼的交替中，在春夏秋冬的轮回中，在对一本本经典的潜心研读中，在对儒释道法的不断求索中，时光就这样过去了。

张载已经三十三岁了。这些年他读了大量的书，游历了许多名山大川，他遍访名师，寻仙访道，多少名胜古迹、古刹名寺、人文胜景留下了他的身影和足迹。黄帝陵、炎帝陵、慈恩寺、荐福寺、碑林、乾陵、昭陵、茂陵、大秦寺、仙游寺、法门寺、华山、泰山、孔庙等等，他都考察过。随着阅历和学识的增加，张载写作并出版了《横渠易说》等书籍。他在学术上逐渐成熟了，也逐渐形成了自己的学说体系。

十五　治理水患

这一年张载从外面游学归来，正赶上秋雨连绵。

一连几天的暴雨让横渠镇的大小河道水位暴涨，洪水泛着泡沫，带着枯枝败叶，汹涌着，怒吼着，像不安分的狮子，张牙舞爪着，不断地冲击着河堤。如果大雨再不停歇，就很有可能要发生洪涝灾害了。往年的这个时候，也常会发生洪涝灾害。

张载打着伞，从家乡横渠南部的高岗上走过。但见大镇沟、小镇沟、筒瓦沟、汤峪沟等河道中，浑黄的洪水汹涌着，翻滚着，不断地冲刷着河堤。有些地方的河道已经决口了，洪水淹没了庄稼地，有一些低洼处的民居也危在旦夕。他抬头望着阴沉沉的乌云密布的天空，心里充满着忧虑。

正在这时，一名撑着伞的老人高挽着裤管，踩着泥泞的小路向他走来。

"子厚，什么时候回来的？"老人家声如洪钟地问。

"哦，周伯伯，我前天回到家，不想正赶上秋雨肆虐，大雨下个不停，你看这条条河水暴涨，恐怕要出事儿吧？"

"子厚，我也正是为这个事儿着急，才跑出来看的。"周伯忧虑地说，"我每天看着天空的雨线和屋檐流下的像瀑布一样的水，真是心急如焚啊。几年前的洪灾，还淹没了乡亲们的许多农田和房屋呢！"

"我看这是河道不疏浚的原因，你看大家每年只知道加固加高河堤，但河道多年来淤积的泥沙未得到清理，还有曲里拐弯的河道也影响了水流的流速和排洪的速度。"

"说得好，子厚，你一下子就说到点子上了。"周伯望着张载，赞许地

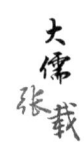

说,"乡亲们每年都在加高河堤,但却忽略了疏浚河道,这就是治标不治本的方法,所以水患一直未得到根本治理!"

二人正说着,周宇也跑来了。他戴着斗笠,身披蓑衣,一腿的泥浆,一见到张载就说:"子厚,你回来了!看这大雨再不停,今年丰收在望的秋庄稼恐怕就没了!真是急死人!"

"我看咱们这一次一定要彻底地治理水患,要拿出一个可行的、周密的治理河道方案来!"张载望着周家父子二人焦急的神情,坚定地说。

"是啊,子厚,你的学问高,我看这件事儿非你莫属,你一定要为咱们横渠的老百姓把这件事儿办好!"周伯说。

"爹,我看子厚一定能顺利完成这个任务!"周宇附和道。

"这是一个大的系统的水利工程,说起来简单,但做起来肯定不太容易。"张载顿了一下说,"因此,我要仔细勘察,认真调研,再拿出可行的方案。"

"如果能把这件事做好,对咱们横渠镇来说,将是一个很大的贡献!子厚,老伯很看好你,你一定要不负众望啊!"周伯以期许的目光望着张载,最后说道。

"子厚,有什么需要尽管说,我是你的铁哥们儿。"周宇笑着说,"再说了,还有咱横渠的一帮兄弟,他们都是你的坚强后盾和支撑!"

"好的!"张载答道。

第二天,乌云散了,天慢慢放晴了。也算老天有眼,让横渠镇的老百姓免遭了一场灾难。

于是,接下来,在周宇和其他几个好朋友的陪伴下,张载踩着泥泞,从小路走到大路,从高岗下到河畔,从一条河道走到另一条河道,跋山涉水,踏遍了横渠镇的沟沟坎坎、大小河道。一边走,一边观察,又是丈量,又是描画,又是记录,通过十几天的艰辛勘察,终于把大镇沟、小镇沟、筒瓦沟、汤峪沟、珍珠泉、板桥沟、华岩沟、响泉沟八大山沟的地形、水文都勘察得清清楚楚、了如指掌。在此基础上,他精心绘制出八水的治理图。通过和周伯等经验丰富、德高望重的老人商议,最后拿出了治理横渠八水的施工方案。

乡亲们得知年轻人张载要治理横渠水患的消息,都很高兴。他们奔走相告，一时间，横渠方圆十几里的老百姓群情激昂，他们自发地扛着铁锨、镢头，套着牛车向治水的工地走来，大家都自愿参加到这次治水的劳动中。看到乡亲们以行动来支持自己，张载深受感动，他更加信心百倍地投入到兴修水利工程的指挥之中，他废寝忘食地操劳着，指导着大家热火朝天地挖土运沙疏浚河道，运来石头加固河堤，将一些弯曲的河道开挖打通再修直，最后砌好河堤。一连几天，他都顾不上回家休息，累了就钻进工地上的帐篷里歇一会儿。

初冬的一天，戬儿提着一个篮子，来到工地上给哥哥送饭，他看到哥哥满身泥沙，满头大汗地在工地上劳作着。他仔细端详了一会儿：哥哥瘦了，工地上连日的操劳让哥哥消瘦了许多。张载正在指挥着乡亲们运砂石修河道，一看到戬儿送饭来了，就让戬儿把盛饭的篮子放下，甚至连和戬儿多说几句话都顾不上，只叮嘱戬儿好好读书，照顾好娘，不要管他，说完就又跑到了另一处工地上。

这一天，正当张载他们在河道里忙碌的时候，忽然来了几个扛着铁锨、镢头，拿着疏通工具的汉子前来助阵。等几人走到近前，原来是山大王雷深他们几个。他们一见张载纳头就拜，向张载施了大礼。原来那次张载在终南山遇到雷深他们劫道，降服并义释他们后，他们有感于张载的劝告，就改邪归正，下山做起了正经营生。近来听说张载在家乡横渠镇疏通河道，治理水患，就欣然前来助阵。

工程进展得很顺利，经过三个多月的奋战，治理八水的水利工程就要竣工了，春天也快来了。

当全部水利工程竣工的时候，周伯带领乡亲们在工地上举行了隆重的庆祝仪式。乡亲们敲锣打鼓，燃放烟花爆竹，开怀畅饮，好不快活！乡亲们都端着酒杯向张载敬酒，张载也很高兴，喝了许多酒。

这天夜里，张载在无限劳累中睡着了，手里拿的书也掉到了地上。帐篷外是春寒料峭的夜，星星在一片钻天杨的笔直的枝干上空闪烁着，眨巴着疲倦的眼睛。一会儿他看到了父亲，父亲从遥远的天边飘飘游游地走过来了，父亲用慈祥的双眸望着他，还是任涪州知州时的那身打扮，只是显得有几分清瘦。父亲说："载儿，你真是好样儿的，能治理好横渠的水患，也算为老百姓干了一

件大好事,爹爹没有看错你,爹爹在天上微笑着祝福你呢!"一会儿张载又看到了上古时候的治水英雄大禹,大禹穿着阔大的长袍,手拿耒锸,踩着碧波,微笑着向他走来,说:"子厚,你这个书生,真是不错。你将学到的东西都拿来为老百姓做事,兴修水利,治理水患,造福子孙,还有什么比这个更能体现一个读书人的价值呢?呵呵!"说完,大禹就踩着浪花飘然而去,水面上留下了一道长长的波痕。

天亮了,张载醒过来时,发现这是一个梦。忽然,他闻到一股浓浓的花香。原来一夜之间,遍野的油菜花开放了,放眼望去,四野一片金黄。

又一年的秋天很快就来了,仍是一个连绵的雨季,又是几个大雨如注的日子。虽然河水又暴涨了,但再也看不到洪水肆虐和泛滥了,洪水像被驯服的狮子一样,虽然滚滚浊流仍张牙舞爪地翻滚着,但都是乖乖地顺着疏浚好的河道,咆哮着向北欢畅而去,最后汇入宽阔的渭河,向东而逝。

多年以后,张载辞官归乡,在故乡横渠镇为了验证他救国救民的思想和学说,实施了"八水验井田"的壮举。后来,他还组织当地百姓把八水的东四水和西四水归为二渠,用来灌溉农田,使横渠镇的八水真正发挥了促进农业生产,造福子孙后代的作用。

又是一个春雨飘洒的日子,张载在书房打开《孟子》,一下子就翻到了《公孙丑》,于是他看到了这样的文字:

"敢问夫子恶乎长?"

曰:"我知言,我善养吾浩然之气。"

"敢问何谓浩然之气?"

曰:"难言也。其为气也,至大至刚,以直养而无害,则塞于天地之间。其为气也,配义与道。无是,馁也。是集义所生者,非义袭而取之也。行有不慊于心,则馁矣。我故曰:告子未尝知义,以其外之也。"

十五 治理水患

"我善养吾浩然之气。说得好！好一个浩然之气！"张载一拍桌子站起来，自言自语道。他走到窗前，看窗外飘着的蒙蒙细雨，看落花满地，看燕子在低空飞翔，于是思绪飞得很远很远。

"哥哥，你在说什么？"是弟弟戬儿的声音。

戬儿已经长成一个英气勃勃的小伙子了，他不仅勤奋好学，而且博学多才。在张载的帮助和辅导下，他如今已经顺利通过了院试和乡试，刚刚参加会试回来了。三年后的殿试，如果能考中，就是进士及第了。

"戬儿，你回来了。这次的会试考得怎么样？"张载问。

"我觉得还可以，应该没有多大问题。"戬儿笑着说，"哥哥，其实，你也应该去考考，凭你的学识和实力，一定比我考得好！"

"我嘛，暂时还没有考虑。一则，我对科举考试没有多少兴趣，我只希望自己能多读点儿书，为老百姓做点儿实际的事情；二则呢，如果我考中以后去外地任职，家里谁来照顾呢？还有娘和你，我怎能放心呢？"张载慢慢道来。

"哥哥，你为操持我们这个家，这些年耗费了多少心血，做出了多少牺牲啊！你看你头上都有了白发了。"戬儿说着，眼眶湿润了。

"戬儿，快别说了，看你说的什么话啊！常言道，长兄如父，我做的这些，都是应该的。"张载看着眼前和自己一样高，已经长出淡淡胡须、雄姿英发的弟弟，很欣慰地拍拍他的肩膀说，"等你考中进士，成了家，我的责任就算尽到了，呵呵。"

张载微笑着望着弟弟，他的思绪又回到了去年冬天的时光。

那是一个傍晚时分，外面飘着雪花，天气异常寒冷，他和弟弟坐在红红的炉火前，一边望着外面纷纷扬扬的大雪，一边煮茶对诗。

弟弟张戬说："哥哥，你看外面的雪越下越大了，这让我忽然想起来李太白的一句诗——'燕山雪花大如席'。"

"是啊，雪景真美啊，你看树枝上都积满了厚厚的雪，"张载说，"正如边塞诗人岑参的'忽如一夜春风来，千树万树梨花开'。"

"哥哥，我忽然想起了韩昌黎的'云横秦岭家何在，雪拥蓝关马不前'，"张戬说，"只是这两句诗听起来多少有点儿沧桑和悲壮。"

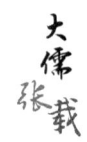

"是的,有点儿悲壮,那是韩愈先生因谏迎佛骨被贬官潮州赴任时写下的,当时的心情可想而知。"

"哥哥,其实,大家都称道的《白雪歌送武判官归京》'忽如一夜春风来,千树万树梨花开',我却更看重'山回路转不见君,雪上空留马行处'两句。"

"为什么呢?"

"这是这首诗的结尾,抒写送别友人的离愁别绪,他只点到为止,给读者留下了无尽的想象空间。淡淡的惆怅和伤感在诗句之外,引人遐思,令人回味无穷。"

"是的,说得不错,戬儿学会品诗句了,而且很有鉴赏水准啊!"

"哥哥过奖了。如果有人这时候去渭河边钓鱼,那岂不成了柳子厚笔下的'孤舟蓑笠翁,独钓寒江雪'了,哈哈!"

"是啊,那真是一种别样的生活体验。白乐天的'绿蚁新醅酒,红泥小火炉'也很有情趣。"张载微微一笑说,"就像我们今天看着雪,谈着天,喝着茶,多么轻松闲适的好时光啊!"

"哥哥,这样的时光年年都会有!"

"谁说的?我看这样的时光,这样的心情,以后很难再有了。"张载神秘地一笑说,"你慢慢长大,等你考中进士,外出做官,我们相聚的时光就很少了。再说了,相聚也不一定会下雪。所以说嘛,这样的好时光真的很难遇到了!"

"那么,我们要好好珍惜这样的好时光了!"张戬说着给哥哥倒了一杯茶,双手递给哥哥。

"是的,这样的好时光,我们要珍惜!"看着屋外纷纷扬扬的大雪,张载一饮而尽后深情地说。

红红的炉火跳跃着,火光映照着两兄弟的脸庞,屋外是一个银白色的世界。

十六　琴瑟和鸣

"先生，经常听您说'一物两体'，不知'一物两体'如何解释？"一名书生问道。

"'一物两体'的思想，是我从阅读和学习《周易》《道德经》这两本典籍中总结出来的。《周易》提出阴阳、乾坤的矛盾对立和循环变化，说'易有太极，是生两仪'。《道德经》中也指出'祸兮，福之所倚；福兮，祸之所伏'。也就是说世间万物的阴阳、对立面的交感变化为两端，两个对立面的对立交感变化，如此循环不已，是宇宙演变的总规律。"张载解释道，"我认为，有象斯有对，对必反其为。"张载所说的"象"，就是指世界上的万事万物。只要有象，必定有一个东西和它相对，而相对的事物，其行为方式必然是相反的。

"哦，先生的学说原来是从古典中总结出来的。"那名书生说。

"我提出'一物两体'的矛盾学说，是借以从中揭示气聚气散的内在原因和动力，使我提出的太虚即气的思想更为深化。'一物两体，气也；一故神，两故化，此天之所以参也。'其实，这是一个朴素的辩证法思想。没有对立面也就不可能形成统一体；没有统一体，对立的两方面将无法相互作用。这就是所谓的'一物两体'。"张载解释道。

正在张载和书生们探讨学问的时候，书房的门被推开了，一个三四岁的小姑娘手里拿着一把野花，站在门口，略带羞怯地朝里面看着。春日的阳光从窗口照进来，照在小姑娘的花裙子上。

"爹爹，娘叫你吃饭呢。"小姑娘甜甜地说道。

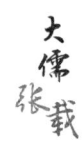

张载停下了和书生们的谈话,一抬头,看见自己的女儿雪儿站在门口,笑着向他说话。

"先生,您的女儿真漂亮啊!""才一年不见,都长这么高了。""是啊,越长越漂亮啦。"书生们纷纷赞叹着。

"嗨,孩子越来越大了,我也忽然觉得自己有点儿老了!"张载长叹了一声说。往事又一幕幕在眼前浮现:

那一年是哪一年呢?他寻思着。想起来似乎已经很遥远了。

张载二十八岁时,娘说:"不能再耽误了,人总是要成家的,成了家才能立业嘛,我还等着抱孙子呢。你若是再不成家,耽误了自己不说,耽误了我的孙子,就对不起张家的列祖列宗了。常言道,不孝有三,无后为大嘛。"张载是个孝子,看到娘那么着急,那么伤心,迫于无奈,就在那一年完婚了。妻子是南阳的郭葳。

郭葳倒真是一个温柔贤惠的妻子,嫁过来后完全放下了大户人家的架子,对婆婆非常孝顺,每天端茶送饭,嘘寒问暖,照顾周到,对丈夫也体贴入微。闲下来时,也喜欢读书,而且琴棋书画,无一不通。时间一长,和张载也慢慢有了共同语言。张载忽然觉得,有时候对于一个问题的看法,郭氏认识得并不逊于自己。特别是对于古代文人圣贤,郭氏的看法甚至比自己的观点更独到、更深刻。于是他不得不从心底里暗暗佩服自己的夫人:真是一位有修养的女子,难得她屈尊下嫁到这么远的地方来,她到底是为了什么呢?我到底能给她提供什么物质享受呢?像我这样一个破落小官吏的家庭,和平民百姓几乎没有多大差别,柴门陋室,粗茶淡饭,几十亩薄田,靠田间劳作耕种的收获才能达到温饱,我凭什么看不起人家,对人家冷眼相对呢?凭什么故作高深,和人家保持一段距离,存有一层隔膜呢?张载越想越不对劲,越想就越觉得自己有问题。于是,他开始懊悔起来,他慢慢地变了,变得可以亲近了。一年后,他们便有了雪儿。

花香显得如此淡雅、纯净而高贵,那是花中皇后——月月红(月季)的香味。这个张载已经非常熟悉了。

郭氏爱在房间里养月月红,不仅有花盆中栽的,也有从庭院中剪下的含苞待放的花骨朵，插在花瓶中慢慢开放的。她说喜欢这种花，她的故乡南阳，有着成片成片的月月红。花开时节，千朵万朵，满眼的姹紫嫣红，满眼的争奇斗艳，那是一派怎样的风光啊！她就是闻着这种花香长大的。她爱这种花，如同爱她流逝的童年、少年和青春年华。

"夫君，你在读什么书？"郭氏端着一杯茶，姗姗地走进书房，"别太累了，喝杯茶，歇息一下。"

"哦，夫人，我在重温《楚辞》。"

"《楚辞》，我也读过，有几篇还能背诵呢！"

"不知夫人最喜欢哪一篇呢？"

"我最喜欢的是《九歌》中的《湘夫人》。"郭氏说着，就背诵起来了：

> 帝子降兮北渚，目眇眇兮愁予。
> 袅袅兮秋风，洞庭波兮木叶下……

"夫人声情并茂，诵得真好！"张载由衷地称赞道。

"谢夫君夸奖！"郭氏说，"那时候我在家塾里诵读这一篇的时候，就经常暗自想象，'袅袅兮秋风，洞庭波兮木叶下'这一句多美啊，诗人描绘出一幅秋风微吹、秋水涟漪、万木叶落的秋天图画，让人有如临其境的感觉！"

"是啊，夫人说得不错。这几句想象丰富、色彩缤纷，有着美丽凄婉、如梦似幻的意境。"张载喝了一口茶说，"看来夫人在诗词鉴赏方面真是个行家呢！"

"哪里，哪里，夫君过奖了！其实我也很喜欢《诗经》呢！"郭氏莞尔一笑说，"比如说《蒹葭》吧，'蒹葭苍苍，白露为霜。所谓伊人，在水一方。溯洄从之，道阻且长。溯游从之，宛在水中央'，写得多美啊！"

"是的，《蒹葭》是一首哀婉的恋歌。"

"《诗经》中写恋歌的诗歌很多，但只有这一首写得凄美迷离，让人回味无穷。"

"的确,《蒹葭》这首诗感情真挚,写得情景交融、风神摇曳,极具感染力,我也很喜欢!"张载喝了一口茶接着说,"其实,《诗经》中有一首是写成边士兵思家与厌战情绪的,有几句也写得非常美,你知道是哪首诗吗?"

"这个嘛,让我想一想。"郭氏略一思索就说,"大概是《采薇》吧!这首诗在结尾的时候伤感地咏叹道:'昔我往矣,杨柳依依。今我来思,雨雪霏霏。行道迟迟,载渴载饥。我心伤悲,莫知我哀!'"

"是啊,说得太好了,就是《采薇》。'昔我往矣,杨柳依依。今我来思,雨雪霏霏。'今人读此四句,沉浸在情景交融的诗歌意境中,仍不禁怅惘于怀,黯然神伤。它让人们体会到了诗境深层的生命流逝感。"

"是啊,这四句真是绝世文情,千古常新。每读一遍,都会让人感受到伤感与惆怅!"

一个春末的下午,落红遍地,郭夫人坐在后院的石凳上,怀里抱着雪儿,对着满院落花轻轻吟出了一首词:

一曲新词酒一杯,去年天气旧亭台。夕阳西下几时回?
无可奈何花落去,似曾相识燕归来。小园香径独徘徊。

"娘,您在吟什么诗呢?"雪儿挣脱了娘的怀抱,捡起一朵落花说,"'无可奈何花落去,似曾相识燕归来'是什么意思啊?"

"雪儿,这不是诗,这是一首伤春的词。"娘笑着说。

"哦,伤春是什么意思啊?"雪儿不解地问。

"这些你还不懂,等你长大了,就明白了。"娘淡淡地说。

"'无可奈何花落去,似曾相识燕归来',好一首晏同叔的《浣溪沙》。"张载听见妻子和女儿说话间在谈论一首词,就走出来了,笑着说,"夫人好雅兴,对着落花在吟唱诗词呢!"

"让夫君见笑了,同叔先生的这首《浣溪沙》我一直就很喜欢。"郭氏说,"经常默默玩味,今天看到满院落花,情不自禁就随口吟出来了。"

"是啊,晏同叔这个人,真是个传奇的人物。小时候是个神童,十四岁应殿试，因才华出众，被真宗赐同进士，从此走上仕途，后来官至宰相。"张载顿了顿，又说，"他虽然身居要位，但平易近人，唯贤是举，为国家提拔了不少人才呢！"

"哦，夫君对晏先生倒是很了解啊。我原来只知道他的词写得好，不知道他还是一位传奇人物呢，不知道他都提拔过哪些人物呢？"郭夫人说。

"据说范希文、韩稚圭、富彦国这三位官至宰相的人物，还有文坛领袖欧阳永叔，都是经他栽培、引荐，后得到重用的。"

"哦，真是一位难得的贤臣。除了这首《浣溪沙》外，我还很欣赏晏同叔先生的《清平乐》'红笺小字。说尽平生意'，还有'梨花院落溶溶月，柳絮池塘淡淡风'呢！"

"其实，我更喜欢他的'昨夜西风凋碧树，独上高楼，望尽天涯路'这几句词，感觉词中有一种深邃而阔大的意境。"

"我知道的，'昨夜西风凋碧树，独上高楼，望尽天涯路'这几句是他《蝶恋花》中的句子，后面两句是'欲寄彩笺兼尺素，山长水阔知何处'，对吧？"

"是的，同叔先生的词，语言清丽，音韵和谐，对仗工稳，意境幽深，闲雅有情思，很有特色，开一代词风，读书人都称他为'宰相词人'呢！"

"其实我感觉他的词借鉴吸收了晚唐温韦'花间派'典雅流丽的词风，但又不流于轻浮和绮靡的流弊，很有特色。"

"说得好，夫人果然好眼力！"张载说，"晏殊先生的词，虽然典丽工巧，但他写景重其精神，赋予自然万物以生命，而且词的意境开阔，内容深沉，有着对生命和人生的深深感悟。比如说他的名句'无可奈何花落去，似曾相识燕归来'吧，这两句蕴含着人类永恒的无可奈何的悲戚和无奈，有一种深深的生命体验，这是我们同时代其他词人所无法企及的！"

"哦，晏同叔先生有六十多岁了吧？"

"据说他去年刚刚去世，享年六十五岁。"

"哦，他已经去世了吗？真是可惜啊！"

"据说他病卒于汴京，官家为感谢他曾为自己讲授经史，亲往祭奠，追赠

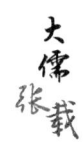

他为司空兼侍中,并为其亲自撰写墓碑曰'旧学之碑'。"

"真是一位德高望重的贤臣啊!其高风亮节值得我们晚辈学习。"

"是啊,夫人说得对!"

一天晚饭后,张载从外面散步回来,手里拿着一卷诗书,边走边吟诵道:"好雨知时节,当春乃发生。随风潜入夜,润物细无声……"刚走进屋内,就听到如天空般高远、空灵的琴声从书房传来。那轻盈飘逸的音符是如此让人着迷,他仔细一听,原来弹奏的是《梅花三弄》曲,从曲子中隐约可以想见凌寒独自开的朵朵梅花的形象。梅花傲雪斗霜的风骨、冰清玉洁的气质、不畏严寒的高洁品格被琴曲诠释得淋漓尽致。他知道这是郭氏在抚琴。于是他慢慢走进书房,偷偷站在她的身后,看着她陶醉地抚琴。

月月红的花香弥散在书房内,让书房变得温馨了许多。

一曲结束了,郭氏这才发现夫君就站在她的身后。于是她笑着说:"吓了我一跳,你是什么时候进来的?"

"好一曲《梅花三弄》,弹得如此高超绝妙,我静静地欣赏着,不忍心打扰你。"张载将那卷诗书轻轻放在书桌上,赞许地说。

"好吧,既然你这么欣赏我的琴声,我就再给你弹奏一曲《广陵散》吧!"郭氏说。

"好啊,你怎么知道我喜欢《广陵散》呢?"张载诧异地问。

"当然知道了,我曾在你的一篇文章中看到了你的秘密。你很欣赏魏晋名士嵇康,想必你一定知道'嵇琴阮箫'这一典故吧,而嵇康最喜欢的琴曲就是《广陵散》了。"郭氏看着张载惊讶的样子,微笑着说,"难道不是吗?"

"作为竹林七贤的领袖,嵇康风度非凡而又狂放任性,他宁愿退隐竹林,也不愿与权贵们同流合污,我很欣赏他的为人,只是很遗憾一直无缘欣赏到他经常弹奏的《广陵散》。"张载的眼睛中流露出欣赏的神色,急切地说,"这么说,夫人也会弹奏这首旷世名曲了?"

"当然啦!《广陵散》是根据战国时期武士聂政刺杀韩王的故事创作的,到了嵇康那儿,嵇康又赋予这首古曲以新的内涵,那就是一种清高孤傲,一种淡泊名利，一种狂放不羁的精神。我小时候学琴时，先生教过这首名曲，我弹得还说得过去，就请欣赏吧。"

"那好，我洗耳恭听。"

慷慨激昂的琴声在书房内缓缓响起。在丁丁的琴音中，但见戈矛纵横，刀光剑影，灿烂纷披。那激越的、刚健的琴音诠释着一位武士的勇敢和任侠、气度和风骨，也演绎着一位名士的狂放不羁、傲岸、风流与潇洒，令人回味无穷。

"娘，我也想学弹琴，您能教我吗？"不知什么时候，雪儿悄悄跑进了书房。

"雪儿，爹爹教你读的诗，你记住了吗？"张载一把抱起了雪儿，在她的小脸蛋上亲了一下说。

"记住了！'春眠不觉晓，处处闻啼鸟。夜来风雨声，花落知多少？'"雪儿用甜甜的童音背诵着。

"我家雪儿真乖，听听，把这首唐诗背得多好，真是娘的好宝贝！"郭氏弹完了那首曲子，走过来，从张载手中接过雪儿，亲着她的脸蛋儿说，"你喜欢弹琴，娘一定好好教你，谁让你是娘的小宝宝呢？"

一天，张载正在书房研读一首词，他的夫人进来了，站在他身后，轻轻地读出来了：

> 碧云天，黄叶地，秋色连波，波上寒烟翠。山映斜阳天接水，芳草无情，更在斜阳外。
>
> 黯乡魂，追旅思，夜夜除非，好梦留人睡。明月楼高休独倚，酒入愁肠，化作相思泪。

"夫君，这首词写得好啊！"郭氏读完后感叹道，"意境宏阔，气势不凡，有沉郁雄健的气魄，又不乏低回婉转的情思，值得反复玩味。"

"夫人好眼力！"张载看了一眼郭氏，微笑着说，"这是范文正公在延州

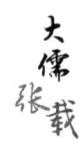

戍边的时候写下的,在委婉细腻的愁思之中,自有一股英雄的豪情在激扬,当然不同于晚唐那些花间派词人的儿女情长了。"

"我知道你很欣赏范文正公'塞下秋来风景异'那首很豪放的词,怎么今天忽然又欣赏起这首有些婉约风格的温情脉脉的词了?"郭氏有些诧异地看着张载。

"我经常想,范文正公本是一位文臣,他的文学才华早就誉满天下了,然而,在西夏入侵、国难当头的时候,年过半百的他不顾年迈体衰,勇挑重担,毅然奔赴边关,来延州边防戍边,并取得让西贼闻之胆战心惊的战绩。他的内心世界又经历了怎么样的激荡和斗争呢?他胸怀天下的精神世界怎能不令人景仰呢?!"

"是啊,夫君说得很好。范文正公的人格精神值得我们学习和追随,有这样的大臣,是一个国家的幸运!"郭氏说。

"我经常想大地是宽广的,天空是博大的,但比天空和大地更宽广、更博大的是一个人的胸怀!"张载感叹道。

"娘,戬儿考中进士了!"张载跑到陆氏的卧室兴奋地说,"刚收到戬儿从京城寄来的信,信上说,他在殿试中顺利过关,朝廷已经放榜,他榜上有名。"

陆氏老了,她两鬓染霜,脸上爬满了皱纹,虽然眼睛昏花了,但还在窗前缝补衣裳。陆氏听到这个好消息,放下手中正缝补的衣服,揉揉昏花的眼睛,高兴地说:"这么说,你弟弟他考中进士了?"

"是啊,中了!"张载答道。

"快去,拿香烛来,我要到迷狐岭把这个消息告诉你爹爹,让他在九泉之下也知道这件喜事!"陆氏站起来,欣慰地说。

夕阳西下,晚霞染红了天边。张迪墓旁的苍苍松柏愈发高大,但见松柏树下青藤缠绕,青草离离,野花凄迷。

陆氏跪在墓碑前,燃起了香烛。张载和雪儿跪在她的身后。

"他爹,咱们的戬儿考中进士了。载儿和戬儿都是好样的!载儿这些年任劳任怨,奉母教弟;戬儿不负众望,高中进士。"陆氏一边说着,一边焚烧着

纸钱，火光映照处，可见她盈满喜悦泪水的双眼，"他爹，你听到了吗？"

"爹爹一定能听到的。"张载的眼眶也湿润了，深情地说，"爹听到后，一定会含笑九泉的。"

"爹爹，爷爷就住在这个土堆的下面吗？"雪儿用稚嫩的童音小声地问，"听你们都和他说话，那我怎么就看不到爷爷呢？"

"傻孩子，你爷爷在天上看着你呢。"是陆氏的声音。

"哦，爷爷在天上吗？"雪儿望着从头顶飞过的小燕子，疑惑地问，"他每天都在天上看着我吗？"

"是的，只要你听话，你爷爷看着你就会很高兴的。"陆氏说。

这一年是皇祐五年（1053），张载已经三十四岁了。

过了几日，张戬从京城回来了，他披红戴花，衣锦还乡。他已被皇帝任命为陕州阌乡（今属河南灵宝）主簿，就要上任去了。

张戬去上任那天，张载骑着马，将弟弟送了一程又一程。

"兄弟，此去他乡任职，你要学会照顾自己。"分别时，张载在马上说，"做人要堂堂正正，当官要勤政清廉，要多为老百姓着想，当一个像爹爹一样的好官，不要辜负了大家对你的期望。"

"哥哥，这些我都记住了，你回去吧，"张戬在马上一拱手说，"我不会让你和亲人们失望的，等着我的好消息吧。"

高岗上，绿杨下，张载牵着马，静静地向远处张望：在傍晚落日的余晖下，征尘扬处，张戬一行的车仗渐行渐远，最后变成了一个小黑点，消失在视线里。张载如释重负，在心里悄悄地说：总算等到了这一天，我作为兄长的责任算是尽到了。

十七　金榜题名

那是一个柳丝泛绿的早春二月的黄昏，微寒的春风吹拂着，淡淡的月月红花香弥散在室内，令人沉醉。刚刚吃过晚饭，夫人郭葳在灯下为张载打理行装，两个小姑娘像两只轻盈的蝴蝶一样，在她的旁边跑来跑去，银铃般的笑声给室内增添了几分温馨，那是她的两个女儿，雪儿已经八岁了，梅儿刚满三岁。

那一年是嘉祐二年（1057）。

郭氏一边从柜子里往外取衣服，一边笑着说："雪儿，把你妹妹领出去吧，让娘清静清静。"

"娘，你说爹爹明天要进京赶考吗？"雪儿眨巴着天真的眼睛问娘。

"是啊，雪儿，你爹爹明天进京参加殿试，你别烦娘了，娘要给爹爹收拾行李呢！"郭氏说。

"娘，赶考是干什么啊？"梅儿奶声奶气地问，"京城里一定有许多好东西了，娘，让爹爹给梅儿买花裙子，买漂亮的衣服，好吗？"

"梅儿，你就只知道买花裙子，买漂亮的衣服。"雪儿走过去在梅儿的小脸蛋上用指头刮了一下，"京城里好东西多着呢！我要爹爹给我买书，买笔，买精美的砚台，买上好的宣纸，我要学绘画哩！"

郭氏看着两个天真可爱的女儿，脸上闪现出几分幸福的喜悦和快乐。过了一会儿，忽然，她的脸上又浮现出几分无奈和伤感。她心想从南阳嫁过来已经有十一个年头了吧，怎么就这么不争气呢，生出了两个女儿。婆婆总嚷着要抱孙子呢，眼看着她的头发花白了又全白了，眼睛也越来越浑浊，步履越发地蹒跚了，

但自己的肚子怎么就这么不争气呢,怎么就生不出一个男孩儿呢?夫君张载虽然不说什么,他总是那么爱着孩子,他说生女孩儿就女孩儿吧,这没什么,都是咱张家的亲骨肉,他总说他爱女儿,就像郭氏爱南阳的月月红一样。想到这里,她想笑,但又笑不出来,不免凄楚地长叹一声。

"梅儿,好闺女,让爹爹把你举起来。"张载走进室内,一把抱起了可爱的梅儿,把她高高地举起来,举过头顶,然后又抱在怀里,在她的小脸蛋上亲了一下说,"给爹爹说你想要什么,爹爹明天就要进京了。"

"爹爹,梅儿要花裙子,要漂亮的衣服。"梅儿在张载的脸上亲了一口,撒娇着说,"爹爹会给梅儿买吗?"

"会的,一定会的!爹爹要把京城里漂亮的衣服都买回来。"张载笑着说,"给我家梅儿穿上,让我家梅儿像小公主一样漂亮。哈哈哈!"

"爹爹总是偏心眼儿,什么好东西都留给梅儿,那爹爹给我买什么呀?"雪儿不高兴了,努着嘴说。

"你是姐姐,总得让着妹妹吧。"郭氏拉着雪儿的手说,"娘给你说了多少回了,怎么总是这样没有记性啊?"

"好了,好孩子们,你们在家等着爹爹的好消息吧,爹爹一定会给你们带来惊喜的。哈哈哈!"张载放下梅儿,捋着胡须,笑着走出房间。

一会儿雪儿从里面跑出来说:"爹爹,娘刚才占了一卦,说是个泰卦,您看。"说着,还将一张纸条递给了张载,并说,"这是一首诗吧?爹爹快读给我听听。"张载展开那张纸条,只见上面写着这样四句话:"学文满腹入场闱,三元及第得意回。从今解去愁和闷,喜庆平地一声雷。"张载深明易道,呵呵笑了几声,他知道这里面寄托着夫人对自己此次进京赶考的美好祝福,于是对雪儿说:"谢谢你娘,爹爹一定不负众望!"说完,就蹲下来,在雪儿的小脸蛋上亲了一下。

第二天是一个晴朗的日子,阳光很好,郭氏和两个孩子前来送他,周宇骑着马也来送别,姐夫宋寿昌也来了。梅儿和雪儿牵着爹爹的手,依依不舍地说着话。他们一直送到渭河边,看着张载上了船,才挥手道别。

十七 金榜题名

出门时，陆氏颤巍巍地走出门，拉着张载的手说："载儿，此去京城，路途遥远，千里迢迢，身边没有亲人，你要照顾好自己啊。"

张载微笑着说："娘，你就放心吧，儿已经老大不小了，会照顾好自己的。"

陆氏揉了揉昏花的双眼，看着眼前的儿子，儿子留着长长的胡须，他的头上已经有了白发。看到这里，她的心忽然感到几分酸楚，心想：这孩子苦啊，为了照顾戬儿，为了撑起这个家，耽误了自己的前程，好在终于等到了这一天了，老天保佑他一路顺风，在殿试上金榜题名。

就这样，张载别过了亲人朋友们，踏上了去东京汴梁的行程。

在路上，张载遇到了一起去京城赶考的蓝田书生吕大钧，于是他们就结伴而行。吕大钧要比张载小九岁，那一年二十九岁。只见他一身锦服华冠，轻装简从，只带着一个书童为他挑着行李和书籍。他手执一把精致的绸面折扇，扇面上写着诗词，一会儿他啪的一声打开折扇走上几步，一会儿又轻轻合上，一举手、一投足都有一种清秀的书生意气。张载看着吕大钧，常常会欣赏地微笑。而吕大钧看着张载则会感到几分老成和沧桑，他觉得，那是一种岁月留在人身上的印痕。

在车上，在船上，他们会经常谈论诗词文章，谈论对社会、人生、万事万物的看法。张载入木三分、鞭辟入里的观点，令吕大钧大为叹服。

有一次，他们谈到了当前世风日下、人心不古的情况。年轻气盛的吕大钧说要实行严刑峻法，来严厉地惩处那些道德沦丧、作奸犯科的人。但张载却不赞成这一观点，他认为这是一个宽泛的社会问题，有着深刻的社会根源。他引用孟子的话说"人性之善也，犹水之就下也"，说明人性是向善的，人刚生下来其实都是善良的、淳朴的，但为什么有的人最后却成了"恶人"和"罪人"呢？除了社会的生产和分配机制的问题外，最主要的还是教化问题，后天的教化是非常重要的。人的心灵就像一块田地，既生长香花，也会生长毒草，人如果没有接受良好的教育，心灵的田地就会杂草丛生，甚至长出罪恶的、戕害生命的毒草。最后他说，如果以后有机会，他会办一所学堂或者书院，来教书育人、躬行礼教，来实现他教育救国的思想。吕大钧说："你如果办学堂，我就

是你的学生和你最忠实的追随者,为你做宣传,四处招募学生,协助你完成这一大业,呵呵。"张载笑着说好。

到了东京汴梁已是傍晚时分。张载和吕大钧找到一家比较大的客栈住下来。第二天清晨,张载很早就起来了,他拿了一本书,走到客栈外面桥旁的小亭里阅读。鸟儿在枝头轻鸣,微风轻拂,柳丝拂面,好一个鸟语花香的清晨。京城的春日之晨,竟然显得格外清新明媚。

一会儿,两个青年也从客栈的楼上下来了。但见他们姿质风流,器宇轩昂,英气勃勃的,而且长相很相似,应该是兄弟俩。他们也一人拿一本诗书,来到小亭里。

"敢问兄台贵姓?是哪里人氏?"那个年长的青年很有礼貌地一抱拳问。

"哦,小兄弟,愚兄免贵姓张,名载,表字子厚,是关中郿县横渠人。"张载笑着说,"不知两位小兄弟尊姓大名?是哪里人?"

"哦,原来是关中的张横渠先生,我们在蜀中也常有耳闻,久仰久仰!"哥哥一拱手说,"小弟是西川眉州眉山县的苏轼,前不久,我还去横渠镇拜访过您一次,但遗憾的是,那天没有遇到您,我还留下一首诗,不知先生可有印象?"

"哦,想起来了,原来是子瞻贤弟,你留下的诗愚兄已经拜读了,很有才情,想不到今天我们在这里相遇了。"

那是几个月前的事了。那天他去拜谒黄帝陵,第二天回来的时候已经夜幕降临了。回来后听夫人说,蜀中才子苏轼苏子瞻昨天前来拜访他,还给他留下一首诗。他打开诗笺,看了一下,原来是一首七言绝句,表达了苏轼对他的仰慕之情,又含蓄地反映出无缘相见的几许遗憾,这首诗语言清新,感情真挚,笔法娴熟,颇具功力,能看出是出自一位青年才俊之手,诗的落款是眉山苏轼。

"我们是眉州眉山人,我们是兄弟。"另一名青年快人快语说,"在下年齿稍幼,名辙,表字子由。"

"哦,果然是蜀中才俊,风度不凡!"张载用欣赏的口气真诚地说,"敢问两兄弟也是来赶考的吗?"

"是的,几天后我们就要上考场了,想起来还真是有几分紧张哩!"苏辙总是抢先回答。

"子由,参加殿试有什么害怕的,就像平常作文章一样,有什么紧张的呢?"苏轼看了一眼弟弟,说,"久闻横渠先生对《易经》很有研究,听说您写出了《横渠易说》,不知什么时候能拜读学习。"

"贤弟过谦了,《横渠易说》是几年前研读《周易》时写出来的,"张载侃侃而谈,"贤弟若不嫌弃,过一段时间,等考完试了,我送贤弟一本。"

"好的,一言为定!先生的这本书我听说很久了,我是一定要拜读的。"苏轼一拱手笑着说。

东京汴梁,是宋朝的都城,经济繁荣,富甲天下,人口过百万,风景旖旎,城郭气势恢宏。它不仅是大宋政治、经济、文化的中心,也是当时世界上最繁华富丽的大都市之一。走在汴京街头,举目四望:但见楼台画阁、茶坊酒肆鳞次栉比;看那绣户珠帘,金翠耀目;还有宝马雕车,争驰于天街御路,花光满路,罗绮飘香。好一派繁华富丽的景象!

嘉祐元年(1056),清正廉洁、刚直不阿的包拯(999—1062)被任命为开封府尹。府尹总领府事,掌管京师民政、司法、捕捉盗贼、赋役、户口等政务,是京畿地区的行政长官。包拯是一位实干家,虽然当时已经是五十八岁的高龄,但他一上任就改革诉讼制度,裁撤了门牌司。在当时,平民告状都得先通过门牌司才能上交案件,时常被小吏讹诈,也拖延了诉讼时间。撤销了门牌司,就简化了诉讼程序,大大提高了办案效率。包公处理诉讼案件公道正派,执法严峻,不畏权贵,不徇私情,对社会的各种阶层一视同仁,就是皇亲国戚也不例外。因此,一时间,许多积压已久的冤案得以昭雪,一些飞扬跋扈的不法之徒得到惩处。老百姓拍手称快,大家都说,包公办案,公正无私,大快人心。汴京的社会秩序一下子有了大的改观。

几个月前,惠民河涨水,淹了东京的南半城。包拯经过调查,才知道,原来惠民河屡疏不通的原因是达官贵人在河两岸占地修豪宅,还堵水筑起了"水

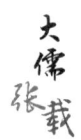

上园林"。包拯立即下令将这些花园水榭全部拆除以泄水势,"人患"一治,水患自然解除。包拯的这一举动可谓石破天惊,让他威名大震,京师老百姓都盛传"关节不到,有阎罗包老",意思就是说只有阎王爷和包拯是不能用贿赂打通关节的。从此,"包青天"的美名传遍天下。

那天,张载在东京街头见到了包拯的车仗。当时他正在街头行走,忽听人们喊着:"包青天来了!""包青天巡街来了!"瞬间,大家就自觉地让开了一条道。待他定睛看时,只见一队车仗缓缓从街头走过,前面是侍卫鸣锣开道,中间一些文臣武将都骑在马上,后面跟着随从。包公没有坐轿子,他一身官服骑在马上,身旁还有张龙、赵虎、王朝、马汉、展昭大侠等陪同。只见包大人两鬓斑白,脸的确很黑,几绺长髯已经泛白。他表情严肃,平视前方,极富威严,那种一身正气的感觉,让人顿生敬意。张载心想,开封府尹包青天果然名不虚传,他能率先垂范,亲自带领随从巡街,老百姓怎能不爱他、敬他呢?他真是老百姓的守护神啊!

嘉祐二年(1057)的殿试由北宋文坛领袖欧阳修(1007—1072)主持。欧阳修时任翰林学士。十四年前,欧阳修积极推行庆历新政,和范仲淹等人一起遭到贬谪。欧阳修被贬滁州时,曾写下了著名的《醉翁亭记》,其中有一名句"醉翁之意不在酒,在乎山水之间也",表明了他淡泊名利、寄情山水的旷达胸怀。

至和元年(1054)八月,欧阳修又遭诬陷被贬,不过这次,皇帝留下了他。对于名满神州的大文豪欧阳修来说,皇帝赵祯终于将其安排在合适的位置上,先后任其为翰林学士、史馆修撰等职。欧阳修提倡平实文风,他倡导文章要内容充实,气势宏大,深入浅出,精练流畅。讲究叙事说理,娓娓动听,抒情写景,感情真挚,引人入胜,寓奇于平。追求从容宽厚、真率自然的艺术个性,使文坛呈现出新的面目和气势。对北宋文坛影响很大。

三年后,也就是嘉祐二年,三年一次的殿试在京城汴梁隆重举行。全国各地的莘莘学子背着书囊,纷纷拥进京城,令本就热闹非凡的京城显得更加喧嚣繁华。因为五湖四海学子们的到来,京城似乎更多了几分儒雅之气。

皇帝任命欧阳修以翰林学士身份主持进士考试。欧阳修慧眼识英才,在批阅试卷时，发现了三份非同寻常的答卷。阅读了这些以经世济民为立论，以苍生社稷为怀，敢于破除时弊，观点新颖，论证缜密，充满锋芒而又极具可行性、操作性的答卷，他不禁拍案叫绝。他立刻就录取了这三个人。

放榜的时候，这三位学子果然名列前茅。这三位学子不是别人，正是张载、苏轼和苏辙。这一年张载已经三十八岁了，苏轼二十一岁，苏辙十九岁。

嘉祐二年的殿试选拔的人才，被称为"千古第一榜"。因为这一榜，榜上有名的除了张载、苏轼、苏辙外，还有程颢、曾巩、曾布、章惇、吕惠卿等，可以说，每一个人都是大家，都是巨星，震烁当时，光耀后世。

吕大钧也考中了进士，只是名次稍微靠后一些。但这并不影响他那活力四射的性格和高昂的情绪，他噔噔噔地爬着楼梯，一边啪的一声打开折扇，一边吟唱道："春风得意马蹄疾，一日看尽长安花，哈哈！"一见到张载就上去抱住，说："子厚兄，咱们都高中了，我真是太高兴了！走，咱们出去喝一杯！哈哈哈！"喜悦之情溢于言表。

看到自己榜上有名，张载没有欣喜若狂，也没有忘乎所以，他从容地回到自己的房间，准备给母亲修书一封，告诉母亲这一喜讯。迎面碰到客栈的一个小伙计，小伙计满脸堆笑地说："客官，您是横渠先生吧，听说您高中了，恭喜恭喜啊！""同喜同喜！"张载应付道，然后快步回到房间。他铺开纸，奋笔疾书，一会儿工夫就将信写好了，他让客栈的伙计将信送到驿站去交给邮差。

然后，他静静地坐在客栈的房间里，托着腮帮子坐在书桌前，望着窗外，想着他的心事。

窗外是早春二月的京城，街上依然是车水马龙，一派喧哗。街道两旁泛绿的柳丝迎风舞蹈，几只黄鹂鸟在枝头鸣叫，是的，春天真的来了！

十八　虎皮讲易

初春的阳光和暖地照着，微风轻拂。

东京汴梁，古色古香的大相国寺内，曲径回廊，楼阁林立，松柏青青，花木扶疏，假山池沼，游鱼戏水，小鸟清鸣，一派春天的景象。但见天王殿、大雄宝殿、八角琉璃殿、藏经楼，一座座楼宇雕梁画栋，檐牙高啄，香烟袅袅，游人如织，在春天的清新秀丽之外又平添了几多庄严肃穆和神秘的气氛。

今天不同于往日，巍峨雄伟的大雄宝殿前，设立了虎皮椅讲台，只见一位三十多岁的儒雅书生在虎皮椅上就座，他面带微笑，引经据典，侃侃而谈。讲台下面坐着和站着许多书生和小官吏，这些听讲者时而神情严肃，时而会心地点头微笑，时而面带疑惑，时而释然颔首。每一名听讲的人似乎都会眼前一亮，找寻到自己需要的知识和学问。听说今天有位关中的才子在此讲解千古奇书《周易》，大相国寺念经打坐的和尚也跑来听讲。

这位高坐虎皮椅开坛讲经的先生，就是刚刚考中进士的张载。

张载在考中进士候诏待命之际，接受了主考官翰林学士欧阳修和宰相文彦博召见。二位学术界权威人士对张载很是赏识，特别对张载关于《周易》的研究给予了高度评价，他们说对张载的《横渠易说》都有耳闻，希望张载能在大相国寺设虎皮椅讲《周易》。张载很高兴，欣然应允。于是就有了今天的大相国寺胜景。

大相国寺原名建国寺，历史悠久，是我国汉传佛教十大名寺之一，在中国佛教史上有着重要的地位和广泛的影响。大相国寺原为战国时魏公子信陵君故宅，始建于北齐天保六年（555），后毁于战火。唐景云二年（711）重建。次年，唐睿宗为纪念自己以相王身份入继皇位，趁改年号为延和元年之际，赐该寺为"大相国寺"，并御书"大相国寺"匾额。那时的大相国寺便已是院落深广，殿宇恢宏，雄风犹存。大相国寺至北宋时达到空前的鼎盛，辖六十四禅、律院，占地五百四十亩。因受帝王崇奉，地位如日中天，是为我国历史上第一座"为国开堂"的"皇家寺院"。

张载说："《周易》是中华文明的源头，是中华群经之首，历经数千年之沧桑，已成为中华文化之根。易道讲究阴阳互应、刚柔相济，提倡自强不息、厚德载物。在千年的文明史上，中华民族之所以能够久历众劫而不覆，多逢危难而不倾，独能遇衰而复振，不断地发展壮大，根源一脉传至今，是与我们民族对《周易》易道精神的时代把握息息相关的……"

正在这时，一名学子站起来问："请问横渠先生，有人说《周易》是上古天书，不知你对此有何看法？"

张载说："我认为，《周易》被称为上古天书，是因为《周易》堪称我国文化的源头活水。这是一部建立在阴阳二元论基础上，对事物运行规律加以论证和描述的书。其对于天地万物进行性状归类，天干地支五行论，甚至精确到可以对事物的未来发展做出较为准确的预测。《周易》的内容极其丰富，对中国千年来的政治、经济、文化等各个领域都产生了极其深刻的影响。无论孔孟之道、老庄学说，还是《孙子兵法》，抑或是《黄帝内经》《神龙易学》，无不和《周易》有着密切的联系。一言以蔽之：没有《周易》，就没有华夏的文明。"

这个问题刚讲完，忽然又有一名学子站起来说："横渠先生，有人说《周易》是最能体现中国文化的一部经典，请问你对此有何看法？"

张载说："人们认为《周易》是最能体现中国文化的一部经典，是因为这部经典认为世界万物是发展变化的，其变化的基本要素是阴（--）和阳（—），《周易·系辞》中说：'一阴一阳之谓道。'世界上千姿百态的万物和万物的千变万化都是阴阳相互作用的结果。《周易》研究的对象是天、地、人三才，而以人为根本。三才又各具阴阳，所以《周易》六爻而成六十四卦。正如《说卦》：'立天之道曰阴与阳，立地之道曰柔与刚，立人之道曰仁与

义。兼三才而两之,故《易》六画而成卦。分阴分阳,迭用刚柔,故《易》六位而成章。'乾为纯阳之卦,坤为纯阴之卦,乾坤是阴阳的总代表,也是阴阳的根本,孔子在《系辞》中说'乾坤其易之门邪''乾坤其易之缊邪'。《易纬·乾凿度》中说:'乾坤者,阴阳之根本,万物之祖宗也。'通行本《周易》本经排序以《序卦》的次序为基础,而以乾、坤两卦为首。《系辞》开篇即云:'天尊地卑,乾坤定矣。卑高以陈,贵贱位矣。动静有常,刚柔断矣。'《文言》是专门论述乾坤之卦德的传文,并将乾坤之德性引申发挥至人文道德范畴。说明乾、坤是《周易》中最重要的两卦,也是《周易》阴阳辩证法的基础。"

讲座在这明媚的春日上午缓缓地进行着,现场的气氛显得神圣而庄严,轻松而愉悦。

接下来,又有一名书生问道:"请问横渠先生,在当前,《周易》在研究上的发展方向如何呢?"

张载笑着说:"《周易》经历了时光长河千百年的淘洗和沉淀,经历了几千年的研究和发展,到了时下,易学研究在原理探索上仍无重大进展,理论研究徘徊不前,而且研究的思想较为混乱,实际应用大多趋向于占卜算命等神秘主义。上述状况严重歪曲了易学的学术思想,阻碍了中华易学良性化发展的步伐,蒙蔽了易学的真正价值。因此,我们当下的有识之士,要在研究中树立正确的舆论导向,树立正确的价值观和研究观,以科学的方法,以学者的态度,以求索的精神,还《周易》哲学与经典的本来面目,使《周易》能更好地服务于百姓,使《周易》的智慧之光普照世间万物!"

这次讲座非常成功,听讲者纷纷表示受益匪浅。于是听讲的人越来越多,大相国寺"虎皮讲易",成了东京的一大学术盛事。

几天后的一个晚上,夜幕慢慢降临了,华灯初上,京城的夜晚显得有几分华丽,几分妩媚。

大相国寺一天的讲座结束了,张载卸却了一身疲惫,独自漫步在京城的街道上。街边隐约可见柳树泛着新绿,淡淡的花香弥散在空气中,平整的石板街

不时有华丽的马车辚辚驶过。他知道那是达官贵人去赴宴的车马，车厢中不时传来女眷的盈盈笑语，偶尔也会有三三两两的行人匆匆走过。他看着歌肆酒楼里透出的灯光，隐隐约约还有丝竹歌舞之声从酒楼里传出，灯火辉煌的酒楼前人来人往，笑语喧哗。但见酒楼里觥筹交错，猜拳行令之声不绝于耳。

"冠盖满京华，斯人独憔悴。"忽然老杜的两句诗闯进了他的脑海。于是，他匆匆地走过这些高大豪华的酒楼，他想清静一会儿。

他想到了关中平原，想到了家乡——横渠镇，想到了在田间劳作的劳苦群众，想到了他们在大太阳下流着汗水锄禾和收割的情景，想到了他们一年也难得吃上一回酒菜，想到了他们那晒得黝黑的淳朴的面庞，想到了他们憨厚的笑脸，他也想到了自己的妻儿，想到了可爱的雪儿和梅儿临行前对他说出的小小的愿望。

"唉，那些可敬可爱的人啊，你们什么时候也能过上快乐幸福的日子！"他低着头走着，在心里想着，祝愿着。

正在这时，忽然他与一个迎面走来的人几乎撞了个满怀。张载定睛一看，原来是一个书生模样的年轻人，他的身旁还有一个与他非常相像的年轻人。大概是他的弟弟吧，张载这样想着。

"莫非是关中的横渠先生？晚生有礼了。"这名年轻人略一迟疑，一抱拳，笑着说，"昨天在大相国寺听过您的讲座。"

"正是在下。请问您是？"张载望着这名清秀而俊逸的年轻人说。

"晚生是洛阳的程颢程伯淳。"年轻人说，"我小的时候，母亲经常说起您，您的夫人是我的表姑。因此，算起来，您还是我的表姑父呢！"

"哦，想起来了，你就是洛阳的才子程颢吧。"张载一拍脑门，激动地说，"几年不见，几乎认不出来了，长得越发潇洒而俊逸了。这位是你的兄弟吧？"

原来，南阳郭家和洛阳程家是远房表亲，郭氏嫁过来后，有一次和张载谈论学问，郭氏曾经说过她洛阳有个姑姑，家里的两个孙子非常聪明好学，大的叫程颢，小的叫程颐。二程兄弟天资聪颖，后又拜名师周敦颐为师，将来必成大器。因此，张载对程家二位兄弟是有印象的，后来他在南阳的岳丈家里还见过他们一次，那时候，他们才十二三岁的样子，是一对很天真快乐的少年。没想到几年不见，他们已经一表人才，成了一对俊逸的后生。真是后生可畏啊！张载不由得在心中感叹道。

"是的，他是我的兄弟，叫程颐，字正叔。"程颢笑着说。

原来这一年洛阳的程颢和程颐兄弟也来京城参加进士考试，程颢在殿试中也以比较优异的成绩考中了进士。程颢比他的弟弟大一岁，小张载十二岁，这一年二十六岁。二程兄弟少年就师从理学的创始人周敦颐先生，程颢人称"明道先生"，程颐人称"伊川先生"，兄弟二人共创"洛学"，建立起自己的理学体系，后来成为一代大儒学家和教育家。

今晚这样的偶然路遇，使他们走到了一起，于是，关学和洛学这两个学派的代表人物走到一起了。

他们一边走着，一边谈着各自的近况，也谈着各自对国学经典的学习和研究，谈着他们对《周易》的认识和见解。所谓英雄所见略同，他们互相都对对方的研究表示肯定和赞赏。当二程兄弟自谦地谈到要不断借鉴释家和道家的思想时，张载高声而不无自负地说"吾道自足，何事旁求"。也就是说，我们儒家的学说已经自成体系、相当完备了，为什么还要寻求和借鉴别的理论？我们的研究已经有一定层次、一定水平了，不应该妄自菲薄！

虽然如此，但张载忽然发现，二程兄弟对《周易》的研究要比自己略高一筹，他虚心地听取二程对《周易》的见解，感到自己学得还不深，还不够。第二天，他在大相国寺对听讲的人说："今见二程深明《易》道，吾所不及，汝辈可师之。"于是撤席罢讲。张载在学术研究上就是这样谦逊，这样精益求精，这样见贤思齐。

几天以后，朝廷的任命文书下来了，张载被任命为祁州司法参军。

十九　云岩德政

贫瘠的黄土高原，云岩县（今延安宜川）衙。这是一个金秋的清晨，四野的柿子和秋庄稼就要成熟了，空气里飘浮着淡淡的香味。

夫人郭葳面对着铜镜，正在梳妆。"晓镜但愁云鬓改"，忽然她发现镜中的自己又多了几根白发，不由得轻轻叹息了一声。床上的两个孩子还在香甜的梦中，她不能吵醒二人。

镜中的那个圆圆脸庞上有一双秋水般明澈的大眼睛的女人，是自己吗？为什么脸比原来大了一圈，是发胖了吗？眼睛里也没有少女时的清纯和灵动了，头上也生出了白发，一个就要四十岁的女人，真的老了吗？她又轻轻叹息了一声。

梳妆完毕，她向窗外望去，浓荫遮蔽的纱窗外已露出鱼肚白了，她知道东方欲晓了。

今天是初一。每月的初一，夫君张载都会特别忙碌，所以她得早早起床。今天县衙里有每月例行的乡老聚会。

她随夫君张载来这里已经有几个月了。自从夫君考中进士后，先是任祁州司法参军，没过几个月，又调任云岩县令。作为家眷的她，也跟着夫君跑来跑去。云岩县属于延州管辖，距离黄河很近，土地干旱贫瘠，日头很毒，风沙很大。

夫君张载调任这里后，办事认真，政令严明，处理政事以"敦本善俗"为先，重视调研，体察民情。他经常坐上马车到全县各个乡村考察，次数多了，他嫌官场上迎来送往的客套礼仪多有羁绊；再者，有地方官员的陪同，自己也看不到多少真实的情况。于是他改变了主意,当县衙里的事务处理完了,一有空,他索性就骑上马去乡下微服私访,单人独骑地在全县四处视察民情。他立志要把这座贫瘠的边陲小县治理好,那么收集第一手资料,看到真实的县情、民情,才是最重要的。

张载是一个有志向的、雄心勃勃的人。他经常说,为官一任,就要造福一方。当县令,就要让老百姓过上好日子,老百姓有安身立命的事儿可干,才能安居乐业。而且他还是一个办事认真的人,访贫问苦,体察百姓,与老百姓同甘苦共患难。看到夫君每天回到家里疲惫不堪的劳累样子,郭葳经常于心不忍。她就劝夫君要注意身体,注意休息,不要工作起来就忘记一切了。虽然夫君表面上答应了,但总无济于事。于是,她便尽最大的努力当好贤内助,照顾好夫君的饮食起居,也算助夫君一臂之力。

就说今天吧,是九月的初一,三个月前,为了推行德政,使乡人重视道德教育,形成尊老爱幼的社会风尚,夫君就立下了规矩,每月的初一,要召集乡里德高望重的老人到县衙聚会,并设酒食款待这些乡老,席间询问民间疾苦。大家都说,这是从来不曾有过的事儿,哪有县太爷请老百姓吃饭的呢?看看从前的县太爷吧,他们往往作威作福,百般欺压老百姓,变着法儿搜刮民脂民膏,中饱私囊。相比之下,现在的这位张县令真是一位好官啊,心肠如此慈善,真是一位"活菩萨"!听到这些老百姓的言论,她也很高兴。虽然夫君苦点儿累点儿,但有老百姓的赞誉和口碑,她觉得也是一种宽慰。

一天,张载在视察民情中发现云岩县没有学堂,普通老百姓家的孩子没学可上,为了推行他"养正于蒙"的教育思想,他就多方筹措资金,招聘先生,建设学堂。经过几个月的积极努力,终于在距云岩二里的下虎峪寺办起一所名副其实的学堂——崇圣院,这大概算是云岩县的第一所学堂。同时为了实践他推崇的"有教无类"的教育主张,他声明,只要是本县的适龄儿童,不论贫富都可入学,学生上学免除一切费用,学堂的一切教育经费和先生学生的食宿费用都由县衙门来负责。一时间,有三百多适龄儿童进入学堂学习,学堂里每天都会传来琅琅的读书声。

兴办教育事业，养正于蒙，教育儿童，躬行礼教。这一系列教化德政受到了广大百姓的交口称赞。

其实，"养正于蒙"源于《易经·蒙卦》的"彖辞"："蒙以养正，圣功也。"张载对这一思想进行补充说："'蒙以养正'，使蒙者不失其正，教人者之功也。"（《正蒙·中正篇》）就是说培养学生的良好品德和行为习惯，必须从孩童时抓起，抓好蒙童的教育是功德无量的大事。

在崇圣院的开学典礼上，他对全校的先生讲了如下的道理：

首先是"养正于蒙"的重要性。他说不要认为孩子小，就放纵他们玩耍，"三代时人，自幼闻见莫非义理文章"（《经学理窟·义理》）；他认为"古人于孩提时已教之礼，今世学不讲，男女从幼便骄惰坏了，到长益凶狠"（《经学理窟·学大原上》）；他还说"学者不可谓少年，自缓便是四十、五十"（《经学理窟·学大原上》）。

其次，"养正于蒙"对良好生活习惯的养成和人格形成的意义。他说，不要认为孩子小，就无法接受教育。其实，教育就是要从小抓起，从小就培养孩子，教他们养成良好的生活习惯。并且他以养犬和养虎为例，说了下面一段话：

> 勿谓小儿无记性，隔日事皆能不忘。故善养子者，必自婴孩始，鞠之使得所养，令其和气，乃至长性美，教之便示以好恶有常。至如不欲犬之上堂，则时上堂而扑之，若或不常，既挞其上堂，又食之于堂，则使孰适从？虽日挞而求不升堂，不可得也，是施之妄。庄生有言，养虎者，不敢以生物与之，为其有杀之之怒；不敢以全物与之，为其有决之之怒。养异类尚尔，况于人乎？故养正者圣人也。

最后，他还认为，抓住孩子的早期教育是十分重要的。因为等孩子长大后，再施教育会很难。他说：孔子自称十有五而志于学，不是说十五岁之前不曾学，"直自在胞胎保母之教，已虽不知谓之学，然人作之而已变，以化于其教，则岂可不谓之学？"（《张子语录·下》）

十九 云岩德政

许多教育家都重视早期教育，但是张载的特殊贡献在于：他区分了学习与习染的不同，"受教即是学"，在教师指导下习得正确的内容，才是"学"，才能向善。而因为周边环境的影响，习染的习惯，可能是善，也可能是恶，而教学正是为了去掉或防止习染之偏。"学礼则便除去了世俗一副当世习熟缠绕。譬之延蔓之物，解缠绕即上去，上去即是理明矣，又何求！苟能除去了一副当世习，便自然脱洒也。"（《张子语录·下》）这是他对孔子"性相近也，习相远也"思想的一个重要补充和发展。

太阳出来了，金秋的太阳穿过枝繁叶茂的大树，将千万缕金线洒在县衙里。飒爽的金风吹拂着，石阶路是那样干净，没有一片落叶。花圃也修整得清新而美丽，在绿草丛中，不时可以看到盛开着娇艳花朵的月月红。曲径回廊，假山小桥，亭台楼阁，在红叶和花木的掩映下，也似乎多了几分诗意。总之，这个九月的上午，县衙显得如此清新而祥和，就连门口的那一对石狮子，也似乎少了几许怒目和威严，多了一点点可爱。因为今天是这一月的乡老聚会日。

为表亲民敬老，张载只穿寻常衣服，并早早地站在县衙门外，等候着乡老的到来。阳光下，他显得精神饱满，器宇轩昂。县衙里繁重的公务，连日的单人独骑微服私访，考察民情，虽然弄得他疲惫不堪，但在夫人无微不至的照顾和调理下，他还是恢复了体力，显得很精神。

一会儿，衣着简朴、步履蹒跚的乡老纷纷来到县衙门前，他们向张载拱手致礼。张载微笑着将乡老一一迎接进县衙，安排在议事室内就座。手下随从开始招待，为他们倒上茶水，端来糖果。等大家都到齐了，就开始由大家自由发言，谈论对官府推行德政的看法，征询大家对官府的意见和建议。张载详细询问民间疾苦，由主簿认真做好记录。

就在大家谈论的时候，一位须发皆白的老者站起来，大声地说："张县令来到云岩不足半年，云岩的社会风气大大改观了，正气在上升，邪气在下降，助人为乐、互帮互助、尊老爱幼、拾金不昧的社会风尚正在形成。我们那里前不久就发生了一件非常感人的事儿。"

长者的话吸引了大家，于是，大家都将目光对准了这位长者，长者就缓缓

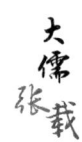

道来一件自己亲历的事儿。原来，那天，长者的邻居老王卖了大肥猪从集市上回来，由于卖了一个好价钱，一高兴就在集市上多喝了两口酒，于是他在回家的路上就有了几分醉意。他摇摇晃晃地往回走，不小心就弄丢了卖猪钱。第二天，正在他无限懊恼伤心的时候，一名年轻的后生找上门来了，问明情况后，就将自己在路上拾到的装着铜钱的小包交还了老王。当时就感动得老王热泪盈眶呢。

一会儿，又一位鹤发童颜的老者对大家说："张县令如此体察民情，真是世间少有啊！"于是，他就讲述了自己亲见张载微服私访的故事。那天张载来到他们的小村子，到他家后，坐在他家炕头询问家里的疾苦，问他家里有几口人，几亩地，一年的收成如何，粮食够不够吃，孩子们的学习如何，等等。那嘘寒问暖的情景，他永远也忘不了。那天，他们一起吃了一顿简单粗糙的小米饭，临走时，张县令还送给他的小孙子几本书，给了他十吊钱，嘱咐他要好好教育孩子，让孩子好好读书，因为孩子是光耀门庭的希望啊！

大家就这样絮絮叨叨地说着，他们也谈了对官府在轻徭薄赋方面的期望和要求，对灌溉农田、种植收获庄稼等方面好的建议，对教育子女的愿望，等等。最后，张载在县衙设酒席招待各位乡老。席间，他一一为大家敬酒，提出躬行礼教、训诫子女的道理和要求。同时将县衙的规定和告示，也印出来了，由衙役分发给大家，反复叮咛到会的乡老，让他们将这些告示的精神转告乡民们。因此，云岩县衙门发出的教告，即使是不识字的大人和儿童，都没有不知道的。

一时间，云岩德政的事迹远播四方。

这天，张载收到一封信，是他的弟弟张戬从陕州寄来的。

张戬当时正在灵宝县任县令。张戬在信上首先祝贺张载在云岩县推行德政取得的成绩，问候兄长和嫂嫂身体的健康情况，感谢兄长这些年对他的教导和爱护，此外他还谈了他从政以来的一些感受。说他先后调任到三个地方，先是陕州阌乡主簿，一年后又调任普润（今陕西宝鸡麟游境内）县令，如今又被调任到陕州灵宝任县令。说他已经习惯了这样奔波的日子。他在做官时，一直谨记兄长张载的教诲和训诫，做到勤政廉洁，公正严明，爱民如子，从不敢有丝毫的懈怠。说他在治理灵宝县的过程中，采纳了兄长的建议，采取德法兼治，在严明法纪的同时，躬行礼教，推行道德教育，已经取得初步成效，全县的诉讼案件逐渐减少，民风民俗焕然一新。因此，他要特别感谢兄长的好建议。

张载读着这封热情洋溢的信，心里涌动着一股暖流，他感到很欣慰。他的眼前似乎又浮现出弟弟那年轻而高大英武的身影，二人似乎正围坐在冬日的火炉前侃侃谈心。书信中那一言一语、一字一句是那样亲切，这就是那个童年喜欢玩鸟捉鸟的贪玩孩子吗？昔日那个顽皮的野孩子，如今不仅结婚生子，还成为了一方父母官走上了光明的仕途，正在建功立业，用他的智慧和力量发展着一个地方的经济和生产，改善着老百姓的生活，也正以躬行礼教的德政，改变着一个县的精神面貌。这难道不是一件特别值得欣慰的事情吗？想到这儿，张载的脸上露出了一丝不易察觉的笑意。

时光荏苒，往事不再，一晃就是二十几年的时光啊！

这天张载正在县衙里处理公务，衙役进来通报说一位白袍将官来访。张载很奇怪，心想：哪位将官会来看我呢？他说有请。一会儿，一位英武将官进来了，张载一看，原来是涪州少年时的伙伴赵鸿。

他们一见面就拥抱在一起。多年不见，赵鸿发福了，腆着肚子，鼓鼓的腹部撑得牛皮腰带都有点儿变形了，似乎越来越像他那大腹便便的父亲了。

赵鸿这些年一直在延州前线驻防。虽然说前线没有发生战事，但西夏兵虎视眈眈的境况并没有多大改变。赵鸿说他听说张载在云岩任县令，而且颇有政绩，很为张载高兴，就抽空前来看望张载。因为这里离前线不太远，骑马大约一个时辰就能到。

张载和赵鸿在午餐时喝了一壶酒。他们边饮酒边谈往事，少年时的一幕幕往事又浮现在他们眼前。他们曾是涪州的少年，他们读书、比武、吟诗、爬山、赏春、郊游……那无忧无虑的时光啊，就像天边的一抹云霞，多么令人留恋啊！往事已经远去，如今他们都在践行着曾经的豪言壮语，追寻着少年时的梦想，在人生的路上意气风发地勇往直前。他们喝着酒，沉浸在幸福的回忆之中。

张载忽然发现赵鸿很能喝酒,这一点也非常像他的父亲,于是就叮嘱他,少喝酒,喝酒会误事儿的,特别是他要带兵打仗,弄不好会贻误战机。但酒酣耳热满面红光的赵鸿却不以为然,反倒吟出了两句诗:"醉卧沙场君莫笑,古来征战几人回?"

虽然作为一名武人,赵鸿喝起酒来显得很是豪爽,但张载在心底又有些许担忧,他真的怕赵鸿因为喝酒耽误了朝廷的战事。

周宇来了。周宇骑着马来到云岩县衙来看望张载。周宇也显出几分苍老了。虽然他还是那么剽悍英武,但头上已经有了白发,也蓄了胡须。他捻着胡须,在县衙门外等候。

张载一听故乡来人了,就连忙跑出去迎接。他一看是周宇,那是他年轻时最要好的朋友,是他多年同甘共苦的挚友啊。他上前拉着周宇的手上下打量,长期的劳作,风吹日晒,使周宇变得黝黑了许多,也明显老了。马上还坐着一个五六岁的小男孩,周宇笑着说,那是他的小儿子周戈。周宇已经有两个孩子了,大儿子周铭已经十几岁了。

张载笑着说:"老了,我们都老了。"周宇说:"我们能不老吗,你看孩子一个个在长大,而我们的头发在一天天变白,皱纹在一天天增多!"他的大儿子已经定亲了,或许,再过两三年,他就能当爷爷了。

周宇带来了横渠镇的一些土特产,谈了分别后的近况,也谈了张载姐姐和姐夫的一些情况。说陆氏很想念他,陆氏的身体状况不太好,希望他有时间回家看看。

说到母亲,张载的眼睛湿润了。他想到母亲含辛茹苦将他们兄弟抚养教育成才,想到母亲在他上任临行前的叮嘱,想到母亲昏花的双眼、蹒跚的步履,他的心儿早就飞回横渠镇去了。是啊,大约有一年时间没有回家了,得赶快回家看看母亲,把她接来住,也好能照顾上她的生活起居。

这年深冬的一天,张载一身便装,骑着马去乡下微服私访,察看民情。出了县城,行了约二十里路,就到了云阳镇。他走访了几位德高望重的老者,了

解当地的民风和民俗，还有躬行礼教的情况。当他得知当地有一位八十多岁的老妇人，住在一孔窑洞里，贫病交加，无人照顾时，遂决定前去看望这位老人。

他从街道上买了一些食品，就一路寻访到老妇人居住的窑洞来了。进到窑洞里面，光线十分昏暗，屋里十分杂乱，当他好不容易走到炕前时，才发现一位白发苍苍的老妇人躺在炕上，虚弱地呻吟着，似乎生着重病。他说："老妈妈，我来看望您了！"老人耳聋，没有反应，他提高了声音，又连着喊了三声，老人才慢慢侧转过身子，看了他一眼。知道有人来看望自己，老人慢慢坐起来，接着就给他讲起了伤心的往事。

原来，老人有一个儿子，名叫郑荣，目前在县城里开一家小饭馆，日子过得也还不错。说起这个儿子，老人禁不住伤心得老泪纵横，她说那是她年近五十才得的儿子，由于晚年得子，自然将其视若珍宝，从小就娇生惯养，郑荣从来不知道孝敬老人，每天颐指气使，认为父母为自己做的一切都是应该的。五年前老伴去世后，郑荣认为她是一个累赘，就无情地抛弃了她，可怜她一个八十岁的老太太，一个人在这孔破窑洞里过着孤苦伶仃的生活。

张载得知这一情况后，非常生气，真想不到世间竟然有这样的儿子，同时，更为老人的不幸遭遇感到悲哀，于是他回去后立即让手下人将老人接回县衙，自己亲自供养。后来，张载差左右衙役将这个不孝的儿子郑荣传到县衙，动之以情，晓之以理地告诫他如何为人处世，给他讲尊老爱幼、孝敬老人的道理，郑荣深受感动，幡然悔悟。郑荣向张载深深忏悔了自己的过错，表示要将老母亲接回家中，好好奉养，以报答她的养育之恩。后来，郑荣成了云岩县有名的孝子，而张载点化孝子郑荣的事迹也被老百姓传为一段佳话。

一天晚上，一个不速之客来拜访张载。这个客人不是别人，正是钱员外。这个钱员外名叫钱乾万，他是云岩本地有名的地主，占有良田千亩，家里有豪宅、园林、香车、宝马，妻妾成群，是当地的一霸。

钱员外微胖，五十岁开外，穿一身华美锦服，头戴方巾，油嘴滑舌，见人皮笑肉不笑，一双老鼠眼滴溜溜地乱转。张载看他大晚上来拜访自己，又看他让家人驾车拉来的一车豪礼，就猜出了八九分，于是问道："钱员外深夜来

十九 云岩德政

访,不知有何见教?"

"岂敢!岂敢!小人夜访张大人,只为讨杯茶吃。"钱员外谄媚地一笑说道。

"这个容易,清风,上茶!"张载给他的家仆说道。

落座后,钱员外看着张载客厅中堂画两边配有一副对联:

笑迎气正风清客;
静坐心安理得人。

"张县令来到敝县后,办学堂,大兴教育;广开言路,体恤贫弱;躬行礼教,教化百姓,很有政绩,深受老百姓拥戴。小人今天来,就是为张县令道喜致谢的。"钱员外说。

"哪里,过奖了,我只是尽了自己的本分。"张载答道,"难道钱员外今天来,只为道喜吗?"

"呵呵,小人今天夜访张大人,还有一事相求,"钱员外一双小眼睛转了转,压低声音说,"就是有关我家的田亩税赋一事,还请张大人高抬贵手,小人感激不尽。"

原来,钱员外家有良田一千三百亩,每一年向朝廷上缴田亩税赋却均按八百亩上缴,另外的五百亩从来不缴税,他会以种种理由进行掩盖和搪塞,比如土地贫瘠、浇不上水、无人租种等等。前几任政府官员都知道这种情况,但被他贿赂后都视而不见,充当他的保护伞,大家心照不宣,都明白他这种行为是标准的"隐田逃税"。自从张载上任后,明察暗访,亲自过问、检查和核实了全县的田亩税赋。主管税收的官员们不敢有丝毫怠慢,也不敢再接受钱员外的钱财和腐蚀拉拢了。于是,今年严格执行朝廷规定的每年夏秋两次征税,每亩征税一斗的标准,还要按照实有的一千三百亩征税,这样算下来,要比往年多缴一千多斗粮食。这下,钱员外心里慌了,坐卧不宁,于是才有了今夜的来访。

"哦,原来是这件事。"张载平静地说,"据我调查得知,钱员外家里一

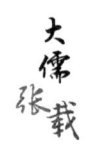

共有一千三百亩良田,为什么历年缴税均按照八百亩计算?"

"呵呵,张大人,您有所不知,我正是要向您解释啊。"钱员外的两只老鼠眼又滴溜溜转起来,一脸虚伪的笑容,似乎非常谦恭地说,"只有八百亩良田可以种地,其余的地都不能正常租种,所以也没有收成啊!"

"但据我所知,事实并不是这样!前几天,我曾经暗访过你家的田地,都种着庄稼,没有一块地撂荒,怎能不向朝廷缴纳田亩税?"张载义正词严地说。

"这个……这个……张大人,您不会看错了吧?"钱员外的谎言被揭穿,额头开始冒汗,他赶紧拿出手帕擦拭了一下汗水,窘得语无伦次。

"哪里会错!大家都认得你家的田地!"张载愈发语气铿锵,掷地有声地说,"方圆十几里好几个村子的老百姓都租种你家的田地,大家都能证实!"

"呵呵,这个,这个……那个,那个,"钱员外一张胖脸上堆满谄媚的笑,一边擦拭汗水,一边支吾着说,"张大人,您看,您看,您只要高抬贵手,他们那些征税官都听您的。我今天带来一车礼物,不成敬意,望您笑纳!"

"礼物不能收!田亩税要按照实有田亩数缴纳!你回去吧!"张载就这样严正地呵退了这个不速之客。

钱员外看到张载一身正气,一脸严肃,一副义正词严的样子,就知道今天遇到铁面无私、秉公办事的官员了,他深感大事不好,于是他和他的家人驾着装满礼物的马车灰溜溜地离开了。

一个月黑风高的夜晚,张载正在书房读书,忽然有个黑影从墙头轻轻落下,蹑手蹑脚地疾步快走,倏地来到他书房的窗下。正在这时,忽然他就觉得后背上有惊风袭来,赶紧一躲闪,啪的一声,一把飞刀从身边飞过,斜斜地插到了后面的柱子上。

"不好,有歹人行刺!"张载想到这儿,拔出刀,就飞身来到了书房外面的院子,只见一个黑影正向花园那边逃去。他随后紧追,一会儿,就拦在了那个刺客的前面,他用刀挡住了刺客的去路,并大声呵斥:"哪里来的刺客,吃我一刀！"

这个刺客蒙着面，也不答话，就和张载打斗起来，三五个回合下来，刺客渐渐招架不住，急欲逃遁。张载哪里肯放过他，又两三个回合，就把这个刺客生擒住了。经过审问，张载才知道刺客是钱员外花重金请来刺杀他的。钱员外哪里知道，张载根本就不是个文弱书生，他有一身的好武功，一个小小刺客能耐他何！

原来那天晚上钱员外意欲重金贿赂和收买张载，还想继续隐田逃税，没想到遇到了这位刚正不阿的清官张县令，他也没办法，只能忍气吞声，按照朝廷的税赋标准，多缴了一千斗粮食。看着粮食水一样地被抽走，他就是咽不下这口气，于是他恼羞成怒，花重金买了一名刺客，想要除掉他的眼中钉——县令张载。但吉人自有天相，他的险恶用心落空了。

后来，张载派手下官吏彻底清查了钱员外的许多犯罪证据，才知道这个钱员外是一个罪恶累累的恶棍。不仅仅是隐田逃税，多年来向朝廷少缴了几万石粮食；而且欺男霸女，祸害百姓。他经常擅自提高地租，在催收地租的过程中，其豢养的家丁恶仆曾打死打伤多名老百姓，当地老百姓对他恨之入骨，但一直敢怒而不敢言。后来张载将这个十恶不赦的钱乾万欠缴的田亩税粮全部收缴国库，并按照大宋朝律法对钱乾万严判处斩。此举，老百姓奔走相告，真是大快民心！

时间过得很快，张载任云岩县令快三年了。由于张载勤政廉政、爱民如子的作风，加之德政的推行，云岩县的经济社会得到了很好的发展，农业生产欣欣向荣，老百姓安居乐业，表现出一派清平的景象。

这天县衙无事，张载一身便装，骑上马出了县城，一直往东北方向奔去。

这是一个春末的上午。田野里一片青翠，谷子、糜子、高粱等庄稼在一场春雨后，正在拔节长高。他一路上看到蓝天白云下生机勃勃的庄稼，看到田间小路上农人们充满希望的笑脸，他的心情很好。于是他催马扬鞭，向黄河边驰去。

壶口近了，越来越近了。他已经听到了黄河的咆哮声、怒吼声了。在壶口

的岸边，他下马伫立。看那浑黄的水一泻千里，宽阔的河道里汹涌澎湃着，怒吼咆哮着，翻江倒海，似乎有千军万马在此搏杀，又似乎有无数的雄狮和蛟龙在此格斗撕咬。他被深深地震撼了！

这就是有名的黄河壶口瀑布。黄河的气势、黄河的力量、黄河的魂魄在此一览无余！忽然他就想起了李太白的诗句：

君不见黄河之水天上来，奔流到海不复回。
……

黄河汹涌澎湃着，怒吼咆哮着，滋养了几千年的华夏文明。从黄帝、炎帝、伏羲氏的时代，到战火纷飞的春秋战国，到有着名士风采的魏晋南北朝，到诗风灿烂文化辉煌的盛唐，再到结束了五代纷乱的国朝。如今黄河仍然汹涌澎湃着，怒吼咆哮着。但它就在我的眼前，就在我的身边，这是一种多么豪迈、多么伟大的气魄和力量啊！

是啊，这是我们华夏民族的母亲河。它流淌的是我们先人的血液，还是我们华夏文明的风骨！它流淌的是我们炎黄子孙的豪迈气魄，还是一种千年不衰的永不服输的民族精神！谁人站在黄河岸边能不被震撼，能不被那种宏伟的磅礴的气势所慑服呢？

一条河，一条汹涌澎湃的母亲河，令张载思绪万千，心情久久难以平静。他静静地伫立在黄河岸边，看着这条如巨龙一般浑黄的咆哮着的河流，想着千百年来华夏文明的传承，想着千百年来仁人志士的艰难求索，想着千百年来英雄豪杰的前赴后继，想着千百年来坚强不屈的民族魂魄，一种豪迈的、激越的情怀在他心中潜滋暗长着。"为天地立心，为生民立命，为往圣继绝学，为万世开太平。"他暗暗下定了决心，要为一种精神、一种风骨、一种信仰而奋斗终生！

嘉祐五年（1060），朝廷要修史，需要一名博学多识又对历史很有研究的人才，于是四十一岁的张载被调朝中任著作佐郎（协助修史的官员）。

二十　横渠四句

张载又回到了京城汴梁。

三年前的早春，张载来京城赶考，取得了功名，又在大相国寺设坛讲经。对于京城的学子和文人来说，横渠先生"虎皮讲易"的情景似乎还历历在目。因此，这一次回京任职，许多文人都认识他，有些他不熟悉的人，见了面也和他很亲热地打招呼，这让他多少有点儿受宠若惊。他是一个不事张扬的人，喜欢默默地做事，不愿意哗众取宠出风头，因为那与他的做人原则是相悖的。

著作佐郎的工作是比较轻松的，每天除了翻阅史料和典籍，抄抄写写，修订校对外，几乎没有多少事儿。这难得的闲暇，给他提供了学习和研究的时间和机会。

夏夜在寓所的庭院中乘凉，张载仰望繁星璀璨的夜空，想着太阳、月亮、星斗的遥远存在，想着太虚的缥缈虚幻，想着世间万物生生不息的存在方式，思考着千百年来困扰历代学者的世界的本原问题，一时间他思绪万千，想象异彩纷呈：世间万物究竟来自哪里？世界的本源究竟是什么？让我试着来回答这一问题。于是他赶紧回到房内，提笔写下了在胸中酝酿已久的《太和篇》：

> 太虚无形，气之本体；其聚其散，变化之客形尔。至静无感，性之渊源；有识有知，物交之客感尔。客感客形与无感无形，惟尽性者一之。

> 天地之气，虽聚散、攻取百涂，然其为理也顺而不妄。气之为

物,散入无形,适得吾体;聚为有象,不失吾常。太虚不能无气,气不能不聚而为万物,万物不能不散而为太虚。循是出入,是皆不得已而然也。然则圣人尽道其间,兼体而不累者,存神其至矣。彼语寂灭者往而不反,徇生执有者物而不化,二者虽有间矣,以言乎失道则均焉。

聚亦吾体,散亦吾体,知死之不亡者,可与言性矣。
……

这篇文章后来被收入张载的巨著《正蒙》,是这部书的第一篇,也是对后世影响深远的一篇文章。因为在这篇文章中,张载独辟蹊径,以唯物主义的宇宙观,提出了振聋发聩的"气本论"思想。他说,宇宙的本体、万物的始基是气,万物都是由气聚合而成的,形态万千的万物,都是气的不同表现形态。大到苍茫的宇宙天体,变幻莫测的风雨雪霜,高耸入云的山岭峰峦,流动不息的江河湖海,小至形形色色的动植飞潜,都是由气所聚合而来的。

张载在《正蒙·太和篇》中还提出:"有象斯有对,对必反其为;有反斯有仇,仇必和而解。"这一观点对辩证法有新的发展。世界上的万事万物,只要有象,必定有一个东西和它相对,而相对的事物,其行为方式必然与它是相反的;相反的行为方式免不了有矛盾、挫折、斗争,但最后一定要通过"和"而消解。这一观点也是非常深刻和伟大的,意思就是说一切现象都有对立的两方面,对立的两方面的运动方向必然是相反的,相反就相仇,相仇就要斗争,斗争的结果,必然归于调和。这就是中国传统哲学的思维方式。

张载在这篇文章中提出的"太虚即气"的"气本论"思想,其实也就是后世所说的世界的本源是物质的,物质从诞生之日就逐渐走向消亡,物质第一,意识第二,物质决定意识。"气本论"思想区别于后来程朱提出的"理本论"(客观唯心论)和陆王提出的"心本论"(主观唯心论),是中国思想史上难能可贵的唯物主义认识论。张载关于世界的物质统一性和物质的永恒性思想,是古典朴素唯物主义思想的最高成果。

任著作佐郎期间，张载有机会接触大量的历史资料和经典书籍，这就给他提供了学习和研究的机会。

坐拥书城，博览群书，闲适恬淡的时光，孜孜以求地潜心学习和钻研典籍，加上他在十年游学期间对世间万物的观察、认知和思考，使他在学问上进步很快，写出了大量的学术性文章。

张载虽然身在书斋，但仍然胸怀天下。边关的战事、朝堂的纷争、南方的水灾、北方的旱灾、不时发生的蝗灾、衣食无着的老百姓的苦难，常常让他忧心如焚。有时候，他会和文人士大夫们探讨书生和儒者读书是为了什么，以及一个人活着是为了什么等问题。但得到的答案往往令他沮丧：这个说，读书就是为了功名利禄；那个说，读书就是为了光宗耀祖；还有人振振有词地说，读书为了做官呀，千里做官，也是为了吃穿；更有甚者，他们戏说道，人活着嘛，日图三餐，夜图一眠，不是吗？

夜深人静的时候，他常常会陷入沉思：我们读书人做学问的目的究竟是什么呢？难道真的如士大夫们所说的，读书仅仅是为了进入仕途和做官吗？做官又是为了什么呢？难道是为了俸禄和自己一家的温饱和幸福吗？

老百姓的生死与忧戚、天下的兴亡、社稷的安危、万世的太平基业，这些难道不需要读书人关注和担当吗？绵延千年的儒家思想一直主张积极入世，要求读书人修身齐家治国平天下。为什么传承了千载的儒家思想到了当朝，却变得让人迷惘了，似乎让读书人失去了方向？

忽然，心底里有一种崇高而炽热的情感在奔涌和升腾；一种铿锵有力、掷地有声的呐喊，就像雷霆风暴的力量一样，从胸中喷薄而出。这汹涌澎湃的气势是那样不可阻挡，他想站在山巅上呼喊，让整个世界都来回应这正义的、雄浑的、无可抗拒的声音。他忽然想起了在黄河壶口瀑布前，他曾立下的誓言，作为一个儒者，他要义无反顾地为一种精神、一种风骨、一种信仰而奋斗终生！精神、风骨和信仰是什么呢？他挥毫泼墨，奋笔疾书，在宣纸上写下了这样四句话：

为天地立心，为生民立命，为往圣继绝学，为万世开太平。

这就是著名的"横渠四句"！它立意高远，言简意宏，震烁古今，彰显着一种博大的胸怀和抱负，阐明了一个读书人终极的人生追求。千百年来，它激励着一代又一代中华儿女为国家，为民族，为社会大众的福祉而奋斗！多年以后，关学兴起，"横渠四句"成为关学的宗旨。

他提出"为天地立心"，就是他在认识论上的独到见解。老子在他的传世经典《道德经》中说："道可道，非常道。名可名，非常名。"老子以玄虚的语言否认了事物可以认识，导致"不可知论"，进入了唯心论的泥淖。而张载经过探索和研究，认为"物可穷理"，就是说事物是可以认识的，只要我们通过观察、实践和思考，再掌握一定的规律，就可以达到对世间万物的了解和认识。在此基础上，他提出了"见闻之知"和"德性之知"，他指出客观事物有表象和性理两个层次，因此，人们在求知的过程中认识事物，也要经历从表象到性理两个阶段。对事物表象的认识是通过感觉器官得到的，比如说，通过眼、耳、鼻、舌、身等器官的看、听、嗅、尝、触摸等等，来获得对事物表象的认识，因此称之为"见闻之知"——这是比较浅表的认识，属于认识的第一个层次；对事物性理的认识是通过思维器官得到的，因此称之为"德性之知"，也就是比较理性的知识，属于认识的第二个层次。"为天地立心"就是说要力求用接近科学的思维，以及正确的方法，获得对天地和世间万物的正确认识，从而在社会上建立一套以仁、义、孝、礼、信等道德伦理为核心的精神价值体系。

他在《正蒙·大心篇》中写道：

> 大其心则能体天下之物，物有未体，则心为有外。世人之心，止于闻见之狭。圣人尽性，不以见闻梏其心，其视天下无一物非我，孟子谓尽心则知性知天以此。

张载认为，"为天地立心"，就是要在探讨世界本质的过程中来获得知识，其重要条件就是"大其心"，充分发挥人的认识主体的作用。"大其心"，就是"不以见闻梏其心"，要使人的思想不受见闻的束缚，实现从表性认识向理性认识的升华。所以"大其心",就是实现认识上升华的哲学方法。

接着,面对当时社会上价值观扭曲、道德失范、人心不古的现实问题,他又提出了"为生民立命"的观点。"为生民立命"说的是人应该走什么样的道路,应该认什么样的理,或者说做人的标准是什么等问题。其实,从大的方面把握,就是说要教育民众,使人们自觉地对自己的命运方向做出选择,树立正确的人生观和价值观,以确立生活的精神价值和意义。

为了研究和探讨"为生民立命"的观点,他提出了"天地之性"和"气质之性"的概念。为了使人从不理想、不完美的"气质之性"达到完美无缺的"天地之性",他认为应该加强对人的后天的教育和修养。所谓"变化气质",他提出了只有"变化气质"才能恢复和达到完美的"天地之性"。

"子厚,你的文章昨天我看了。"那天一名李姓的同僚在工作室一看到张载就说,"你将人的修养分为'气质之性'和'天地之性'两个层次,你的观点我很赞赏,只是一个人如何才能从'气质之性'修炼到'天地之性'的完美境界呢?"

"哦,李兄,您看了拙作吗?"张载平静地坐下来,捋着胡须慢慢说来,"一个人要从'气质之性'修炼到'天地之性'的完美境界,我认为就需要变化气质。"

"哦,'变化气质'?什么是'变化气质'呢?"

"我说的'变化气质',大致有两层含义。一是把'天地之性'从'气质之性'中清理出来,以保持'天地之性'所固有的善性;二是以'天地之性'改造'气质之性',要把人的生理生活欲望置于正统的道德观念的控制之下,这样人的'气质'才能变好。"

"那么,怎么做才能'变化气质'呢?"

"我认为应该从克己、心弘和加强学习等方面下功夫。就是说一个人要以坚强的正义的道德力量去遏制不合义理要求的生理欲望和生活要求。"张载喝了一口茶,继续说,"心弘,就是为人心胸宽广,办事光明磊落,排除一切私心杂念,一心为公,心中充满正义的理想,正如孟子所说的'我善养吾浩然之

气'。还有，要加强学习，要虚怀若谷，不断学习先贤提出的道德规范和做人的理想境界。只有这样，才能达到'变化气质'，从'气质之性'升华为'天地之性'。"

"哦，说得很好，我终于明白了。"李姓同僚竖起大拇指说，"其实，你可以把你的观点详细地写出来，这样，就系统化了，也方便大家理解。"

其实，张载的这个观点早在他的著作《横渠易说·下经》中就谈到了：

> 克己反礼，壮莫甚焉，故《易》于大壮见之……惟心弘则不顾人之非笑，所趋义理耳，视天下莫能移其道……

"为天地立心"，是一种认识论，就是对天地的理性认识，这种理性认识就是要探求天地的本质和规律，简单说来，就是探求天地真知。如果说"为天地立心"是张载提出的"天道观"，那么"为生民立命"就是他提出的"人学思想"。当然也可以理解为，前者"为天地立心"是为人世间确立精神价值，后者"为生民立命"是为老百姓指明生活的意义。人立于天地之间，应该走什么样的道路；一个人做人的标准是什么；一个人如何通过后天教育，变化气质，学如圣人，成为至善至真至纯的圣贤之人。

那么"为往圣继绝学"又是什么观点呢？这其实是张载提出的"道统论"。"继绝学"就是继承孔孟所创立而被后人逐渐遗忘和曲解了的儒学。

唐宋以来，儒学受到了佛教和道教思想空前的冲击和迷惑，儒学界思想混乱，正统的儒家学说似乎蒙上了一层迷雾。一些儒家学子虽然口称自己是信仰儒学的，是按照儒家思想修身建业和树德的，但他们不是沉迷于认为现实世界是梦幻的佛学，就是深陷于主张虚无、无中生有和玄而又玄的道教学说。天长日久，这种错误的观点逐渐渗透于儒学，慢慢混淆了儒家学子的视听。因为儒学被曲解，往往会使儒家学子在修身齐家治国平天下等方面误入歧途。唐代大文学家韩愈曾敏锐地发现了这一问题，写出了著名的《原道》，提出了复兴儒学的"道统说"。

在张载看来，儒家学说，尽管自孔孟之后已经传承了千余年，但自孟子之后,还没有出现一位能真正继承儒学的大家,甚至韩愈也只是提出了一些片面的、不成系统的言论。因此,他责无旁贷,要肩负起这一传承儒学道统的重任。张载为表明自己勇于继绝学的决心,写下了这样一首诗:

> 圣心难用浅心求,
> 圣学须专礼法修。
> 千五百年无孔子,
> 尽因通变老优游。

为此,张载一方面潜心学习儒家经典,精研《论语》《大学》《孟子》《中庸》,融会贯通古圣先贤的纯正思想;另一方面,对佛教和道教蛊惑人心的思想进行了毫不留情的批判和抨击。当然,多年以后,张载在横渠书院传道授业,也是对儒家学说的传承和弘扬。

如果说"为往圣继绝学"是张载提出的"道统论",那么"为万世开太平"则无疑是他的政治理想。

如何才能为万世开太平呢?在张载看来,首先应该限制大地主官僚的特权,抑制土地兼并,推行"井田制",让人人有土地可以耕种,实现均贫富。其次呢,推行"仁政"和"礼治",仁者爱人。因此他说"民,吾同胞;物,吾与也",在实行仁政和躬行礼教的社会中,大家互相关爱,和平共处,安居乐业。最后呢,还要变法求新。他认为变法是治国理政的重要方面,他曾说:"通其变然后可久,故止则乱也。"就是说只有变法才能使国家社稷长治久安,墨守成规、该变不变,必将引发社会动乱。

因此,横渠四句,虽然只有短短四句话,但却言简意宏,境界高远,广泛涉及社会和民众的精神价值、生活意义、学统传承、政治理想等内容,指明了儒者和学子应有的志向、胸怀、抱负和终极的人生追求,那就是为了天下、万民、圣贤之道和太平基业而奋斗。

一个春天的午后,闲来无事,张载独自一人散步到郊外,穿过青青麦田间

的小路，穿过正在盛开着缤纷桃花杏花的果园，来到了一条流水潺潺的小河边，清清的河水流淌着春天的诗意。

他看到河岸边有一群孩子在快乐地玩耍。几个孩子折下柳枝，做成柳笛，正在自由自在地吹；另有几个孩子提着竹篮子在河岸边挖野菜，采蒲公英的黄花；还有几个孩子把蒲公英毛绒绒的种子吹向空中，看那些小小的伞状种子随风飘舞。他们笑着、跑着、跳着，他们是那样快乐，是那样无忧无虑，是那样天真无邪！

孩子们无拘无束的行动和笑声感染了他。他想：这些孩子是多么纯真、多么可爱啊！他们幼小的心灵就像一块璞玉，需要我们师长精心雕琢。如果雕琢得好，就会成为美玉，成为至宝，成为国家的栋梁之才；但是如果放任自流，或许就会成为一块粗劣的顽石，成为祸害社会的罪人。这就是后天教育的作用。他想，以后如果有机会，他一定要办一所书院，教书育人，加强对蒙童的教育，以教育来改变人的气质，以教育来提高民族的素质，以教育来改变社会的风气。

二十一　潜心于学

一天张载正在埋头撰写史料文稿，邮差送来了一封信。从信封上来看，是从陕西的凤翔府寄来的。谁会给他写信呢？急忙打开一看，原来是苏轼。

五年前，他和苏轼、苏辙兄弟一起进京赶考，下榻在同一家客栈，后又同登进士，结下了深厚的友谊。他曾在东京大相国寺"虎皮讲易"，苏氏兄弟对他的为人和学识很敬佩。后来他又赠送给子瞻一本早年著成的《横渠易说》。从此以后，天各一方，他们就再也没有见过面，只知道子瞻已经当了地方官了。今天忽然收到了子瞻的来信，这令他很高兴。

来信先是问候了张载的近况，接着谈了与张载分别五年之后对他的思念之情，也说了阅读《横渠易说》后的感悟，还说了对张载为人为学的仰慕。在这封信的末尾有一段话，大致是说：我因公务多次途经凤翔府各地，所到之处，见当地百姓民风淳朴，待人敦厚，知礼有节，不由感慨，这些都是子厚您的功劳啊！（"今秦人如斯，夫子之功也！"）

从来信中可以知道，二十六岁的苏轼目前正在凤翔府任签书判官。苏轼以诗人的善感笔触，生动而饶有趣味地谈了他为官的感受。他说他总是满腔热情，竭尽全力，勤政为民，兴利除弊，想为当地老百姓办一些实事，但有时却天不遂人愿，让他感到很困惑，很无奈。比如说今年春天吧，凤翔府又逢大旱，作为府判官的他，无奈按照当时的习惯，必须代替太守四处求雨，"上以无负圣天子之意，下以无失愚夫小民之望"，几上太白山，奔走于山川之间，颇为辛苦。他眼看着"五日不雨则无麦""十日不雨则无禾"的可怕景象就在眼前，不由得日夜焦虑。说来有趣，也许是他的诚心感动了天神，就在他忧虑

万分的时候,天空忽然降下甘霖,而且是"一雨三日",一下子消除了旱象。有了这场喜雨,久旱的禾苗得到了滋润,田野里也一下子显得生机盎然了,农人们喜形于色,凤翔府的官员们也把盏互相庆贺。恰好这时,他在府内公堂北面建造的亭子也建成了,于是,他就以"喜雨"给亭子命名。随信还附带着一篇文章和几首诗,那篇文章就是他刚刚写出来的《喜雨亭记》:

亭以雨名,志喜也。古者有喜,则以名物,示不忘也。周公得禾,以名其书;汉武得鼎,以名其年;叔孙胜狄,以名其子。其喜大小不一,其示不忘一也。

……

今天不遗斯民,始旱而赐之以雨,使吾与二三子得相与优游以乐于此亭者,皆雨之赐也。其又可忘耶?

既以名亭,又从而歌之,曰:"使天而雨珠,寒者不得以为襦;使天而雨玉,饥者不得以为粟。一雨三日,伊谁之力?民曰太守。太守不有,归之天子。天子曰不然,归之造物。造物不自以为功,归之太空。太空冥冥,不可得而名。吾以名吾亭。"

子瞻以潇洒飘逸的书法,质朴而清新的语言,忧国忧民的情怀,写出了这篇立意精巧的散文。张载反复阅读后,很是欣赏,觉得全文结构严谨,层次清晰,语言流畅,笔法多变,有行云流水、变幻莫测的风格。于是他连声称赞说:"真不愧出于眉山才子苏子瞻之手,真是一篇难得的好文章!"

随信附来的一首诗题目叫《太白山下早行至横渠镇书崇寿院壁》,苏轼在诗中写道:

马上续残梦,不知朝日升。
乱山横翠幛,落月淡孤灯。
奔走烦邮吏,安闲愧老僧。
再游应眷眷,聊亦记吾曾。

大意是说：我骑在马上继续做没做完的梦，不知不觉看到早晨的太阳升起来了。只见那纵横交错的群山布满了翠绿的屏嶂，西沉下去的月亮像一盏淡淡的孤灯……我何时才能再来游览崇寿院呢？真是恋恋不舍啊，那我就暂且写一首诗于这墙壁上，记下我曾游此地吧。恬淡的笔法，娓娓道来，淡淡的惆怅之情令人回味无穷。

这首诗写出了苏轼先生在任凤翔府签书判官期间拜访崇寿院的过程，因为张载先生曾在崇寿院读书，他也对这座书院有几分仰慕。

张载很快给苏轼回了信。信中对苏轼的政绩给予了充分肯定，勉励他继续奋发有为，多为老百姓着想，干出一番宏伟的事业；又对他的诗文进行了一番称赞；接着谈了自己从政和任著作佐郎以来的工作和生活状况，也谈到自己最近写出的几篇学术文章和自己的"气本论"思想。

崇文院是宋朝的国家图书馆。北宋建立后，沿袭唐代旧制，以汴京之昭文馆、史馆、集贤院为三馆，称为西馆。太平兴国三年（978），建三馆书院，迁贮三馆书籍，赐名崇文院。端拱元年（988），于崇文院中堂建秘阁，仍与三馆总称崇文院。院内东廊为昭文书库；南廊为集贤书库；西廊为史馆书库，史馆书库又分经、史、子、集四库。崇文院共藏正副本图书八万多卷，但令人遗憾的是，宋真宗年间，崇文院发生过一次火灾，损失惨重。后来赵祯当皇帝，为了恢复崇文院的典藏，下诏命王尧臣、张观、欧阳修、宋祁等一批有资历、有影响的文臣征集整理图书典籍，使崇文院的馆藏得到了较好的恢复和保护。因此，可以说，崇文院书籍盈架，卷帙浩繁，仍然是宋朝藏书最多、最全的图书馆。

因著作佐郎工作的需要，张载经常要到崇文院查询和翻阅一些典籍和史料，经过一段时间的大量翻阅和广泛涉猎，他发现这里是历史的殿堂，是知识的海洋，是延续人类思想和智慧的圣殿。于是他慢慢爱上了这里，一有空闲时间就会来这里读书。

崇文院有名胖胖的小吏叫王平，年近花甲，头发虽白，眼睛却不花，而且身板还算硬朗。他每天早上早早就打开阅览室的门，打扫卫生，将室内打扫得

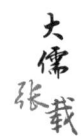

窗明几净,纤尘不染。然后就坐在门口捧一杯茶,一边喝茶,一边微笑着等待着阅览图书的人们的到来。

最近老王总是会看到一名四十岁出头的书生,他文质彬彬,一身儒雅之气,见了老王总是会很有礼貌地微笑着打招呼。他来的时候,总是背一个沉沉的书袋,书袋里面除了文房四宝外,还有一些书籍。他来了便安静地坐在一隅,边查阅书籍,边做好记录。他是那样专心,那样投入,有时候一坐下来就是大半天,经常忘记吃饭的时间。有时候到了下午闭馆的时间了,他还在那里一丝不苟地阅读,并且抄写记录。老王总是不忍心打搅他,不忍心提醒他要闭馆了。因为老王知道他是一位读书人,一位学者。老王自己的学问不高,但他敬重那些有学问的人,仰慕那些爱读书的人。最让老王啼笑皆非的是,书生匆匆地离开时,经常会忘记带走自己的一些东西,诸如一件挂在椅背上的衣服、一块干粮、一把伞、一支笔等等。老王知道这个书生太专心了,太痴迷了,所以才总是会忘掉生活中的一些琐碎。

一个夏日的午后,这个书生又来到了崇文院。老王看见他背着沉沉的书袋,走过爬满葡萄藤的绿色长廊,走过蜀葵花间的小径,迎面碰上了老王。老王却是先开了口,说:"后生,你昨天丢了件衣服,看,是这件,对吧?"

"是啊,就是这件,瞧我这记性,我还以为是回家的时候不小心掉在路上了,为这,没少受拙荆抱怨呢。"这名书生一拍自己的脑门说,"现在想起来,当时天热,我脱下来,可能挂在椅背上了。谢谢老伯,谢谢您还替我收着。"

"后生,你是哪里的人?到底在谋什么差事呢?"老王看着他尴尬的样子笑着问,"我看你总是那么专心地抄啊写啊的,而且总是忘记吃饭和回家。"

"哦,老伯,让您老见笑了。"张载不好意思地说,"我是陕西凤翔府横渠镇人,我现在任著作佐郎。"

"横渠人,莫非就是几年前在大相国寺坐虎皮椅讲《周易》的张横渠先生?"老王惊诧地问。

"是啊,正是晚生。"张载微笑着说。

"我说呢,果然我没有看错人,真是一位做学问的大家呢,不简单!"老王说着就竖起了大拇指，"那么这个著作佐郎又是干什么的呢？"

"著作佐郎嘛，其实就是负责为朝廷修史的工作。有时候要写清一个历史事件，为了忠于史实，还原历史的本来面目，我就得查阅许多历史资料，寻根问底地弄个明白。所以嘛，真是让您老见笑了，也多谢您这些日子以来对我的关心和帮助。"张载笑着说。

"说的哪里的话啊，只要你来，我就很高兴呢。"老王喝了一口茶，笑着说道，"能为你们这些读书人服务，我很乐意呢！哈哈哈！"

一天，张载正在伏案写作，忽然收到一封从延州寄来的信。他打开一看，原来是赵鸿寄来的。信中说范天成在许昌病逝了，年仅四十九岁。虽为文正公长子，但不应科第，以白丁身份下葬。张载的心猛地一沉，接着就感到揪心地痛。他站起来走到窗前，看着园中小径上满地落红在风中飘飞，想着一个季节正在悄悄地消逝，忧伤的思绪早就飞到了千里之外。那个骑着白马一身金甲的英武将官就这样走了吗？那个曾经出奇兵夜袭敌营的青年将军，那个曾经英勇无畏勇冠三军的白马将军就再也见不到了吗？泪水盈满了他的眼眶，多少与范纯祐交往的往事，一幕幕在他的眼前浮现。

老天啊，你为什么要这样无情？你为什么总是让好人短命，英年早逝？！张载怎能相信这个现实呢？于是，他放下案头的文稿和笔，心情沉重地走到了郊外，漫无目的地走着。一片白云从他头顶上飘过，他默默嘱托白云带去他深深的哀思。

在崇文院阅览图书的时候，张载经常会遇到龙图阁直学士司马光。司马光（1019—1086），字君实，号迂叟，治平年间进龙图阁直学士，也是一位学者型官员。司马光是陕州夏县（今山西运城夏县）涑水乡人，出生于河南光州光山（今信阳光山），世称涑水先生。他天资聪颖，少有才名，小时候就被称为神童，民间广为流传着司马光的故事。

司马光比张载大一岁，出身名门望族，但为人温良谦恭，刚正不阿，其人格堪称儒学教化下的典范，是北宋著名的政治家、文学家、史学家。

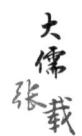

司马光性尚俭朴,不喜华奢。宝元元年(1038),二十岁的司马光考取了进士。皇上御赐簪花,新科进士们都成了"簪花郎"。但在那些春风得意的新科进士中,司马光显得格格不入,因为他不肯戴花。当同伴劝他说,这是皇上御赐的花,不可不戴时,司马光才勉强戴上了一朵小花。这件事后被传为笑谈。

他曾在一篇文章中说:"平生衣取蔽寒,食取充腹;亦不敢服垢弊以矫俗干名,但顺吾性而已。众人皆以奢靡为荣,吾心独以俭素为美。人皆嗤吾固陋,吾不以为病。"就是说节俭和朴素是他的天性,他不是故意违背世俗常情而沽名钓誉,只是顺应自己"以俭素为美"的天性而已。

当然,最能反映司马光先生真性情的是他亲笔书写悬挂于书房的《真率铭》:

> 吾斋之中,不尚虚礼。不迎客来,不送客去。宾主无间,坐列无序。真率为约,简素为具。有酒且酌,无酒且止。清琴一曲,好香一炷。闲谈古今,静玩山水。不言是非,不论官事。行立坐卧,忘形适意。冷淡家风,林泉高致。道义之交,如斯而已……

此文充分说明了司马光先生不落俗套、超脱红尘的率真性格和文人的几多天真与可爱。

司马光生平著作甚多,多年以后,他主持编写史学巨著《资治通鉴》,青史留名。

二人会面时,张载称司马光为君实兄,而司马光则称张载为子厚弟。因为共同的爱好和治学作风,他们惺惺相惜,互相仰慕。不久,便成为经常交流的知心朋友。

一天张载去拜访司马光,在他家的书房里见到了一位五十岁开外的儒雅先生。这位先生头发已经花白了,看起来略显清瘦,但双目有神,一身清爽的布衣长袍,整个人看起来清秀而飘逸,似乎没有沾染红尘的浮躁,颇有几分仙翁之气。当时他与司马光正在品茶聊天，只听见他们正说着"太极……动之始则阳生焉，动之极则阴生焉……静之始则柔生焉，静之极则刚生焉"。就在这时，张载走进了司马君实的书房。

书房中有一幅水墨山水画，画的两旁是这样一副对联：

宁静则致远；

淡泊以明志。

他们坐定品茶聊天的时候，司马君实向张载介绍这位老先生，原来他就是洛阳的邵兄，名雍，字尧夫，人们都叫他尧夫先生，或者安乐先生。

邵雍（1011—1077），字尧夫，祖籍范阳（今属河北涿州），在很小的时候就随父亲迁居共城（今河南辉县）。他少年聪敏，刻苦好学，博览群书，后隐居苏门山百源之上读书，创"先天学"，以为万物皆由"太极"演化而成。后来，他将自己的住处命名为"安乐窝"，于是人们就称他为安乐先生。嘉祐年间，朝廷闻其才名，多次给他授官，他皆不赴。三十八岁迁居洛阳，与司马光等人从游甚密。

张载见到邵雍的时候，邵雍时年五十一岁。

这就是大名鼎鼎的邵雍先生吗？张载在此前也多次耳闻洛阳的大儒尧夫先生的学问功底很深、影响很大，但一直无缘见面。今天见了先生，果然感到他有仙人的超脱之容。

于是他们就谈了一些自己正在研究的东西，张载谈了他的"气本论"思想，尧夫先生谈了他的"先天学"。他们都对对方的思想很感兴趣，谈着谈着，他们感到越来越投机投缘，大有相见恨晚的感觉。从谈话中，张载得知，尧夫先生无心仕途功名，只想安静地读书，潜心研究他的"先天学"，然后能著书立说，将他的思想留给后人。

张载对尧夫先生的人生境界很敬仰，觉得他是一位真正的读书人，一位真正的隐逸之士，与自己的思想有许多共通之处。

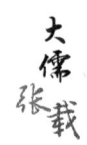

四月,再过几天就是小满了,正是熟麦子的季节,白天炎阳高照、晴空万里,温热的夏风吹送着麦田即将成熟的气息,夜晚已经有了几分燥热。这是四月的一个夜晚。

一天夜里,夫人郭葳哄着两个孩子入睡了。街市上的喧嚣声渐渐沉寂下去了,听着街上的打更声,已经是二更了,她也有了几分倦意。但夫君张载还在灯下写文章。室内的那两盆月月红在她的精心侍弄下,长得枝繁花茂,生机盎然,一朵朵深红的花绽放着,不时飘来馥郁的芳香,沁人心脾。

夫君张载一年前调至京城任职,她和两个女儿也随着夫君来到了京城。本想着在京城能见见大世面,日子能过得宽裕一点儿,但京城并不像她想象的那样,在这富丽繁华的京城,日子并不好过。虽然这里是花花世界,歌楼酒肆和店铺林立,街市繁华,物品丰富,每天车水马龙,熙来攘往,但这里物价很高,富丽和繁华永远是达官贵人的,骄奢淫逸也永远属于轻裘肥马那一族。像夫君张载这样,作为一名小小的普通文官,收入是微薄的,勉强能满足一家人最基本的衣食住行。但夫君总是不在乎这些,他从来不会拿自己的生活和那些达官贵人进行攀比。他一门心思只是想着他的学问、他的文章、他的书籍,每天总是乐呵呵的,似乎有什么喜事一样。她知道,那是因为他一头扎进知识的海洋里,每天都在求学,都在汲取营养,都在上进。他的内心世界是那样丰富,他的精神境界是那样高贵、博大而深广,这使得他无暇顾及家中琐事。

"夫君,别熬夜太久了。"郭氏端着一碗百合莲子羹,走进书房,轻轻地放在夫君张载的案头说,"喝了这碗羹汤,早点儿休息吧。"

"夫人,孩子们睡着了吧?你怎么还没有休息?"张载停下手中的笔,回过头望着夫人那双略带疲倦的大眼睛说,"我还得再写一会儿,我这篇文章马上就写完了。你又为我做了百合莲子羹,真是有劳夫人了。"

"哦,写到这么晚了,还没有完,不知夫君今天写了什么文章?我倒想看看,就让我做你的第一个读者吧。"郭氏无奈地笑笑说。

"这是我思考了很久很久,酝酿了很久很久的一篇文章。"张载望着夫人说,"我经常给你说,要为天地立心,为生民立命,我的这篇文章就能体现这一主题。"

"哦，这么说这篇文章能达到一个'天人合一'的理想境界了？"

"知我者，夫人也！"张载笑着说，"请稍等，马上就写完了。写完后，再请夫人点评。"

一会儿，张载放下笔，端起那碗羹汤，喝了一口，咂咂嘴说："真好喝，夫人果然好手艺。写完了，现在请夫人点评吧。"

郭氏走到案头，仔细地看着夫君刚刚写下的文章，小声地读了出来：

乾称父，坤称母，予兹藐焉，乃混然中处。故天地之塞，吾其体；天地之帅，吾其性。民，吾同胞；物，吾与也。大君者，吾父母宗子；其大臣，宗子之家相也。尊高年，所以长其长；慈孤弱，所以幼吾幼。圣其合德，贤其秀也。凡天下疲癃残疾、茕独鳏寡，皆吾兄弟之颠连而无告者也。于时保之，子之翼也；乐且不忧，纯乎孝者也。违曰悖德，害仁曰贼，济恶者不才。其践形，唯肖者也。知化则善述其事，穷神则善继其志。不愧屋漏为无忝，存心养性为匪懈。恶旨酒，崇伯子之顾养；育英才，颖封人之锡类。不弛劳而底豫，舜其功也；无所逃而待烹，申生其恭也。体其受而归全者，参乎！勇于从而顺令者，伯奇也。富贵福泽，将厚吾之生也；贫贱忧戚，庸玉女（汝）于成也。存，吾顺事；没，吾宁也。

读完后，她说："真是好文章，好境界，有孔夫子的遗风，又兼具墨子和孟子的胸怀。我特别欣赏'民，吾同胞；物，吾与也'这一句，是多么崇高的思想境界，试问世间又有几人能达到这样的境界？"

"夫人真是鉴赏家！我的文章再好，也比不过夫人品鉴的本领。"张载喝完了最后一口百合莲子羹，笑着说。

接着，张载谈了自己的观点。他说他想通过这篇文章，让大家都把民众看作自己的兄弟姐妹，把世间万物看作是自己的朋友，所谓"民，吾同胞；物，吾与也"。人在自然界和宇宙中到底是个什么位置呢？他认为，天人合一，世界和宇宙就像一个大家庭一样。大家首先应该把君主和大臣看作天地的管家

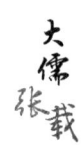

而尊重他们；把老人看作自己的长辈而尊敬他们；把幼弱看作自己的后代而爱护他们；把多病残疾和鳏寡孤独的人看作处境困难而又无处诉说的兄弟姐妹而给予他们应有的关心和照顾。其次呢，人人都应该尽孝道，把顺从天地父母的安排，作为自己的行为准则。人人都应该效法古代那些为了事亲事天而不计个人得失、不惜牺牲自己利益的圣贤。最后呢，每个人只有安于这个大家庭中的位置，才能找到自己的安身立命之所，实现自己的价值和使命。为了保障大家庭的和谐，也为了确保道德践履的高度自觉和积极主动，他劝导人们树立豁达的人生观。在领悟了人的富贵贫贱皆由禀气而定后：富贵者，应把自己的幸福生活看作是上天对自己的垂爱；贫贱者，应把自己遭遇的困境看作是上天安排自己培养道德、磨炼意志的机会。这样就可以获得精神上的自由和道德上的满足，达到理想的人生境界：活着的时候顺天听命，心甘情愿地受苦受难；临死的时候内心宁静，无所怨恨。这便实现了人生的价值和意义，最终与"乾父坤母"的宇宙境界和"民胞物与"的天地境界合而为一。

几年以后，横渠书院兴办，这篇文章被张贴在横渠书院的西边课室的墙壁上，被称为《西铭》，成为张载在横渠书院教育弟子的著名校训。

潞国公文彦博来信了，张载打开一看，原来是诚邀他去长安讲学的文函。

二十二　讲学长安

文彦博（1006—1097）是北宋一位杰出的政治家，曾两任宰相。他在任宰相期间秉公执法，处事果断沉稳，选贤举能，平定叛乱，力挽狂澜，被世人尊称为贤相，沉浮宦海五十年，历事四代皇帝，这在中国历史上绝无仅有，被称为"宋朝第一名相"。

文彦博很早就听说张载的才名。他曾读过张载写的《横渠易说》，对张载的才华很是赏识。当年，张载赴京城考取进士的时候，在候诏待命之际，文彦博就邀请张载在大相国寺设坛讲解《周易》，"虎皮讲易"曾是当时京城学术界的一大盛事。

因皇帝赵祯听信谗言，嘉祐三年（1058），文彦博又被弹劾罢相，出判河南府、大名府、太原府等地，封潞国公。治平二年（1065），六十岁的老臣文潞公赴长安治理西北边防事务，邀请张载到长安讲学。

张载当时还在汴京任著作佐郎。他接到文彦博的邀请文函后，非常高兴，欣然决定前往。

长安是关中平原上的著名的古都，曾是十多个王朝的都城，也是张载的故乡。他对长安有着某种天生的热爱，有着某种依依不舍的乡情。

那是一个仲夏时节，张载背着书囊，穿过雄伟厚实的城门，进入长安城内。一座座秦砖汉瓦、古朴恢宏的建筑映入眼帘，漫步在宽阔的四通八达的大街上，但见香车宝马，玉辇纵横，冠盖锦服，往来络绎，豪绅富户，争竞豪奢，这不禁让他想起了一首唐人的《长安古意》：

> 长安大道连狭斜,青牛白马七香车。
> 玉辇纵横过主第,金鞭络绎向侯家。
> 龙衔宝盖承朝日,凤吐流苏带晚霞。
> 百尺游丝争绕树,一群娇鸟共啼花。
> ……

古老沧桑的长安城内鲜花遍地,鸢尾花已经开败了,蜀葵花和月月红正在盛开。最值得一提的是石榴花,火红火红的石榴花开遍了古城,那一簇簇、一树树娇艳吐蕊的石榴花啊,衬着碧绿的树丛和芳草,显得那样清新,那样鲜艳,那样俏丽。

这怒放的石榴花就像这关中秦人的性格,热烈、奔放、坦荡、富于激情,敢作敢为,那是他多么熟悉的故乡人的性格啊。

大雁塔、小雁塔。钟鼓声声,风铃响处,五步一楼,十步一阁。但见一座座古老的建筑白墙灰瓦,飞檐斗拱,雕梁画栋,檐牙高啄,别具匠心。漫步在这浸透着秦风古韵、汉唐气魄的长安城内,他的心情很好,因为这是他的第二故乡,他曾在这里游学、成长,也曾梦想着为保卫这片土地而驰骋疆场,浴血奋战,建功立业。

但脚踏在这厚重沧桑的长安城街道上,他的心情又是沉重的,兴废往事就湮没在脚下,一个个王朝的背影就隐藏在身后,似乎渐行渐远,却又是影影绰绰。

这是一座怎样的都城啊,有多少曾经在这里叱咤风云、不可一世的帝王将相已经作古;这是一片怎样的热土啊,有多少仁人志士曾为它甘洒热血,曾为它不惜牺牲性命;这又是一座怎样的城池啊,战火狼烟,风云突变,城里城外的争斗成了一部历史。那古老的被岁月风雨剥蚀的斑驳的城楼、城垛和城墙,那每一块砖、每一片瓦都记录着一个沧桑的故事。走近它们时,它们都似乎在争着向你倾诉那些说不尽道不完的千年的如烟往事!

张载见到文潞公的时候,已经是傍晚时分。文潞公在京兆府衙官邸接见了张载。

文潞公已是两鬓斑白,深深的皱纹爬满了他的额头和眼角,但双眼有神,脸色红润,精神矍铄。他捋着全白的胡须说:子厚,好久不见了,别来无恙?"修史的事务还顺利吧?"

"恩相,还好,还好!非常感谢您的栽培和提携,学生有礼了!"张载非常恭敬地一拱手说,"我们大约有七八年没有见面了吧?恩相,您身体还好吧?"

"还好!还好!来,来,子厚,别客气,快请坐!"文潞公既不失大家风范,又是那么平易近人,他微笑着说,"是啊,我们是有七八年没有见面了。上茶!"

"恩相,这些年您辛苦了!"张载望着已年届花甲的文潞公,深有感触地说。

"子厚,你在云岩县当县令那一年,老夫就被贬出朝廷,这七八年来……"文潞公长叹了几声,顿了顿,又说,"这七八年来,老夫先后在河南府、大名府、太原府等地任职,虽然说辗转流离,一路奔波,历尽辛苦,但老夫已经学会了乐天知命,随遇而安。哈哈哈!"

说着,文潞公就爽朗地笑起来了。

这时候,张载才注意到墙上挂的一副对联,仔细看时,却是:

仰无愧天,百年赤子为坦荡;
俯不怍人,千秋旧事正明光。

这副对联隐约透露出文潞公博大的胸怀和泰然自若的心态。张载望着潞国公沧桑面容由衷地说:"恩相,乐天知命,随遇而安!您说得太好了。您的博大胸怀和为人的坦荡精神气质永远值得学生学习。"

"呵呵,子厚,那些不愉快的事儿咱不说了!"文潞公端起茶呷了一口说,"咱说说这次讲学的事儿吧。"

"好的,学生谨遵恩相吩咐。"张载谦恭地说,"只恐学生才疏学浅,孤

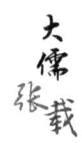

陋寡闻，有负于恩相的厚望！"

"子厚，虽说老夫这七八年来一直外任，但对你为官和为学的情况一直很关注。"文潞公以慈爱的目光看着张载，仿佛慈父看着自己的孩子一样，他捻着白须，笑着说，"听说你为官清正廉洁，推行德政，躬行礼教，爱民如子；为学熟读深思，循序渐进，精益求精，最近写出了许多好文章呢！老夫真的是没有看错你，你真是老夫的骄傲啊！"

"哪里，哪里！实在是不敢当！"张载正在喝茶，听到这些话，赶紧放下茶杯，一抱拳谦恭地说，"恩相抬举学生了！感谢恩相的精心栽培，学生只是做了自己应该做的事儿，哪敢浪得这些虚名！"

"子厚真是谦逊，这也好！老夫就爱这样谦虚的学生！"文潞公又喝了一口茶说，"我看讲学的事儿，明天就开始吧！"

"好的，只是不知恩相要学生讲哪些内容？"张载笑着问。

"就讲你的《边议九条》，讲你研读的兵书战策，讲你在云岩推行的德政，讲你的'气本论'，讲你的'为天地立心，为生民立命'的思想，这些正是我们这慵懒涣散的官僚阶层所欠缺的东西。"文潞公呷了一口茶，带着几分鼓励地说，"子厚，不必过谦，你赶紧准备吧，老夫可是对你寄予了厚望。"

"好的，学生谨遵恩相之命！"

张载从京兆府衙官邸出来已是夜幕降临时。他无暇顾及街上的车水马龙和光彩夺目的花灯，还有那歌楼酒肆的丝竹歌舞之声，匆匆回到馆驿，吃过晚饭，就在灯下开始备课。他筹划着明天要讲什么，哪些内容是将领和小官吏们需要的，也是他们喜欢听的。他要精心准备，要使讲座内容充实，讲解通俗易懂、深入浅出，要让他的讲座为大家喜欢。

第二天是一个晴朗的日子，阳光很好。张载腋下夹着几本书，穿过曲曲折折的园中小径，穿过假山和桥榭，穿过盛开着火红石榴花的游廊，从容地向讲座地点走去。

讲座被安排在京兆府学举办。

府学内已经座无虚席了。五六十个文官和武官分坐两边。文官们大都穿着圆领长袍官服，头戴展脚幞头官帽，显得很精神，官架子十足；武官呢，一身戎装，显得很英武，也颇具威严。张载还没有进来的时候，他们坐在一起大都在交头接耳地笑谈私语。这个说："你知道吗，今天这个要授课的书生据说当过一个小小的县令，目前正在为朝廷修史，胸中能有多少墨水呢，还配给咱们讲课，哈哈！"那个说："说得是，一个小小的县令也配在这里显摆，真是不知好歹！且看他给咱讲授什么！"还有人说："那小子在关公面前耍大刀来了，真是不知天高地厚，哈哈！"

"各位好！我爱古城长安，因为这里也是我的故乡。"张载面带微笑环视了一下在座的文武官员，开始了他的讲座。那些官员望着讲坛上这个其貌不扬的中年书生，有的捋着髭须，有的喝着茶，显出几分轻慢。

"石榴花开遍了古城，古城在沧桑之中显出了几分妩媚。石榴花开的时节，端午节就要到了，说起端午节，就让人想起了一位伟大的古代诗人，他就是屈原，屈原先生在他的传世经典《离骚》中写道'路曼曼其修远兮，吾将上下而求索'。是的，千百年来，多少仁人志士都在用毕生的心血在求索，求索经世济民之策，求索富国强兵之路，求索人间的真善美，求索世间永恒的真谛……"听着听着，一些官员开始微微颔首，心想这个书生胸中还有点儿墨水。

接下来，随着讲座内容的逐渐深入，大家完全对张载的博闻强记、博学多识和谦逊而极富修养叹服了。他结合当前西北的边防事务首先讲了他曾经献给范文正公的《边议九条》，讲了他对边防和富国强兵的看法；接着讲了他对宇宙万物的认识，批判了意识形态中占统治地位的佛老思想，提出了他的"气本论"思想。他的振聋发聩的唯物主义"气本论"思想，让在座的文武官员耳目一新，纷纷瞪大了眼睛。接着，他又讲了他的"养正于蒙"的教育思想，他认为应该从孩童时期就抓好教育，良好的教育对一个人的成长是非常重要的。他还说，一个人要从与生俱来的"气质之性"修炼到"天地之性"的完美境界，就需要变化气质。

听讲的文官中有一个人叫王乐道，时任长安京兆尹，四十多岁，高高的个头，胖胖的身材，头戴展脚幞头官帽，显得高大魁梧，仪表堂堂。他一直手捻胡须，入神地听着张载的讲座，很是欣赏张载的学识水平。当他听到张载说，

一个人要从与生俱来的"气质之性"修炼到"天地之性"的完美境界,就需要变化气质的时候,就站起来问道:"请问横渠先生,那么,如何'变化气质'呢?"

张载微笑着说:"王府尹的问题很好,这也正是我下面要讲的内容。'变化气质'就应该从克己、心弘、加强学习和修养等方面下功夫。就是说一个人要以伟大的正义的道德力量去遏制自己那些不合义理要求的生理欲望和生活要求,为人要心胸宽广,办事要光明磊落,排除一切私心杂念,一心为公,心中充满正义的力量,正如孟子所说的'我善养吾浩然之气'。还有,要加强自身修养和学习,要有虚怀若谷的胸怀和态度,不断学习先贤提出的道德规范和做人的理想境界。只有这样,才能达到'变化气质',从'气质之性'升华为'天地之性'……"

在他的讲座就要结束的时候,他提出了自己毕生的追求,他情绪激昂地高声说道:"我们读书人要不负祖先,不辱使命,要敢于担当,要勇于为君王、国家和民族负责,永远要在心中立一个标杆,树立一个崇高的信仰。我有一个信仰,今天在这里说出来,与大家共勉,那就是:'为天地立心,为生民立命,为往圣继绝学,为万世开太平。'它应该成为我们毕生求索的目标!"

讲座结束了,全场爆发出热烈的掌声,张载的讲座取得了极大的成功。

一天下午,张载应王乐道之邀,走过宽阔的长安大街,来到一个僻静小巷的茶馆喝茶。王乐道落座后,就听见邻桌的几个书生模样的人一边饮茶,一边谈论着横渠先生讲学的事儿,只听他们纷纷称赞横渠先生知识渊博、学富五车,特别是提出的那四句人生理想格言,真是高屋建瓴,令人景仰。

王乐道笑着说:"子厚,听听,长安城的人们都在谈论你讲学的事儿呢!"

"哦,献丑了……"

"又客气了,大家都在夸你呢。"

说着,王乐道霍地站起身向邻桌坐着喝茶的几个书生说:"来,你们几位,过来认识一下,这就是你们仰慕的横渠先生!"

书生们纷纷露出惊异的神色来，似乎有些不敢相信，他们望着眼前这位已是中年的儒雅学者，他宽宽的额头下面有着一双睿智的大眼睛。其中一个书生说："您，就是那位提出了'为天地立心，为生民立命，为往圣继绝学，为万世开太平'的横渠先生吗？"

张载赶紧站起来，谦恭地说："献丑了，正是在下！"

一瞬间，时间仿佛凝固了，随即，就是一片震撼的欢呼声，书生们纷纷端起茶杯向张载敬茶，连声说："久仰，久仰，今日见到横渠先生，真是三生有幸！"

这次讲座进行了十天左右。结束前的那天晚上，潞国公文彦博在酒楼为张载设宴饯行。现场气氛很热烈，张载很高兴，许多听过他讲座的官员都过来和他碰杯，于是，他喝了许多酒，不胜酒力的他已经感觉有几分醉意，一回到下榻的馆驿，就昏昏入睡了。

第二天上午，他就坐上了回东京的马车。一路上看着麦收后的空旷田野，看着手拿农具的农人晒得黝黑的脸膛，看着大片大片晾晒麦子的场院，闻着麦秸的淡淡香味，想着今年的丰收光景，想着农人们收获后的喜悦心情，他的心情很好。

忽然张载又想起了一件事儿，这次来长安讲学前夫人已身怀六甲，送别时她托着鼓鼓的肚子，走路已经很不方便了。张载本说要留在家里照顾夫人，但夫人说家里有婢女照顾，让张载放心去讲学，不必过分担心她。但他还是始终放心不下，每天晚上一回到馆驿，他就想着夫人，想着夫人艰难走路的样子，想着夫人会怎样生活，怎样起居。有时候，他会想，他们的孩子什么时候会降生呢？这一次会不会生个男孩呢？他已经四十六岁了，他多么希望夫人能生个男孩，他爱女孩，更需要男孩，男孩长大后可以接过他的衣钵，传承他的学说。当然，还有一个原因，生个男孩，也可以了却娘的心愿。

一路上就这么想着，经过几天的行程，很快马车载着他进入了京城。

走进家门的时候，他忽然听到婴儿的啼哭声，那啼哭声清脆、响亮而有力，正当他想着这是谁家的孩子在啼哭的时候，婢女莺儿迎出来了，她一看见

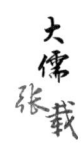

张载就说:"老爷回来了。大喜啊!夫人生了,是个男孩!"

"哦,夫人生了,男孩,真的是个男孩吗?"张载半信半疑。

"是啊,男孩,您听那哭声,多么洪亮有力啊!"莺儿笑着说。

"太好了,真是太好了!老天保佑,我们张家有后了!"张载感叹道。

原来夫人是在两天前生下了这个孩子,由于有婢女莺儿的照顾,生产还算顺利。张载走进内室,看见夫人躺在床上疲惫虚弱的面容,她的身旁躺着一个可爱的婴儿,宽宽的额头,圆圆的、红扑扑的小脸蛋,一双黑亮黑亮的大眼睛望着眼前这个陌生人——他的父亲。

"夫人受苦了,我一直放心不下,但到底还是没能照顾上夫人。"张载望着虚弱的夫人歉疚地说。

"夫君,老天有眼,让我终于生了个男孩,也算圆了娘的梦。你去给娘写一封信吧,告诉娘这个好消息。"

"好的,我这就去修书一封,告诉娘咱们张家终于有后了!"

"夫君,给孩子起个名字吧。"

"是啊,取个什么名字呢?"张载略一思索,就说,"因儿,就叫张因吧。"

"张因,因儿,那好,就叫这个名字吧。"

治平三年(1066),张载四十七岁,应长安京兆尹王乐道征召到府学讲学。府学在当时算是西北的最高学府。京兆尹王乐道在一年前就听过张载的讲座,对他的学问和修养都很敬仰,于是他以官方的正式文书征召张载。

府学中听讲的学生多是些举人、知县、学正等地方学人或官吏,大多为一方父母官,将来若能跻身台阁,皆是国朝栋梁。

在府学讲学时,他提出应多学习实学,说:"孰能少留意于科举,相从于尧舜之域否?"倡导学生对社会现实问题进行关注和研究,告诫学生少留恋科举,讲学中多教人以德,多学习实学和治国防边大事,并提出"为天地立心,为生民立命,为往圣继绝学,为万世开太平"的口号。后来,"横渠四句"成了关学学派的宗旨和千百年来多少仁人志士的远大志向和抱负。

一天,弟子张舜民来看望张载。张舜民于治平二年(1065)考中进士了,现任襄乐县（今属甘肃庆阳）县令。

看到弟子学有所成，又充满自信、朝气蓬勃的样子，张载很高兴，于是就带着弟子去长安的各处名胜古迹游览。那是一个细雨蒙蒙的日子，那天他们登上了长安城南大慈恩寺的大雁塔，张舜民即兴创作了一首七言绝句《登楼》：

> 繁华盖尽一时间，
> 烟雨蒙蒙气象闲。
> 今日登临何所似，
> 慈恩塔上望南山。

张舜民已经是当时文坛上一位小有名气的诗人了，走的时候，他给张载留下了他最近创作的一首诗，那是一首七言绝句，名字叫《村居》：

> 水绕陂田竹绕篱，
> 榆钱落尽槿花稀。
> 夕阳牛背无人卧，
> 带得寒鸦两两归。

张载看过之后，很喜欢这首诗，他认为这首诗通过细致地观察生活，以淡雅、自然的语言，写出了乡村的清新、质朴与宁静，意境疏淡而高远，有田园牧歌的感觉，给人以美的艺术享受。

后来，他们又谈了对古代诗歌和诗人的看法。

"先生，唐朝以前的诗人，您最喜欢哪一位？"张舜民问。

"这个嘛，我原来比较喜欢屈原、曹植、左思、陶渊明、谢灵运。"张载望着弟子，淡淡一笑说，"后来，随着年龄的增长，随着世事的磨炼，我竟然越来越喜欢陶渊明，对他的诗，我是百读不厌！"

"哦，陶渊明，这个隐逸诗人，后世的评论家对他颇有微词呢！"张舜民说。

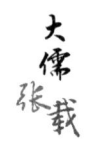

"哦,都有哪些微词呢?我倒想听听!"

"有一种观点就是说他是一个逃避现实的人,他的隐逸是一种对仕途失望后的逃避,他是人生舞台上的失败者,他的人生是晦暗的,也是很窝囊的!"

"哦,这是什么观点啊?"张载显然有了几分生气,"我对这种观点不敢苟同,我认为陶渊明是中国古代文人中最具男子汉气概的人之一。"

"请先生别生气,慢慢谈来,弟子愿意聆听教诲。"张舜民看先生有点儿生气了,就抱歉地说。

"首先五柳先生不为五斗米折腰,愤然辞官归隐,他是李太白提出的'安能摧眉折腰事权贵,使我不得开心颜'的先行者,是一个傲然挺立于天地之间堂堂正正的男子汉。从这一事件,可见其做人的傲岸气节和刚正风骨!"张载铿锵有力地说着。

"先生说得对,这一点也是我很欣赏的。"

"其次他不愿在黑暗的社会中与统治阶层同流合污,他选择了归园田居。他轻松惬意地回到了家乡,过上了'采菊东篱下,悠然见南山'及'晨兴理荒秽,戴月荷锄归'的平静淡泊的农桑生活。这种田园生活,虽然物质上是清贫的,但精神上却是自由和快乐的,也是悠然自得的。而且,对于五柳先生的这种选择,在我看来,在他所处的那个黑暗的社会,为了远离政治上的争斗和对权贵的卑躬屈膝,虽然他做不到兼济天下施展抱负,但他为寻求精神上的安逸和寄托,选择独善其身,过上了清贫但精神愉悦的田园生活,这也不失为一种理想的选择!"

"是啊,先生说得太好了!陶渊明辞官后,物质上是穷困的,但精神上却获得了自由,他的许多诗篇都反映出了这一点。"

"最后,在归园田居的不经意中,陶渊明为中国文学开创了两个先河:一是在中国诗歌史上,他是田园诗的开创者,在诗歌史上占有重要地位;二是他开创了中国文学冲淡平和的审美领域,那是一种平和淡泊中透着质朴,平淡自然却韵味淳厚的独特的美,是一种富含哲理和返璞归真的美!仅仅这两点,就足以令后世的文人望尘莫及。"

"先生说得好,这些,均令后世的文人望尘莫及呢!"张舜民也附和着说。

"因此，从这一点来说，陶渊明是幸运的，是田园选择了陶渊明，造就了五柳先生的一代诗名！"

"是啊，不知是陶渊明选择了田园，还是田园选择了陶渊明呢？总之，从这一点来看，他确实是幸运的啊！因为他选择了自己喜欢的事业！"

张载最后总结他的观点说，中国，这个有着千年封建历史的古国并不缺乏一半个封建小官吏，但太缺乏陶渊明这样的大诗人，因此，他希望张舜民能成为一位像陶渊明一样的大诗人。

治平四年（1067），皇帝赵曙病逝。风云突变，虎视眈眈的西夏国再次来犯，大宋的西部边陲又燃起了狼烟。

二十三　儒将风采

建国后短短不到三十年的时间,西夏国已经传了三位皇帝。

开国皇帝李元昊(1003—1048)庙号景宗。文治武功、野心勃勃的李元昊到了晚年,不仅好大喜功,凶残暴虐,猜忌心很重,而且沉湎于酒色,变得荒淫无道。他向往唐明皇和杨贵妃的爱情传奇,竟然看中了太子宁令哥的妃子,并占为己有,册封为贵妃,引起了朝野的非议,更是引起了太子的怨愤。元宵节的晚上,李元昊酒醉回宫,被蓄谋已久的太子宁令哥刺杀,惊觉躲闪不及,被削去鼻子,惊气交加,急火攻心,暴跳如雷,后太子宁令哥被赐死。不久,不可一世的一代枭雄李元昊在羞愤和恼怒中不治而亡。西夏国的第二位皇帝是毅宗李谅祚(1047—1067),即位时才一岁,由其母执掌朝政。在位二十年,二十一岁就病逝了。

到了北宋治平四年(1067),第三位皇帝李秉常即位,他即位时才八岁,由其母梁太后掌握大权,形成了以梁太后及其弟国相梁乙埋为首的母党专权。

说来也怪,同在治平四年,大宋的第五位皇帝赵曙在东京病逝,年仅三十六岁。第六位皇帝是赵顼,即位时刚满二十岁。

西夏小皇帝即位后,梁太后及其弟梁乙埋连年向宋朝发动战争,企图用战争的手段来提高自己的威信,并以此向宋朝索取"厚赐"。年轻的赵顼刚刚即位,西夏兵就大举入侵。于是,大宋王朝又一次笼罩在战争的阴霾之中。

还是治平四年,四十八岁的张载被朝廷任命为渭州签书军事判官(朝廷派往军队的官员)。渭州在今天的甘肃平凉一带,是当时大宋王朝的西部边陲。

为了抗击西夏入侵,朝廷任命蔡挺知渭州,为环庆路经略使,抗击西夏。

蔡挺（1014—1079），字子政，宋城（今河南商丘）人。景祐元年（1034）进士，官至直龙图阁，知庆州，屡拒西夏犯边。神宗即位，加天章阁待制，知渭州。蔡挺久戍边防，治军有方，甲兵整习，常若寇至，是一位经验丰富的边郡守吏，时年五十四岁。

渭州历史悠久，是古丝绸之路上的重镇，位于陇山东麓，泾河上游的峡谷地带，是关中西去北上的古道要冲，又依六盘三关之险，历来是兵家必争之地。

西夏国相梁乙埋带领十万大军，浩浩荡荡向大宋渭州城进发。但见铁甲曜日，旗幡招展，杀气腾腾，一路征尘，不几日，大军已来到渭州城下。

这是初夏时节，落日照敌营，马鸣风萧萧。黑云压城城欲摧。每天只见全副武装的西夏骑兵在城下往来驰骋，耀武扬威，呐喊叫阵。战争的阴霾笼罩着渭州城。

蔡挺紧急召集部下举行军事会议。一些部将不能忍受敌军的叫骂和羞辱，纷纷义愤填膺，一个个摩拳擦掌，主张集结兵马出城迎敌，给敌人以迎头痛击。

但张载却极力主张深沟高垒，加强防守，坚壁清野，暂避敌军锋芒。对于部将出城迎敌的观点，他说："此言差矣，万万不可。敌人远道而来，每天叫骂，意求速战，我军若匆忙出城迎战，岂不正中敌军下怀？"

蔡挺手捋胡须，望着张载，微微颔首说："说得好！请张判官说下去！"

张载环视一众同僚，看到大家充满迷惑的眼神，就微笑着说道："兵法云：避其锐气，击其惰归。眼下敌军每天耀武扬威，不断叫阵，可见其锋芒正锐利，气势也正盛，所以我军不能贸然迎敌；加之，敌军兵力是我军的数倍，敌军十万人，我军才不到两万人，因此我军更是不能硬拼，要暂时坚守，待时机成熟，再分兵设伏，四面出击，给敌人以痛击，必能大获全胜。"

身经百战的蔡挺虽已年过半百，两鬓斑白，但仍然精神饱满，斗志昂扬。他在边关驻防多年，治军有方，训练有素，军容整肃。在这次军事会议中，他后来力排众议，肯定了张载的观点。

张载在来渭州之前，就听说蔡挺久戍边疆，曾写下一首很有名的《喜

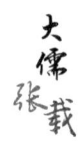

迁莺》。

> 霜天秋晓，正紫塞故垒，黄云衰草。汉马嘶风，边鸿叫月，陇上铁衣寒早。剑歌骑曲悲壮，尽道君恩须报。塞垣乐，尽櫜鞬锦领，山西年少。
>
> 谈笑。刁斗静，烽火一把，时送平安耗。圣主忧边，威怀遐远，骄虏尚宽天讨。岁华向晚愁思，谁念玉关人老？太平也，且欢娱，莫惜金樽频倒。

这首词以苍凉凝重的笔触，抒写荒凉艰苦的边塞生活，在金戈铁马、斗志昂扬、忠君报国之中也流露出人生易老和年华空逝的淡淡的忧愁。就因为这首词，张载隐隐约约觉得，看起来铁打钢铸的蔡挺，其实也是一位性情中人，也是一位颇具侠骨柔情的儒将。

接下来，蔡挺在张载的协助下，不断调兵遣将，整军练兵，随时准备和西夏兵决一死战。由于二人都是性情中人，意趣相投，又互相欣赏，因此，在渭州，张载深受蔡挺的尊重和信任，军府大小之事，蔡将军都要向他咨询。

几天以后，有几个部将禁不住敌军的叫骂，又找到蔡挺声言要出兵迎敌，被正在渭州府衙中议事的张载劝退了，他说时机还不到，我们要稍安勿躁，静待时机的成熟。他知道自己头顶的压力已经越来越大了，如果不能策划好作战方略，一定会让部将们失望的。

白天张载不但要在城里的演兵场上指导士兵演练御敌阵法，还要上城楼安排布防，察看城楼上守军将士的执勤情况。有时候他携带随从，上城楼慰问守城士兵，为大家送来好吃的，叮嘱大家一定要提高警惕，严防西夏军偷袭。他事事亲力亲为，虽劳累不堪，但他一想到诸葛孔明尽管足智多谋，但一生仍谨慎用兵，带兵打仗事必躬亲，就不感到劳累了。他想只有这样，才有希望赢得这场战役。

这里昼夜温差很大。夜里，边塞凄厉的风呼呼刮过，气温骤降，使人感到几分寒冷。在练兵的号角声中，张载还不忘在灯下阅读兵书。他深知，带兵打仗，如果没有诸葛孔明的智谋，没有淮阴侯韩信的雄才大略，仅凭吕布之流的匹夫之勇是很难扭转大宋的危局的；要战胜西夏兵，救黎民于水火，就需要向古代的先贤和大将学习，汲取他们的智慧和谋略。他喜欢阅读的兵书经典很多，《孙子兵法》《吴起兵法》《汉书》《三国志》《武经总要》等经常置于案头身侧，一有空闲，就摩挲研习，感觉获益匪浅。与青春年少时阅读的感受已经全然不同，随着在延州实战的历练和军事经验的积累，他对书中那些深奥的道理已经有了更深刻的体悟。但他并不盲目迷信古书，机械照搬古书中的理论和战策。他认为临阵作战，应根据具体情况加以灵活运用，用兵的关键在于：虚中有实，实中有虚；出其不意，攻其无备。

夜晚，在昏黄的油灯下，张载一边阅读兵书战策，一边根据多日来自己暗中带兵对当地地形的实地勘察，精心策划着作战方案。气温骤降了，他感到几分寒冷，开始不断地咳嗽，而且感到胸闷气短。实在熬不下去了，他就和衣躺下来休息片刻，然后继续写着、画着、阅读着。有时候，一合上眼，就和衣睡到天亮了。他实在是太劳累了。

在这西部边陲，虽然才是初夏的季节，但一连十多日的无雨晴好天气，使白昼天气变得非常炎热。十几天过去了，敌军果然尽显疲态。渭州城外，随处可见三五成群的敌兵丢盔弃甲，旁若无人地或坐或卧或打闹或追逐，主将也不太管，全然不像是在战场。

张载在城楼上看到了这一切，心中暗喜，他想作战时机已经到来，就赶紧找到蔡挺商议抗敌之策。经过一番精心的谋划，他们已经拿出了一套奇袭、设伏的作战计划。

这天夜里三更时分，渭州城的三个城门同时悄悄洞开了，三队分工明确的、全副武装的队伍从城中悄悄潜出，分别向不同的方向而去，其中一队精兵直奔敌营而去。

随着三声号炮响过，携带着火药的千万支火箭齐发。霎时间，敌营里火光冲天，宋军半夜三更的偷袭让西夏兵措手不及。当时西夏兵尚在酣梦之中，忽见宋兵突至，而且军营四处一片火光，耳边号角声、战鼓声和喊杀声阵阵，以为是神兵天降，顿时乱作一团，来不及披挂拿武器，就被杀得嗷嗷乱叫，纷

纷四散逃命。当他们逃至葫芦河时，惊魂未定的主帅梁乙埋让残兵败将停下来稍事休息。于是这些火场逃生的士兵就在河中洗脸、洗身体，清凉的河水抚慰着士兵被烧伤的身体，也安抚着大家焦灼的灵魂。星光下，大家以为已经逃到了安全地带，忽然几丈高的大水从上游哗哗哗地泻下来，许多西夏兵即刻被大浪卷入河中。当他们还没有弄清楚这是怎么回事的时候，一队宋军铁骑举着火把，在喊杀声中向这边杀来。一阵掩杀，西夏兵被杀得七零八落，几近全军覆没。主帅梁乙埋的战袍被烧得不成样子，在追杀中如惊弓之鸟，狼狈向西逃去。

原来，经过张载和蔡挺商议，那晚三更时分，兵分三路：一路偷袭敌营，并实施火攻；一路去葫芦河上游截断河流，只让一小股河水向下游流去，使敌人不易察觉，等待时机放大水来淹西夏军；第三路兵设伏葫芦河畔，待时掩杀。就这样，这次战役，宋军以少胜多，大获全胜。

就在渭州城军民同乐庆祝胜利的时候，张载病倒了。郎中说他积劳成疾，患上了严重的肺病。蔡挺将军来看望他时，他躺在病榻上，脸色煞白，双眼深陷，还不断地咳嗽着。

"子厚，这些天来，你累坏了！"蔡挺望着病榻上虚弱的张载说。

"子政兄，这一仗，我们终于大获全胜，我们，我们……"一丝兴奋和喜悦掠过张载的眼角和眉梢，随即又黯淡下去，因为他太虚弱了，只能断断续续地说，"我们可以歇一口气了。"

"子厚，这场战役的胜利，是你运筹帷幄、精心策划的结果，我们都很感激你啊！"

"哪里啊，这些天来，大家群策群力，同仇敌忾。这是我们大家共同努力的结果啊！"

"子厚啊，你总是这样谦逊。你好好养病吧，我这就向朝廷报捷。"

捷报传至朝廷，年轻的皇帝赵顼大喜，立即派朝廷官员前来渭州城犒军。

这年秋天，由于遭遇大旱，老百姓颗粒无收，为了逃避州府的税收，也为了活命，他们开始逃荒。在渭州任判官的张载通过实地调查，发现老百姓灾难深重，挣扎在死亡的边缘上。于是，他说服蔡挺在大灾之年取军资数万救济灾

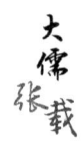

民,并开仓放粮,此举稳定了民心,使老百姓深受感动。

张载后来还首创"兵将法",推广边防军民联合训练作战;还提出罢除戍兵(禁军)换防,招募当地人取代等建议。在此时,他还撰写了《经原路经略司论边事状》和《经略司边事划一》等论著,展现了他卓越的军事和政治才能。

在这荒凉的渭州城戍边,从春风初度到西风萧瑟,从战马嘶鸣到大雁哀鸣,一转眼,已过去了两年,这一年是熙宁二年(1069),也是永远彪炳于中国史册的一年。因为这一年,意欲富国强兵、革新时弊的赵顼任用王安石(1021—1086)为参知政事(副宰相)开始变法。

二十四　应召入京

熙宁二年（1069）二月，在料峭春寒中，边塞的积雪开始消融，葫芦河的水解冻了，哗哗哗地流淌着。

张载骑马来到葫芦河畔，在满眼的萧条中，丝丝微寒的春风吹在他的脸颊上，他感到一丝惬意。他顺着葫芦河的水流向远处张望，似乎看到了那即将到来的满眼春色。

是的，就从这时开始，一场酝酿已久的变法即将席卷大宋朝全国。

就像这早春的东风，虽然还遭遇着严冬的重重禁锢、百般阻挠，虽然弱小，弱小到只有丝丝缕缕的力量，但它正在唤醒那些雪被下沉睡的生命，唤醒那些被禁锢的力量，即将催生出一个万紫千红的世界。

一个古老的民族在重重艰难坎坷中寻求着富国强兵之路，一个内忧外患、积贫积弱的王朝追寻着变法强国的梦想。就这样，和张载有着同样梦想和追求的王安石登上了政治舞台，开始了一系列轰轰烈烈、波澜壮阔的变法改革，史称"熙宁变法"，也称"王安石变法"。

说起王安石，还得从在民间广为流传的一首著名的词说起。

那是去年深秋时节的一个傍晚，在呼啸的西风中，黄叶在窗外纷纷凋零、飘落，令本就荒凉的塞外更增添了几分肃杀的气息。那天张载正在书房读书，酷爱诗词的蔡挺忽然兴冲冲地来访。

蔡挺一走进张载的书房，就爽朗地笑着说："子厚，今天我要送你一首好词，真是堪称绝妙好词！"

"哦，不知子政兄得到了什么好词？"张载放下手中的书，站起来看着难

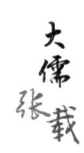

得一笑的蔡将军说,"不过,能得到老兄您推崇的词,我想一定是一首难得的佳作了!"

蔡挺将手中的条幅放到书案上,缓缓展开,原来是一首《桂枝香·金陵怀古》。

> 登临送目。正故国晚秋,天气初肃。千里澄江似练,翠峰如簇。归帆去棹残阳里,背西风、酒旗斜矗。彩舟云淡,星河鹭起,画图难足。
>
> 念往昔、繁华竞逐,叹门外楼头,悲恨相续。千古凭高对此,谩嗟荣辱。六朝旧事随流水,但寒烟衰草凝绿。至今商女,时时犹唱,后庭遗曲。

张载仔细读了一遍,叹道:"的确是一首好词,意境开阔,气势不凡!隐约能看出作者的胸襟和气度,以及他对社会现实的不满,透露出他居安思危的忧患意识。"

"说得好!子厚真有眼力,堪称一位诗词鉴赏家!真所谓英雄所见略同,这正是我要说的话,我也从这首词中看到了许多。比如作者的胸襟、气度、眼光,更重要的是他的社会责任感,和他对我们大宋朝深深的担忧!"

"不知作者是谁呢?"

"作者嘛,是一位官员,"蔡挺顿了顿,说,"据说现任江宁府知州,他的名字叫王安石,字介甫。"

"哦,王介甫,这个人我略有耳闻,我在朝廷任著作佐郎的时候就听说过他的一些事迹,知道他很早就考中进士,当过一些地方小官吏,他管理有方,很有政绩!"

"是啊,官家即位后,很看重王安石,据说经常召王安石进京问策,官家欲有大动作了!"

"哦,这么说,朝廷要有大作为了。其实,真应该进行一番变革了,现在国朝'三冗危机'和'两积问题'已经很严重了,真是积贫积弱,内忧外患,危机四伏,民不聊生啊!"

"子厚说得不错。让我们拭目以待一个伟大时代的到来吧！哈哈！"

王安石，字介甫，临川（今江西抚州）人，生于天禧五年（1021），比张载小一岁。王安石出生在一个小官吏家庭。他的父亲名叫王益，字损之，曾任临江军判官，一生在南北各地做了几任州县官。

王安石从小就有很大志向。他酷爱读书，博闻强记。在少年时代，曾来到宜黄县的鹿岗书院，拜名师杜子野先生为师。

据说有一天，王安石从一本书中读到了唐代大诗人李白因梦见自己笔头上长出一朵美丽的花，从此就才华横溢、名闻天下的故事，就问他的老师说："杜先生，能给我一支李白那样的生花妙笔吗？"

杜先生给他拿出很大一捆毛笔，微微一笑说："这里一共有九百九十九支笔，其中有一支是生花之笔，你自己去找吧，或许你用完以后才能知道。"

当王安石将九百九十八支笔都写秃的时候，忽然他发现自己竟然文思泉涌，下笔如有神助，写出了许多锦绣华章。于是他才明白了杜先生的苦心。

在青少年时代，王安石受到了良好的教育，加之他随父亲到过许多地方，接触过底层的老百姓，对老百姓的疾苦感触很深，对社会问题有了一些认识。经过对社会问题的观察和思考，他拥有了坚强的意志和较强的社会责任感。

庆历二年（1042），王安石二十二岁，正值青春年华的他进京参加殿试，即以优异的成绩考中进士。先后任淮南判官、鄞县知县、舒州通判、常州知州、提点江东刑狱等地方的官吏。

在仁宗时代，王安石曾向皇上上了份万言的《言事书》，提出自己变法的具体见解和措施。此奏折虽未引起皇上的重视，但却受到了一些主张改革的士大夫的追捧。赵顼在即位之前便看过王安石的这份《言事书》，对王安石的见解非常欣赏。

王安石曾于皇祐六年（1054）任舒州通判时，写下了著名的散文《游褒禅山记》，其中有这样几句话："世之奇伟瑰怪非常之观，常在于险远，而人之所罕至焉，故非有志者不能至也……"以雄健的笔触、深刻的寓意，表明了自己对坚强的意志与成就一番事业之间关系的深深思考。

赵顼初即位，诏王安石知江宁府，不久，又任他为翰林学士兼侍读。这样，王安石有了随侍帝侧的优势，他每天为年轻的皇帝讲述经术与治术，以尧舜禹三代之治相激扬，深得皇上信赖。

熙宁二年（1069），赵顼提拔王安石为参知政事（副宰相），开始了著名的"熙宁变法"。

赵顼意欲变法强国是有很强的现实意义的，也是历史的必然，因为北宋当时面临着严重的政治经济危机。

据史载，治平四年（1067），赵顼即位的第三天，三司使（财政部长）韩绛报告：自宋夏战争以来，"百年之积，惟存空簿"。庆历以后大宋朝每年的财政赤字达三百万贯之多。治平二年（1065），差额扩大到一千五百七十万贯之巨。

巨额的财政亏空令年轻的赵顼几乎手足无措了。

那么，是什么导致大宋朝出现这么严重的经济危机呢？正如张载看到的那样，这主要表现在"三冗危机"和"两积问题"上。

什么是"三冗危机"呢？"三冗"就是指冗官、冗兵和冗费。

冗官，北宋政府采用分化事权的方式，集中皇权。比如，宰相职位一般由很多人担任，同时还设置了枢密使、参知政事、三司使，来分割宰相的军、政、财权；官职也不断增加，导致北宋机构臃肿；采用恩荫制，一个官僚一生当中可以推荐数十个亲属当官；北宋大兴科举，科举应试人数增加，取士人数也增加。由于冗官问题的日益加剧，政府官员数目持续膨胀，内外官已达一万多人，皇祐年间（1049—1054）达两万多人，"十倍于国初"，导致冗官、冗费激增，执政大臣多，保守主义盛行，不得不与豪强地主妥协，土地兼并日益严重。

冗兵，为了防范军阀割据、农民起义，抵御北方民族的南侵，稳定社会秩序，宋代不断扩充军队的人数，形成了庞大的军事体系。军费开支几乎占到整个财政支出的十之八九，使得北宋的国库空虚，人民生活压力更加沉重。造成冗兵与冗费问题。

特别是"澶渊之盟"后，宋朝要向辽国每年支付巨额"岁币"。这样，财政支出大幅增加，进一步加重了大宋朝老百姓的税赋负担，这也是导致冗费问题的一个重要原因。与此同时，由于土地兼并现象严重，富豪隐瞒土地，导致财政收入锐减，更加剧了北宋政府的财政危机。

那么，什么是"两积"问题呢？两积问题，就是指"积贫"和"积弱"问题。

国家财政入不敷出，国库空虚，出现了严重的财政危机，导致积贫局面的形成。

北宋吸取中唐以后武将拥兵、藩镇割据的教训，大力削弱武将的兵权。领兵作战的将领没有调动军队的权力，带来的后果是指挥效率和军队战斗力降低，导致宋军在与辽、西夏的战争中连连失败，形成积弱的局面。

"三冗""两积"引起了严重的社会危机，革新除弊逐渐成为大宋朝朝野上下的共识。

这种危机的局面必须经大刀阔斧的革新才可能扭转。一天，三朝元老、朝廷重臣欧阳修面见圣上，力荐王安石，说王安石才华横溢、务实肯干，如若重用，可以成为改变大宋朝局面的希望。于是，赵顼遂将在江宁做官的王安石调到京城，任为御前顾问。

熙宁元年（1068），赵顼问王安石："当今治国之道，当以何为先？"王安石答："以择术为始。"熙宁二年（1069），赵顼问王安石："不知卿所施设，以何为先？"王安石答："变风俗，立法度，方今所急也。凡欲美风俗，在长君子，消小人，以礼义廉耻由君子出故也……"

熙宁二年二月，王安石出于"民不加赋而国用足"的良好用心，以"天变不足畏，祖宗不足法，流俗之言不足恤"的坚强意志与变法雄心，推行新法。

王安石变法，首先进行了机构改革。三司条例司，是王安石推动变法增设的第一个机构。原本宋朝的财政由三司掌握，王安石设立三司条例司来作为三司的上级机构，统筹财政，是当时最高的财政机关。三司条例司除了研究变法的方案，规划财政改革外，亦制定国家一年内的收支计划。

王安石以"因天下之力以生天下之财，取天下之财以供天下之费"为原则，从理财入手，王安石变法涉及政府机构改革、税赋改革、军队改革、农田

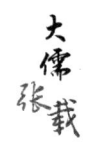

水利改革和教育科举制度改革等诸多方面。最先推出的是"青苗法",接着又推出了"募役法",还有"方田均税法"和"保甲法"等。

王安石变法对北宋后期社会经济具有很深的影响,已具备近代变革的特点,被苏联伟大的政治家列宁誉为"中国11世纪伟大的改革家"。

变法开始后,一天皇帝召见王安石,问他变法中遇到的困难和问题。王安石说,现在急需的是人才,需要一批有才华、有名望、有威信的人才加盟进来,共同推进新法。皇帝问他心中有没有理想的人选,王安石说出了一批在全国很有名望的人,其中就有正在渭州戍边的张载。

过了一段日子,天气慢慢变冷了,皇宫的树叶在西风中飘零殆尽,天空飘起了雪花。一天皇帝上朝,在朝堂上又说起当前正在推行的变法革新的事儿,希望大家推荐一批有威信、有名望,又能实干的人才。御史中丞吕公著(1018—1089)手执笏板上前说:"臣闻关中学者张载张横渠学有本源,学识渊博,他在中进士之前,曾奉母教弟,治理水患,游学四方,教书育人,著书立说,深受当地老百姓信赖;在云岩任县令期间,推行德政,躬行礼教,兴办学堂,养正于蒙,政绩卓著;在长安讲学期间,宣传其'为天地立心,为生民立命,为往圣继绝学,为万世开太平'的人生信条,四方之学者皆宗之,陛下可以招来重用。"

皇帝说:"张载现在何处?"

吕公著说:"陛下,张载目前尚在西部边陲渭州城戍边。"

皇上听了诧异地说:"如此说来,张载这样优秀的人才,戍边真是大材小用了!速速召来,朕要委以重任!"于是赵顼下了一道谕旨,召张载进京面圣。

已经过了二十四节气的冬至了。那是隆冬十一月月末的时候,寒风呼啸,大雪纷飞,天气异常寒冷,渭州城的老百姓都穿上皮衣了。圣旨到了,召张载进京的圣旨在这个时候终于到了渭州城。

第二天,张载收拾了行装,在漫天大雪中启程,踏上了进京面圣之路。蔡挺骑着马将张载送出渭州城,许多老百姓听说开仓放粮的张判官要离开渭州,也自发前来送行，送行的队伍蔚为壮观，也颇让人感动。

出了城，张载下了马车，对大家拱手抱拳说："蔡待制，各位父老乡亲，大家的好意子厚心领了！天气这么冷，又下着大雪，大家请回吧，后会有期！"

蔡挺走上前来，握着张载的手说："子厚兄弟，此去京城，天气恶劣，路途遥远，跋山涉水，你要一路保重！"说完眼眶湿润了。

张载心里也很难受，但他强装笑容，微笑着说："子政兄，兄弟记下了。两年来我们在渭州城并肩作战，同甘共苦，结下的深厚情谊，兄弟永难忘怀。兄长请回吧，后会有期！"

"子厚，如果有机会面圣，陈述你的治世策略，施展你的美政抱负，请以苍生社稷为怀，不要忘记天下的百姓啊！"

"兄长放心，兄弟此去如果有机会面圣，一定要将平生之所学和盘托出，以经世济民之策，救黎民于水火！"

"好啊，兄长等着你的好消息！后会有期！"

"后会有期！"

就这样，张载踏上了漫漫的进京之路。

大雪时停时下，断断续续持续了好多天。马车在雪野上奔驰，一路上他看着白茫茫的雪野，玉树琼枝般的树林，还有那些在大雪中静默的小村庄，思绪飘飞得很远很远。

他想到了少年时初至横渠遇到的那场大雪，想到了一个少年在雪中的成长，想到了那个少年多少次在大雪纷飞中闻鸡起舞，习练拳法；他想起了英年早逝的父亲，父亲曾给自己讲过祖逖和刘琨"闻鸡起舞"的故事，那时候他还是多么天真啊；他又想起了恩师赠予他的对联——"江山开眼界；风雪练精神"；他还想到了在横渠镇，就是这样大雪飘飞的冬日，在红红的炉火前，他和弟弟戬儿对诗的情景。

多少童年和少年的往事，在大雪纷飞中逝去了，如今他已经年过半百，两鬓斑白，精神也大不如从前了。那个曾经习演兵法，延州上书，梦想着上前线

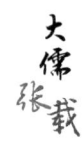

驰骋疆场、杀敌报国的英武青年,将那铿锵的青春激情和那熠熠生辉的青春年华留在了横渠镇远去的记忆里。

今天,在这茫茫的雪野上,他又踏上了一条新的征程,这是一条全新的征途。进京面圣,陈述自己的政见,施展自己的抱负,这是多少儒家弟子梦寐以求的梦想和追求啊。数十年的寒窗苦读,数十年的四方游学,数十年的不懈求索,数十年的不倦讲学,躬行礼教,推行德政,养正于蒙,还有那在长安讲学时谈到的宏伟的抱负——"为天地立心,为生民立命,为往圣继绝学,为万世开太平",马上就会有实现的机会了。这难道不是一件令人兴奋、令人激动、令人心潮澎湃的事儿吗?还有什么能比这件事儿更重要呢?!

马车驶入陕西境内,雪停了,太阳出来了。出了潼关,又过了函谷关,天气依然晴好,张载看到有农民在田地里施肥。

凛冽的风吹着,几个农民呼着白气,在吃力地为庄稼施肥。见此情景,他让马夫停下车,慢慢走上前去,走进农田里,他发现有一位老伯容颜苍老,大约有七十岁了,额上一道道深深的皱纹,双手被冻得完全皲裂了。虽然是如此严寒的天气,但那老伯的额头上却冒着汗珠。于是他和那个老伯攀谈起来。

"老伯,这是您家的田地吗?"张载微笑着问。

"官人,我们家哪有田地呢?这是我儿子从员外手里租佃来的田地!"老伯看一位当官的人从马车上下来,向他走来,又礼貌地向他问话,真有点儿不知所措。

"租来的土地一年能打多少粮食呢?"张载望着这位年迈体衰的老伯说,"地租多吗?能承受得起吗?"

"连年的自然灾害,不是旱灾,就是洪灾,前几年还遇到了一次蝗灾。一年到头,我和两个儿子在田地里拼死拼活地干,打的粮食还不够一家六口人吃饭。就这,员外还不断来逼租子,简直都没法活了!唉!"老伯忧伤而沉重地说着,末了,发出一声长长的叹息。

"这么说,地里的收成差,地租也很重?那如果是风调雨顺的年景,收获的粮食够吃吗?"张载怜悯地说。

"是啊,地租太重了!地里打的粮食多一半都缴给了员外家!就是没有自然灾害，风调雨顺的年景，地里打的粮食缴了地租，剩下的也不够吃啊。每年都要四处借粮食，要不就得逃荒要饭了。你说这过的是什么日子啊！"老人说着，禁不住伤心地落泪了。

"老人家，别难过，那如果有一块属于自己的田地，不用向员外缴很重的地租，会好吗？"

"有一块自己的田地，还不用向员外缴地租，哪有这样的好事呢？"老人家望着文质彬彬的张载说，"官人，你大概是个书生吧？如今的田地都让员外们占光了。我们村子都是佃农，家家户户都租种地主的地。员外们游手好闲，作威作福，一年到头有吃不完的粮食，穿不完的绫罗绸缎，使不完的银钱，而我们却连饭都吃不饱。嗜，这是什么世道啊！"

"你们会有一块属于自己的田地的，到那时，自己在自己的田地里耕种、收获，也不用向员外缴地租，你说这样好吗？"张载坚定地说。

"哦，如果那样，我们就烧高香了！"他的儿子，一个五十岁左右的敦实汉子听见老父亲和一位官人说话，就走过来插了一句，"只是这一天不知什么时候才能到来，到那时，我们就不会忍饥挨饿了。"

"请相信我，这一天一定不会太远！"张载说完，向父子二人一抱拳，就走出了冬日的麦田。

这就是当时的社会现实，土地被豪强地主兼并得很厉害，许多自耕农沦为佃户，而且豪强地主为了逃避税收，隐瞒土地不上报，导致富有者有田无税，佃农却备受地租的盘剥，负担沉重，加之连年的自然灾害加剧了老百姓的苦难，甚至有些地方农民不堪压迫，揭竿而起，啸聚山林，成为打家劫舍的土匪组织。

淳化四年（993），四川一带遭遇大旱灾，旱灾造成了大饥荒。四川青城县农民王小波、李顺不堪地主的盘剥和压榨，愤然起义。起义军提出"吾嫉贫富不均，今为汝均之"的口号，迅速聚集起十多万农民。他们攻州夺县，杀富济贫，后来起义军发展到几十万人，几乎占领了整个四川，并建立了"大蜀"政权。起义令大宋朝野震动，后经过三年多时间，这次起义才被朝廷镇压下去。这就是历史上有名的农民起义——"王小波李顺起义"。

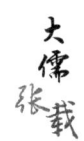

对于这一社会现象，张载也经常思索，寻求着救国救民的对策。张载考察和研究了历朝历代的土地制度，大致如下：

在原始社会，土地为氏族公社所有，集体耕种，平均分配。到了夏商周时代，土地为国有，实行井田制，分为公田和私田，就是国家把土地划成许多"井"字形的方块，每一方块中有九百亩耕地，"井"字中心的那一百亩作为公田，在这个公田周围的八百亩耕地，分配给八家农民，每家一百亩就是私田。公田为国家所有；私田分授给农夫，只有使用权，没有所有权。每家农民除了耕种私田外，还要合力来耕种国家的那块公田。私田的收入归农民各家所有，公田的收入归国家所有。这其实可以看作一种"劳役地租"。

到了春秋末期，由于牛耕和铁质农具的大量使用，农业生产力水平不断提高，大量的荒地被开垦成为私有财产。鲁国于宣公十五年（前594）实行了按亩征税的田赋制度，即"初税亩"，它是私有土地合法化的开始。一些奴隶主将新开垦的田地变成私产出租，这样就出现了地主和农民两个阶级。到了战国中期秦孝公六年（前356）商鞅变法的时候，更是承认私人占有土地的合法性，在一定范围内允许土地自由买卖，推动地主经济的发展。"井田制"就这样瓦解了。土地的私有化，在当时增加了国家的财政收入，适应和促进了新生的封建土地占有关系。

但是物极必反，土地私有化经过一千多年的发展，北宋建立政权后，朝廷采取"不抑兼并"的土地政策，规定了大官僚、大地主阶级享有的种种特权，加剧了土地兼并，使全国七成土地集中在这些人手中。而且这些大地主还要向耕种土地的农民收取五成以上的地租。

因此，到了宋朝，公田转私、获赐、兼并买卖等形式，使土地成为豪强地主获取收益的一种私家资源。这样，一方面豪强地主等特权阶层占有大量的田地，却有田无税，逃避国家的税收，造成国家财政亏空；另一方面，广大农民阶层没有土地，只有靠租种土地求生存，又备受地主高额地租的盘剥，负担沉重，挣扎在死亡的边缘。

任著作佐郎期间，张载就对大宋的土地问题进行了研究；后来在长安讲学期间，他又多次深入农村调查了解实际情况，收集了大量的第一手资料。经过深思熟虑，为了解决土地兼并和贫富不均的问题，他提出了"井田方案"。他将自己的研究成果写在了《经学理窟》这本书里，其中的《周礼》这一章，他写道：

> 今以天下之土棋画分布，人受一方，养民之本也。后世不制其产，止使其力，又反以天子之贵专利，公自公，民自民，不相为计……井田亦无他术，但先以天下之地棋布画定，使人受一方，则自是均……借如十亩籍中岁十石，则税当一石而无公田矣。十一而税，此必近之……

就是说，他主张按照《周礼》土地国有的原则，把全国的所有土地全部归国有，然后再分配给农民，使家家有地可以耕种，按照收成缴纳一成的税收，这样国家财政既有颇为丰厚的收入，又实现了老百姓均土地、均贫富的朴素愿望。缴税，其实是以"实物地租"来取代商周时期的"劳役地租"，这是对井田制的一种改革，是具有积极意义的。

张载提出的土地改革思想，是以民利为重的民本思想，也是他对孟子"民为贵，社稷次之，君为轻"的民本思想的继承和发展。

几天以后，张载终于来到了京城。马车驶入京城的时候，天已近黄昏，夜幕慢慢降临了。于是，他先在客栈住下来，准备第二天上朝面圣。这天晚上，张载心情很激动，久久难以平静。他想到明天就要上朝面圣，想到自己的理想和抱负，想到朋友和父老乡亲们的重托，想到一个儒家弟子几十年来的苦苦追求，现在终于有机会实现了，他怎能不心潮激荡而澎湃呢？

二十五　朝堂面圣

明早就要上朝面圣了，张载心情很兴奋，他禁不住感慨万千。

他来到客栈外面，忽然发现院子里竟然还有一株高大的芭蕉，叶片虽然有些发黄，但在这严寒的冬天，竟然没有干枯和凋零，于是他想起了在横渠崇寿院的那几株芭蕉来。

那时是夏天，崇寿院北边墙角有几株青翠欲滴的芭蕉树，阔大的叶片舒展着，油光碧绿的，在早晨的阳光下泛着晶莹的绿光，那时候他常常坐在那几株芭蕉树下的石凳上读书。有一天，他看着那些芭蕉，一时间诗兴大发，就赶紧走回课室，一气呵成，写下了一首七言绝句，名字就叫《芭蕉》：

> 芭蕉心尽展新枝，
> 新卷新心暗已随。
> 愿学新心养新德，
> 旋随新叶起新知。

他将这首诗拿给先生看，先生说，一首七言绝句里面竟然出现了七个"新"字，而且构思精巧，托物言志，以芭蕉的生长，形象地劝导世人要像芭蕉那样不断地养新德、起新知，真是一首好诗！想起这些，他的脸上露出了微笑。

"愿学新心养新德，旋随新叶起新知。"

他轻轻地吟哦了两句，踌躇满志，心中充满了自信。心想，明天面圣，一定要推陈出新，提出自己的经世济民之策，这样才不辜负平生之所学，不辜负几十年来的默默求索和追寻！

第二天是一个阳光灿烂的日子，张载的心情很好。他穿上朝服，整理好衣冠，仪态从容地随着上朝的大臣来到了朝堂上。

只见年轻的皇帝赵顼坐在垂拱殿中央，文武百官位列左右，朝堂上显得神圣、庄严而肃穆。

张载手执笏板，上前一步说："微臣渭州签书军事判官张载拜见陛下！"

"张爱卿，你如何看待当今的天下形势，朕欲富国强兵，不知爱卿有何高见？"赵顼说。

"陛下，以微臣之见，仁政必自经界始，为政不法三代，终苟道也。"张载慷慨陈词，对答如流。

"还请详谈。"赵顼欣然说。

"陛下，我朝自太祖皇帝登基以来，由于励精图治，治国有方，政治清明，经济繁荣，也曾出现过国力强盛，老百姓安居乐业的'咸平之治'。但由于近年来土地兼并严重，自然灾害频发，官僚机构冗员较多，加之西夏国和辽国连年入侵，给我朝带来了深重的灾难……"

张载直言不讳地说着，他听见朝堂上静悄悄地，鸦雀无声，连一根针掉在地上的声音似乎都能听见。大家都用疑惑和担忧的目光望着他，似乎都紧张地为他捏一把汗，因为还从来没有从外地进京的低级官吏敢于这样和皇帝说话。

赵顼对于张载的直言进谏并没有发怒，而是微微颔首，平静地看着他，希望他继续说下去。

于是，张载顿了顿，又说道："陛下，孟子云'民为贵，社稷次之'，以微臣之见，意欲富国强兵，首先要解决的是土地兼并问题，使老百姓有地可以耕种，不再受地主的高额地租盘剥。"

"那么如何来解决当前的土地兼并问题呢？"皇帝问道。

"陛下，以微臣愚见，可以把我朝的所有土地全部收归国有，然后再分配给农民，使户户有地可以耕种，朝廷再按照收成收缴一成的税收。这样国家财政有颇为丰厚的收入，又实现了老百姓均土地、均贫富的朴素愿望。"张载从

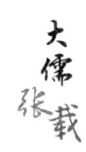

容不迫地将自己的见解和盘托出。

"哦,张爱卿此言甚好,只是这件事实际操作起来大概不太容易吧。"皇帝说出了自己的担忧。

"陛下,容臣再做详细考察,一定会拿出一套可行的操作方案,然后在全国推广,将这一利国利民的大事做好!"张载说。

"张爱卿此言甚是!这是一件功德无量的大事,还望张爱卿以全副身心投入,精心策划,以求完美。"皇帝勉励他说。

"请陛下放心,臣自当呕心沥血,完成圣命!"张载掷地有声地说。

赵顼听了张载的一席话后,很是欣慰。因为这些话、这些策略,正是雄心勃勃的他想听到的,也正是他急于想实行的改革图新措施。

张载回到客栈,反复思考着推行"井田制"的思路和方案。

过了些日子,张载被任命为崇文院校书。

这天晚上,更夫已经打过了三更了,王安石相府里书房的灯还亮着。

明亮的烛台下,王安石坐在书桌前,一会儿翻着书,一会儿思考着,一会儿又奋笔疾书着。写了一会儿,他停下来,呷了一口茶,双眉紧锁,似乎遇到了什么难题,于是手托腮帮子,凝神思索起来。过了一会儿,他似乎释然了,于是望着摇曳的烛光,那天朝堂上张载和皇帝之间对策的情景又浮现在他的眼前。

在王安石看来,张载真是一位有识之士,也真是一位有真才实学的地方官吏。因为,张载能深刻地认识导致大宋朝积贫积弱的主要原因在于土地的兼并问题:一边是老百姓无自己的地耕种,遭受地主高额地租的盘剥;另一边呢,地主大量地占有土地,却又逃避缴纳税收,导致国家财政亏空。这样入木三分的见解,真是令人佩服!这样的人才,为何不能为我所用呢?

张载提出将全国的土地收归国有,实行"井田制",分配给所有的农民来耕种,再收取较低的税收。这样既能保证老百姓有地可以耕种,又能保证国库的充盈。王安石认为,这一策略,真的不失为一条经世济民之策。但是,这一土地改革方案推行起来,不知会有多么大的困难啊!因为,要从大官僚地主手里收回土地，就剥夺了他们的既得利益，就等于从他们身上割肉，谈何容易啊！

那么，还有没有折中的策略呢？还有没有稍微缓和一点儿的策略呢？他陷入深思。

王安石想，对于地主隐田逃税的现象，能不能实行"方田均税"呢？能不能先对已经耕种的各州、县土地重新进行丈量，核定各户（包括地主）占有土地的数量，再按照田地的地势、肥瘠，把田地划分等级，制定地籍，分别规定各等级的税额，来彻底消灭这种"隐田逃税"的现象呢？！

王安石将自己的思考结果快速地记下来。烛光摇曳着，发出困倦的光芒，夜已经很深了，他打了一个哈欠，听到五更已经打过了。

案几上铜香炉中的檀香已经燃尽，只留下了一炉灰烬。虽然听着漏壶滴滴答答滴水的声音，但明显感觉滴水的声音越来越小了，大概漏壶中的水也快滴完了吧。打开门，料峭的春寒随风迎面吹来，明月向西沉去，夜已很深，只看见花影倾斜映照在栏杆之上，于是，一种孤寂和落寞的情愫袭上心头。想到变法的举步维艰，他不由得打了一个寒噤。这时候，天快亮了，但他仍全无睡意，于是他又走进书房，提笔写下了一首七言绝句《春夜》：

> 金炉香烬漏声残，
> 剪剪轻风阵阵寒。
> 春色恼人眠不得，
> 月移花影上栏杆。

原来，王安石推行新法后，常有势单力薄、孤军奋战的感觉，因为当时人们戏称大宋朝的五位参政大臣是"生、老、病、死、苦"。王安石有皇上做靠山，又有二十多年的基层工作经验，新任参知政事后，当然显得精力充沛，生龙活虎；老宰相曾公亮年近七旬，两眼昏花，每天勉强能看清上朝的路就算不错了，后不得已告老欲退；再次拜相的老臣富弼因看不惯王安石对祖制的肆意篡改，称病居家；参知政事唐介因与王安石争辩于御驾之前，气恼而愤懑，致

背痛发不治而亡；还有一位参知政事赵抃，因无法劝阻新政施行，终日叹息，见朝廷每变一法，便连声叹息："苦也！"这就是当时大宋朝堂之上无奈的现实！

次日，王安石专程来拜访张载。天空零星地飘着几片雪花，崇文院里蜡梅花也开了，淡淡的清香在凛冽的空气中弥散着。

当时张载正在案头埋头写着文章，王安石走进来了，他才发现。他连忙站起来说："王参政来访，失迎！失迎！"

"久仰子厚兄大名，今特来拜访！"王安石一抱拳说。

王安石没有带随从，身着一身便服，面挂三绺长髯，表情坚毅而沉着，目光锐利、睿智而有神。大约是老成持重和日夜操劳的缘故吧，虽然他比张载要小一岁，但看起来似乎要比张载年长许多。

他们坐下来，一边喝茶，一边谈论当朝的"三冗""两积"问题，谈论着如何根除时弊，如何富国强兵，如何重振朝纲，如何抗御外族入侵，如何让老百姓过上好日子。

真所谓英雄所见略同，对于许多问题的看法，他们的观点竟然惊人的相似，而且，他对张载在朝堂上提出的抑制土地兼并、增加国家财政收入的举措深表赞赏。于是，他们就像遇见了知音，互相都有了相见恨晚的感觉。他们谈了很久很久，分别的时候，王安石说，目前朝廷的变法正在酝酿之中，很需要像张载这样的人才加盟进来，共同推进变法，他要在皇帝面前举荐张载，希望张载不要推辞。张载说，这正是自己愿意做的事儿，几十年的求索，不就是为了能实现自己经世济民的美政理想吗？不过眼下自己刚来京城，需要熟悉一下环境，过些日子，自己会主动去王安石府上拜会的。

来到京城后，张载广泛接触了朝廷的许多高级官员，由于张载忧国忧民、学识渊博，加之待人礼貌、真诚而谦逊，有许多人都和他成了好朋友，特别是与吕公著、司马光、文彦博、韩琦等重臣关系密切。

深冬的一天，张载和司马光、文彦博、韩琦等大臣来到京城郊外闲游，正在他们漫无目的地散步闲聊的时候，司马光忽然手指前方说："子厚弟，你看，天空中有一只雄鹰正在盘旋。"

"是啊，是一只雄鹰，"张载望了一眼故作高深的司马光，疑惑地说，"这有什么奇怪的吗？"

"雄鹰是不奇怪，是我有点儿奇怪了，因为我要考考你呢！"司马光神秘地一笑说。

"哦，不知君实兄考我什么呢？"张载笑着说。

"大家都说你精研《周易》，深明易道，料事如神，因此我就以这只鹰来考考你。"司马光说。

"哦，大家过誉了，愚弟实在是不敢当啊！但不知君实兄怎么个考法呢？"张载不知道司马光葫芦里面到底卖的是什么药。

"你看，这只正在盘旋的老鹰，你能判定它身落何处，头朝何方吗？"

这时候，大家和张载一样，都将目光投向了在天空盘旋的这只老鹰身上，只见这只老鹰在凛冽的寒风中，自东南向西北飞去。张载仔细看着这只老鹰的飞翔轨迹，又迅速地环视四周，他发现前面西北方的不远处有一株参天的古槐，就胸有成竹地说："以愚弟拙见，这只老鹰一定会落在那株古槐最高的枝杈上，头朝东南。"

于是，大家都拭目以待，等待着老鹰落脚。过了片刻，果然不出张载所料，那只老鹰不偏不倚，正好落在那株古槐最高的枝杈上，头朝东南。大家不约而同，都伸出了大拇指，赞叹子厚果然神机妙算、料事如神。但是，大家还是想知道他是如何做出判断的。

于是张载慢慢说出了缘由。原来，雄鹰属于猛禽，生性强悍，善高空飞行，常常居高临下，有目空一切的气势。加之，它为了防范其他动物的侵袭，栖息落脚往往选择一个地方的最高点，而那株古槐树是这里最高的物体了，所以它会选择在古槐树上落脚。它为什么头会朝东南呢？这是因为老鹰生性怕冷，而我们北方冬天常常吹西北风，所以它自然要避开风向，将头转向东南了。张载最后总结说："就这么简单，没有一点神秘的，这也就是我经常说的'物可穷理'的道理。"

大家听了以后，都纷纷表示叹服。

一天,张载从汴京大街上走过,忽听临街的茶坊里传来这样的声音:"王先生茶色纯白,茶沫咬盏,这一水,王先生胜!"他走进茶坊一看,原来是一些身穿绫罗绸缎、手拿折扇的纨绔弟子在兴致盎然地"斗茶"。

原来茶文化发展到了宋朝,已经达到鼎盛。饮茶已成为宋人的生活方式之一,茶坊也就成了人们的常去之处。据史书记载,汴京的"朱雀门外之南东西两教坊,余皆民居或茶坊,街心市井,至夜尤盛"。而且宋朝流行"斗茶",也就是三五个好朋友聚在一起,摆上各种茶具,煮水点茶,看谁的茶叶、茶水出众,茶艺更高超。

宋人斗茶主要是"斗色斗浮",即以茶汤的颜色与冲出来的茶沫决胜负。茶色"以纯白为上真,青白为次,灰白次之,黄白又次之"。茶沫以"咬盏"为佳,即汤面"乳雾汹涌,溢盏而起,周回凝而不动"。宋人斗茶,多为两人捉对"厮杀",经常"三斗二胜"。计算胜负的单位术语叫"水",说两种茶叶的好坏为"相差几水"。

看到这些,张载无暇流连,匆匆走出茶坊,继续向前走去。

这天他在街头见到了蛰居的好朋友赵瞻。赵瞻时任开封府判官。赵瞻于二十八岁那年如愿考中进士,那一年是庆历六年(1046)。他初任孟州司户参军,移作河中府万泉令,知陕州夏县,以秘书丞知彭州永昌县。后升作太常博士,知威州。后又升任尚书屯田员外郎。虽然仕途坎坷,几经流离转折,但由于他资兼文武,才华横溢,为人正直,秉公执法,很有政绩。

赵瞻在做万泉县令的时候,大兴教育事业。当时,官府想修建一所学校,但苦于找不下合适的地皮,于是他主动捐出自己的一块私有土地。这块地是朝廷拨付给县令用于祭祀先祖的,但他毅然决然将其捐献出来用于建校,因为在他看来,教育乃是百年大计,办一所学校要比虚无的祭祀更有意义。做夏县县令的时候,他专门设了一所八监堂,墙壁上画的全是古圣先贤的事迹,他用这个来进行廉政教育,不光鞭策自己,也教育幕僚向先贤学习。他在做永昌县令的时候,为了解决当地老百姓长期以来争水灌溉农田的问题,兴修水利,举全县之力修筑了六条堰渠,解决了几万亩农田的灌溉问题。此举,不仅仅使农业大获丰收,而且每年减少老百姓的赋税几十万贯,往年乡村之间因为用水发生争执的事件也减少了。百姓对他交口称赞,把他比作周朝的贤臣召康公、杜伯。

张载在做地方官的时候,就经常耳闻,赵瞻不仅仅是一位勤政爱民的好官,还是一位直言敢谏的诤臣,因此,他也经常为赵瞻高兴,也很荣幸自己能结交这样一位好朋友。有时候,他们会书信往来,交流各自的近况和朝堂上的一些事儿。

赵瞻进谏,反对过皇帝重用宦官带兵,也反对过皇帝对无功有过的官员的提拔。比如庆州主帅孙长卿在与西夏的战事中兵败,却被提拔为集贤院学士。对于这一事件,赵瞻进谏说孙长卿应该被罢免追责,而不该受奖赏,这是皇帝奖罚不明。而最能体现赵瞻直言敢谏精神风骨的,要算英宗朝的"濮议事件"了。"濮议事件"说起来比较麻烦和复杂,但简单说来,就是宋英宗想追认自己的亲生父亲为父皇的事儿。

因为仁宗没有儿子,赵曙在很小的时候过继给了仁宗当儿子,这样赵曙就成了仁宗的儿子,后来成了宋朝的第五位皇帝。但赵曙的亲生父亲是濮安懿王赵允让。赵曙当了皇帝后,很想把自己的亲生父亲追认为太上皇。但按照传统的宗法礼仪,这是不可能的,因为只有仁宗才是赵曙法统上的父亲。

赵曙总共只做了短短四年皇帝,但"濮议事件"的论战就持续了十八个月。以韩琦、欧阳修为首的宰执们支持皇帝的想法,即可以称濮安懿王赵允让为太上皇;而另一派却极力反对皇帝这样做,代表人物有大臣吕诲、范纯仁、吕大防及司马光等,他们认为皇帝应称仁宗为"皇考",称呼濮安懿王为"皇伯"。而赵瞻也是后者的坚定支持者。

赵瞻在这一事件中,先是多次进谏规劝皇帝不可那样做,后来看没有效果,就说"吾必以死争",决心以死抗争,来让皇帝明白大义。他认为这是一些奸佞小人在蛊惑皇帝,一个人哪有两个父亲的道理,这是不符合礼制的,这样做会让天下百姓对皇帝失去信任。

后来终于有一个面见皇帝的机会,那是迎接契丹使节的仪式,赵瞻得以入朝面圣。耿直的赵瞻这时候将他劝谏的话和盘托出,他说:"陛下是仁宗的太

子,现如今要称濮安懿王为父皇,这样就有两个父亲,两个父亲是不符合我朝礼制的!"年轻的皇帝在一身正气的赵瞻面前有些心虚,于是他为了掩饰自己的过错,就说这都是大臣们的意见,不是他的真实想法。赵瞻紧追不舍地说:"我请求陛下明确地告诉中书,下诏将陛下您的真实想法告知天下,这样,老百姓才不会误解!"然而英宗说他主意已定,不用告知天下。后来的结果是,皇帝最终还是称濮安懿王为父皇,那些反对的大臣都遭到了贬谪。

本来这事就告一段落了。但一次入朝面圣,刚直认真的赵瞻请求皇帝也把自己贬了。他的理由是如果他没有被贬,那就是朝廷办事不公道了,因为他和那些劝谏"濮议"的大臣一样有罪(既然朝廷认定"濮议"的大臣是有罪的),但同罪却异罚就不公平了。后来,皇帝答应了他的请求,把他贬到了汾州。

赵顼即位后,赵瞻即得到赏识和提拔,终于又在京城任职了。现在的赵瞻身体有些发福,但谈笑风生,神采依然不减当年。

来到京城不久,张载就见到了自己的弟弟张戬。他们兄弟好久没有见面了,张戬如今在御史台任监察御史里行。兄弟难得一见,那天他们都很高兴,于是在京城的一家小酒馆里面要了酒菜,畅快地喝了几盅。

张载亲切地望着弟弟,心里有许多话要说,但又不知从何说起。戬儿已经四十岁了,身体稍稍有些发胖,头上已经有了几根白发,但那双睿智的眼睛仍然显得深邃而明亮。这些年戬儿在外地做官,四处奔波,他们总是聚少离多,偶尔也只是通过书信才能知悉对方的一些情况。

而张戬呢,望着自己的兄长,望着这个年过半百,已经两鬓染霜,额上已经刻上了很深皱纹的兄长,望着他慈祥的目光,除了感到亲切外,更多感到的是他对自己的怜惜和敬重。长兄如父,每每和兄长对视,张载心里总会涌起一种特殊的情感。自己五岁时,父亲就去世了,是眼前这个清瘦的兄长将自己养育大的。在那艰难的岁月里,是他躬耕陇亩、奉母教弟,是他教自己读书识字,是他教育自己做人的道理,是他在自己高中进士成家立业后才去求取功名。如今兄长已经衰老了,已经没有了年轻时的英武和强悍了,他的眼睛已经失去了青春的光华，他的乌发已经变得花白。岁月啊，你是怎么剥夺了一个人的青春和活力，又是怎么将一个人从锦瑟华年推到日落黄昏的暮年呢？

在喝酒的时候，张载偶尔会咳嗽几声，这引起了张戬的注意，于是他问："哥哥，你身体不舒服吗？怎么不断地咳嗽？"

"这是在渭州城落下的病根。"张载喝下一盅酒，脸上已经开始泛红，他微笑着说，"那地方是边塞，早晚温差很大，和西夏兵打完那一仗后，我就卧床不起，病了好些天，没事儿的，现在已经好多了。"

"因儿有五岁了吧？好久没见那小家伙了，圆圆的脸蛋，真是调皮，一想起来就觉得可爱！"张戬说。

"是啊，我也有一年没有见因儿了。"一提起儿子因儿，张载的脸上就浮现出几分幸福的神色，他高兴地说，"你嫂子前不久来信说，她和因儿都好，因儿五岁了，已经上学堂了，学会了写字，还能背诵许多唐诗呢！你的孩子蒙儿怎么样？现在该有八九岁了吧？"

"是啊，蒙儿那小家伙上了学堂，还学会了作诗，偶尔会写一首歪诗拿给我看。"张戬又是得意，又像解嘲地说道，"那种稚嫩的初学水平，也叫诗吗？哈哈哈！"

"不能这么说孩子，要多鼓励孩子，没听说哪位大诗人一生下来就能写出旷世之作的。"张载望着兄弟，又用惯常的教育口吻说道，"每个人都是一步一步走过来的，难道不是吗？不过我还是很看好蒙儿这孩子，有机会把他的诗作拿来让我看看。"

他们就这样谈了很久。谈各自家庭的琐事，谈儿女亲情，谈世事艰难，谈公务繁忙、分身乏术的无奈和忧伤，当然也谈到了当前的时事，谈到了对朝廷变法维新的希望。

一天，张载在街上遇到了苏轼。当时苏轼因母亲去世在家丁忧三年，服满还朝。苏轼谈到了对王安石推行新法的看法，说他在返京的途中见到新法对普通老百姓损害很大，特别是青苗法，简直就是对老百姓的高利盘剥和残忍掠夺，因为许多不借贷的老百姓也被官府逼迫得借贷政府的钱，但是三分钱（年息百分之三十六）的利息，令他们债台高筑，无法归还，有的人被迫去逃荒要

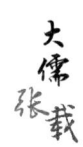
饭。苏轼的这番话，对张载触动很大，他决定去做一次实地考察。

后来，张载又遇到了翰林学士司马光，司马光大骂王安石是祸国殃民的罪人。

二十六　忧国忧民

"寒雪梅中尽，春风柳上归。"时光过得很快，一转眼又一个柳绿花红的春天来了。这一年是熙宁三年（1070）。

王安石的新法已经推行了整整一年了，在这期间，张载耳闻了许多朋友和朝廷政要对新法的评论。大部分人说新法太激进，大变祖宗法度，聚敛财利，不符合国情民情，老百姓怨声载道，如果不加制止，一定会酿成灾难。

熙宁三年二月，三朝元老、曾和范仲淹先生一起戍守延州的老臣韩琦（现任河北安抚使），因上书请求废止青苗法，被皇上贬知大名府路。也是在这一个月，三朝元老翰林学士司马光上书皇帝，论新法的种种弊端，谈到了新法"侵官、生事、征利、拒谏"等等，以致天下百姓怨声载道，请求废止新法，皇上没有采纳。为了安慰老臣司马光，皇帝欲授他为枢密副使，司马光很生气，找出各种理由推脱，固辞不拜。由于皇帝没有采纳司马光的意见，盛怒的司马光对皇帝说："祖宗之法不可变！王安石大变祖宗之法，是祸国殃民的罪人。臣之于王安石，犹冰炭之不可共器，若寒暑之不可同时。"由此可见，由于政见不同，司马光与王安石，真是势同水火，不能共事于朝堂。

三月，知审官院孙觉，因上书劝谏废止青苗法，被贬知广德军。还有，张载的老朋友赵瞻，也因直言进谏，上书言青苗法的弊端，被贬知同州。

那是一个春和景明的日子，阳光和煦地照着，柳丝拂面，鲜花盛开。在燕子的声声呢喃中，张载从崇文院走出来，独自一人向郊外走去。

三月的阳光暖暖地照着，四野的麦苗绿油油的，一片片油菜花开得金黄金黄。路过一条小溪，溪岸上几株桃花也开了。风光多么美啊，他在心里叹道。

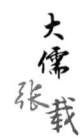

他从春日的田间小路上走过，走在这样生机勃勃的田野之中，他的心情很好。正在这时，他忽然听到了一阵阵啼哭声。是谁在那里哭泣呢？他寻思着。

他一直走到那条小路的尽头，才发现一个白发苍苍的老婆婆怀里抱着一个小孩子，坐在田埂上哭泣。老婆婆的哭声是那么悲戚，那么伤感，这令他也感到几分难过，他刚才还很好的心情一下子就阴沉下来了，就像晴明的天空忽然飘来一大片乌云。

"老妈妈，您为何哭泣啊？"张载忍不住问了一句。

老婆婆停止了哭泣，抬头望了一下张载，看他一副教书先生的模样，就说："还不是被官府逼的！那些狼心狗肺的，我们一家简直都没法活下去了！"

"官府逼的？官府逼什么呢？"张载不解地问。

"青苗贷款啊！"

"青苗贷款怎么了？"

"去年推行青苗法时，我家贷了款，三分钱的利息，三个月后就让归还，去年粮食歉收，我们家变卖了家产，又东挪西借，才好不容易还上了贷款的本息。"老婆婆难过地说，"今年官府又让贷款，我们哪敢借贷啊！你想三分钱这么高的利息，我们哪能还得起啊？"

"不贷还不行吗？贷不贷由老百姓选择，这是自由的啊！"

"哪儿的话！青苗贷款谁敢不贷？不贷款他们就抓人，衙役说这是上面派下来的硬任务、死命令，非贷不可！"

"哦，竟然有这样的事儿？"

"可不是吗？我们没有贷款，唉！可怜我的儿子啊！昨天被官府抓去了，还不知是死是活呢！"

"真有这样的事儿吗？真是无法无天了！"张载已经愤怒了。

"先生，你若是不相信，到我们村子去走一走，问一问，家家户户都在骂官府的那些黑心狼呢！"老婆婆悲愤地说。

张载在无比愤怒中，走进了附近的一个小村庄，他去了几户人家，每一家的情形都和老婆婆说的一样。

青苗贷款变成了强迫贷款,这是为什么呢?

经过一番详细的调查了解,原来王安石在推行青苗法时,曾向皇帝表示说,此种贷款可以解决农民在春夏之交、青黄不接时的资金困难,必将深受老百姓欢迎。因此他必须成功,不容许他人有异议,所以他对各州县推行青苗贷款的官员下达了任务和命令,不容许下属有丝毫的懈怠和不满,必须按期完成放款任务。如果贷款不能按期如数发放完毕,他就认为下属官员不卖力,没有好好履职。而且,他还定期考核和评比,提升了那些办理青苗贷款成绩好的官员,处罚和贬谪了那些发放贷款成绩差的官员。这样,主办青苗贷款的官员为了避免处罚,甚至谋求个人升迁和奖励,便不得不将青苗贷款强行分配和摊派到每家每户。这样,本来可以自由借贷的青苗贷款变成了官府的强迫贷款,而且利息又是那么高,老百姓怎么能承受得起呢?这又怎能不引起老百姓的咒骂呢?!

青苗贷款在民间的推行情况令张载很难过,他想得把这件事儿告诉王安石。

过了几天,张载去王安石府上,王安石很热情地接待了他。二人寒暄过后坐下喝茶,张载端着茶杯,喝了一口茶,一抬头,就看见客厅里挂着王安石最新创作的一首诗,那是一首七言绝句,名字叫《元日》:

> 爆竹声中一岁除,
> 春风送暖入屠苏。
> 千门万户瞳瞳日,
> 总把新桃换旧符。

张载看了后,说:"先生的这首《元日》写得真好,字里行间洋溢着对除旧迎新、推行新法、革除时弊的坚定信念!"

"哪里,春节期间闲来无事,就写了几句,横渠先生过奖了!"王安石笑道。

"不仅如此,我还从诗中读出了先生大刀阔斧推行变法的魄力和义无反顾

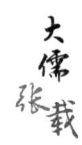

的坚毅,以及乐观的情绪呢!"张载继续说。

"横渠先生真是好眼力!说到兄弟我的心里去了。"王安石呷了一口茶,笑着说,"虽然如此,但张兄你看,我为了皇上的重托推行新法,每天忙得真是不亦乐乎,有时连吃饭睡觉都顾不上,张兄您能帮我分担一点忧愁吗?"

张载微微一笑说:"朝廷将大有为,天下之士愿与下风,若与人为善,则孰敢不尽!如教玉人追琢,则人亦故有不能。"其实就是说,他对于朝廷兴利除弊、推行新法是支持的,如果在推行新法中与人为善,谁能不支持呢?但如果处处设置障碍难为人,那么恐怕支持你的人就不会多了。

王安石一听话中有话,就说:"张兄,不知此话怎讲?"

张载就将几天前自己亲历和调查的关于青苗贷款祸害百姓的事儿告诉了王安石。王安石不以为然,说这是个案,不能代表全部,全国绝大部分地方推行青苗贷款是大有成效的,老百姓也是欢迎的,不能因为个别的小问题而对全盘进行否定!

果然是个"拗相公",怎么就听不进去忠言呢?看来大家对王安石的看法是对的,执拗、偏执,听不进忠告,只要自己认准的,就一条道儿走到黑。

张载把自己的意见和建议向王安石表达了一番,见王安石听不进去,而且态度也不似先前那么友善了,于是,就借故有事,从王安石府中退了出来。

关于王安石被称为"拗相公",还有一个有趣的小故事呢!

曾巩(1019—1083)是"唐宋八大家"之一,又和王安石是布衣之交。他于嘉祐二年(1057)与张载、苏轼、苏辙一同登进士第,后被授予太平州司法参军、集贤校理等职。

有一次,皇帝召见曾巩,谈完政事后,皇帝问曾巩:"你与王安石是好朋友,你认为他这个人到底怎么样?"曾巩说:"王安石的文章和品质都不在汉代大文豪扬雄之下,不过,他为人过吝,终究还是比不上扬雄。"皇帝诧异地说:"王安石这个人轻视富贵、鄙弃财富,你怎么能说他'过吝'呢?"曾巩淡淡一笑:"他这个人勇于作为,但'吝'于改过,也难怪众人都暗称他'拗相公'呢!"皇帝一听也笑了:"原来如此啊!"

反对"拗相公"王安石实行青苗法的岂止是张载和曾巩,赵瞻的幽默讽谏

一事,让朝野上下传为笑谈。

　　熙宁三年,也就是王安石变法后的第二年,那时候,赵瞻任京城开封府判官。当时,王安石推行的青苗法由于高利率和政府的强迫借贷行为,已经对老百姓造成了实实在在的伤害,引起了朝野上下的非议,许多大臣进谏要废除青苗法。

　　有一天上朝,皇帝问赵瞻:"你觉得青苗法到底怎么样,这个法推行起来方便吗?"赵瞻没有回避话题,也没有避重就轻,微微一笑说:"陛下,您知道吗,青苗法推行于唐朝末年的乱世之中,对于搜刮老百姓的钱财来说,确实是很方便的。但是,现在陛下您如果想富国强兵,寻求国家长治久安之策,让天下百姓安居乐业的话,那么,推行青苗法确实就没有什么便利了!呵呵。"

　　办事那么认真刻板的赵瞻竟然也有幽默的时候,而且还是跟皇帝谈话和对策,这就说明,他心中有大智慧,胸中有大气象!在任何时候都可以不卑不亢,以轻松幽默的话语巧妙地四两拨千斤,做到游刃有余。

　　后来有一天,王安石想拉拢赵瞻,私下派他的心腹给赵瞻许下高官厚禄,以此做诱饵,邀请赵瞻"入伙"加入变法派为他做事,赵瞻断然拒绝了。没多久,赵瞻就被贬出了京城。

　　过了几天,张载见到了弟弟张戬,又说起当前王安石在全国推行新法的事儿。张戬对新法也很不满,他说他在各地查办案件的时候,看到了新法的许多弊端,并直言不讳地说,如果照这样下去,老百姓将永无宁日,国家要毁在王安石的手上。

　　又过了些日子,四月的一天,御史中丞吕公著在朝堂上论说青苗法的弊端,被贬颍州知州。也是在这一个月,监察御史林旦、薛昌朝、范育联名上书弹劾王安石,奏章被王安石的新党压着不报皇上。

　　反对新法的人越来越多,因反对新法自请外任和辞官的人也越来越多,而且大都是三朝老臣。

　　但有一个人却反对他们盲目辞官的做法,他就是洛阳的邵雍邵尧夫先生。

　　熙宁新法甫一推行,洛阳各州县之间便骚动起来。尧夫先生隐居在山林间,一些做官的门生旧友,迫于新法的压力,都想自举罪状辞官回乡,因而写信问邵雍的看法。邵雍回答他们说:"现在正是你们应当尽力的时候,新法固然严厉,你们据理力争,能宽松一分,百姓就能受到一分的实惠,自举罪状辞职有什么好处呢?这难道是一个尽到责任的儒者的样子吗?"

张载的心里很矛盾,情绪很低落。这天他看到崇文院满地落花、漫天飞絮,想到春天已经走到了尽头,心里很落寞,于是就提笔写下了两首《拟四愁诗》:

> 我所思兮在南巢,欲往从之巫山高。
> 登崖远望涕泗交,我之怀矣心伤劳。
> 佳人遗我筒中布,何以赠之流黄素。
> 愿因飘风超远路,终然莫致增想慕。

> 我所思兮在陇原,欲往从之隔太山。
> 登崖远望涕泗连,我之怀矣心伤烦。
> 佳人遗我双角端,何以赠之雕玉环。
> 愿因行云超重峦,终然莫致增永叹。

在诗中他以"芳草美人"的比兴手法,回环往复,一唱三叹,表达了自己怀才不遇、落寞而伤感的情怀。

归去,不如归去。是啊,东篱把酒的五柳先生在遥远的地方吟唱着:"归去来兮,田园将芜胡不归?既自以心为形役,奚惆怅而独悲……"

一天,心情沉郁的他提出想辞去崇文院校书的职务,未获批准。

又过了几天,皇帝派他去浙东四明(今浙江宁波)审理苗振贪污案。

苗振是本地乡贤,仁宗朝及第,满脸络腮胡须,生得剽悍而五大三粗,现为忠正军节度副使。说起这个苗振,还有一个有趣的小故事呢。

那一年苗振将试馆职,主考官晏殊对他说:"你应该稍微温习温习。"苗振说:"哪里会有当了三十年接生婆,还把婴儿包扎倒了的事。"待试赋时,要押"王"韵,苗振把《诗经》中"率土之滨,莫非王臣(顺着田土直到海

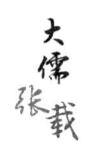

边,都是周天子的臣民)"一句信手拈来,为押韵,舍去最后一"臣"字,用了上去,也不细究,结果意思完全错了,未能中选。晏殊笑笑说:"苗君该是老手,怎么竟会把婴儿包扎倒了呢?"苗振一时语塞,惭愧得无地自容。

这就是苗振,大大咧咧、不拘小节的一个人。那天,在对苗振的初次审理中,张载就断定他不是那种阴险狡诈、爱耍阴谋诡计的人。

苗振贪污案为什么能惊动朝廷和皇帝呢?这与王安石对祖无择的憎恶有关!

原来,王安石和祖无择曾一同任知制诰,当时,他们写诰命文书,朝廷是允许收润笔钱物作为报酬的。有一次,高风亮节的王安石推辞了一家人给自己的润笔费,但后来,那家人再次将钱送了过来,王安石反复推辞,但实在推辞不过,于是无奈就将这笔钱放到办公室的梁上。后来王安石因服丧而离职,在这期间,他的同僚祖无择却将该润笔费作为公费开支。王安石听说这事后,对祖无择非常厌恶,甚至怀疑他的人品。其实祖无择为人讲义气,对师友也很诚实,人品是没有问题的。

王安石当了参知政事后,苗振贪污案发,据说苗振的案件又牵涉到祖无择。王安石一听祖无择牵涉其中,就暗示负有监察之责的官员严查祖无择的罪过。开始是由御史王子韶来查办这一案件的。王子韶本就是王安石提拔的,再加上他是一个势利小人,为了向当权派王安石献媚,在没有查明真相的情况下,违规把祖无择从京师押解到偏远的秀州狱中囚禁。

就在这个节骨眼上,王安石请求皇帝把张载派到明州审理苗振贪污案。一则呢,因张载不愿配合他变法,就索性打击挫伤一下张载的傲气,将张载贬出京城;二则呢,他也想借此检验一下张载有没有眼色,会不会见风使舵,为他做事。

张载到了明州后,用了几个月的时间,进行了一番深入细致的明察暗访,调查清楚了全部的案情。案件的真相是:祖无择没有贪污行为,只是查到他用官府的钱接济部下及乘船越过礼制。于是就按照大宋律条,将祖无择贬为忠正军节度副使。苗振呢,经查实,没有贪污,只是因为家里急需用钱而挪用了官钱,罪不至死,便将苗振由原判的死刑改判为撤职。张载的秉公审理,救了苗振的性命，为这，苗振对张载感激涕零。

虽然张载秉公办案，明察秋毫，但张载的明州之行愈发让王安石对他失望。

二十七 辞官归里

张载从明州回朝后不久,就惊闻弟弟张戬因为向皇帝进谏要求废除新法,和王安石在朝堂上发生了激烈冲突。当时,在垂拱殿上,弟弟因新法与王安石辩论,大骂王安石是千古罪人,大宋朝的江山要毁在他的手里。之后弟弟张戬被贬知公安县(今湖北荆州公安)。

反对王安石变法的人越来越多,甚至连王安石新政集团中的两位著名人物也对他的变法提出了批评。这两位人物就是程颢和苏辙。程颢和苏辙都是嘉祐二年(1057)和张载一起考中进士的大人物。程颢后来成为"洛学"的宗师,是一位堪称理学大师的人物。苏辙是苏轼的弟弟,兄弟二人和其父苏洵并称为"三苏",被后世尊于"唐宋八大家"之列。

程颢和苏辙原均是王安石新政的主要策划人,特别是苏辙,年轻有为,热情激进而富于魄力,他加入新政集团后,不顾父兄反对,成为新政的坚决支持者,疯狂地为王安石变法开展工作。但当他看到青苗法执行过程中出现的问题越来越多、越来越严重时,就毅然对王安石的变法政策提出了批评和修正意见。和苏辙一样,程颢也是在发现问题后向王安石提出了批评建议,但"拗相公"王安石均不予采纳,依然故我。这样,遭到疏远和冷遇的程颢和苏辙二人感到很失望,于是他们很快就脱离了王安石的新政集团。

那天张载在东京遇到程颢,就在茶馆小叙别情。程颢人到中年,经历了一些世事的历练,看起来成熟多了,但那种清秀和俊逸的气质仍没有改变。张载从谈话中得知,程颢于嘉祐二年考中进士后,历任鄠县主簿、上元县主簿、泽州晋城令、太子中允、监察御史、监汝州酒税、镇宁军节度判官、宗宁寺丞等职。熙宁三年，由于对王安石新法不满，他以忧国忧民的心态，向皇帝上《谏新法疏》，要求废除新法。他认为，如果一意孤行执行新法，必定会使朝廷纷乱，民生不安，后果不堪设想。但皇帝并没有采纳他的意见。他感到很失望，也很沮丧，并对大宋朝的前途颇为担忧，他说他准备辞官归乡。张载安慰了他几句，并谈了自己对新法的看法。接着，他们又谈起学术上的事情，这样他们的共同语言就多起来了。张载谈了他的"气本论"思想和他对教育救国的认识。在对许多问题的看法上，他们竟然不谋而合。

过了几天，程颢以父亲年老多病、需要照顾为由，请求退居闲职。得到皇帝的恩准后，他回到老家洛阳，便与兄弟程颐一起每日以读书劝学为事，办起了学堂，由是形成了被后世称为一大著名学派的"洛学"。

这天张载忽然收到一封信，打开一看，原来是老朋友赵瞻寄来的。赵瞻说他被贬后，已经放下了一切，寄情山水，过着逍遥自在的生活，信的末尾附着一首他自己写的诗，这首诗的题目是《文湖渔唱》，诗写道：

> 湖光潋滟泛莲荷，欸乃渔郎惯此过。
> 笛韵吹残红蓼岸，橹声摇出锦鳞窝。
> 狂歌明月闲愁少，放浪扁舟适兴多。
> 莼菜鲈鱼供一醉，掉头归去卧烟蓑。

这是一首写湖上渔郎生活的诗篇。渔郎们在风景如画的湖上泛舟打鱼，过着狂歌放浪、自由自在、随遇而安的生活。诗读起来令人感到几多江湖间的豪放、自由、恬淡和闲散的气息，大约也流露出赵瞻先生厌倦官场，意欲退隐江湖的一种愿望吧。

读了赵瞻的信，张载沉思了许久，一种声音在心底里轻轻浮现。是啊，不如归去，退隐江湖，远离朝堂上的争斗，过一种闲适的诗书生活吧。

几天之后，苏轼和张载相约来到一家酒馆小聚，小叙别情后，谈起了对当前朝廷推行新法的看法。

有趣的是,对于王安石变法的态度,苏家内部都意见不一致。父亲苏洵从一开始就认为王安石推行的新法不能成功,他的理由是王安石不近人情,缺乏仁心,不爱护老百姓(比如青苗法),不能从老百姓的利益出发;加之他认为王安石不修边幅,缺乏一个官员最起码的文雅气质——据说有一次王安石因为熬夜读书,第二天没有洗脸梳头就去上朝了——所以,苏洵认为王安石变法一定会失败。苏轼呢,由于做了十几年地方官,对大宋朝土地兼并、内忧外患、积贫积弱的问题深有感触,所以他还寄希望于王安石变法,希望变法能兴利除弊、富国强兵,改变大宋朝当前的贫弱局面,但当他发现青苗法对老百姓的伤害后,对变法产生了怀疑。弟弟苏辙呢,年轻气盛,容易接受新事物,一开始就狂热地支持王安石变法,是王安石变法坚定的支持者,而且充当了变法派的智囊;后经过一段时间,也是因为青苗法的问题,他离开了王安石变法集团。

张载也表示,他一开始也对王安石变法抱有很大希望,但后来看到王安石变法太激进、太急于求成,而且眼光有些短浅,变法缺乏长久的可持续发展的战略高度,加之"拗相公"王安石听不进去劝告,所以他对变法彻底失望了,于是,决定辞官归隐。

张载收拾了行李,踏上了回家的路。

张载坐上了马车,马车载着他离开了京城。在快出城门的时候,他掀开帘子,回头望了一眼依然熙熙攘攘、车水马龙的京城,望着那宏伟的建筑、宽阔的街道、整齐的树木,心情很沉重。

这就是他日思夜想的京城吗?这就是他寄予厚望的国都吗?这里有皇宫,有皇帝,有国家的最高统治集团。他曾经豪情万丈,曾经踌躇满志,曾想着要在这里施展才华,要将平生之所学都拿出来,用它治国安邦,用它富国强兵,用它救黎民于水火,要像管仲、姜子牙、诸葛孔明那样,辅佐明主,建功立业。但现在一切都成了泡影,一切都破灭了。这就像一个华丽的梦一样,梦中的风景总是旖旎无比,总是像海市蜃楼一样令人迷恋,但如今梦醒了,梦醒时分,一切都变得是如此苍凉和无奈。

马车向前驶去,汴京在他的身后渐行渐远。

那是初夏时分，天气慢慢热了，一路上满眼绿色。但见一眼望不到边的麦田绿油油的，麦子正在拔节长高、扬花出穗。路两边的大树，撑起了绿色的伞盖，白杨树的叶子在阳光下泛着绿光。田野里各种花儿的清香弥散在空气里，甜丝丝的。

看到这广阔的田园，看到这生机勃勃的庄稼，张载的心情似乎好了一些。走出了抱负不得施展的京城，走出了死气沉沉的京城，走出了矛盾冲突不断、危机四伏的京城，他的眼界宽了，心胸也宽阔了许多。

"为天地立心，为生民立命，为往圣继绝学，为万世开太平。"多么崇高的人生抱负，多么伟大的人生追求。一个心系黎民社稷的儒家弟子，曾经怀着一腔报国热情，怀着对朝廷和皇帝的耿耿忠心，多少年的寒窗苦读，多少年的四处游学，多少年的苦苦求索，多少年的赤心报国，到头来，竟落得如此悲凉的境地。他不由得还是想到了自己的处境和遭遇。

但是，面对眼前的蓝天白云，面对一眼望不到边的绿油油的麦田，面对迎面吹来的甜丝丝的清风，面对一晃而过的田野、小河、山岗，功名、利禄、声望、仕途，一切都显得微不足道了，一切的一切已经不重要了。

归去吧，归去吧，东篱采菊的五柳先生又在他耳畔吟哦着那不老的抒情小赋："归去来兮！田园将芜胡不归？既自以心为形役，奚惆怅而独悲！悟已往之不谏，知来者之可追。"

回家，是的，我要回家，家才是安慰我灵魂的地方。家在哪里？家在远方。

家在远方，远方的故乡有我的故宅，有我的老母亲，有我的妻子儿女，有我的好朋友，有我少年时的伙伴。

　　实迷途其未远，觉今是而昨非。舟遥遥以轻飏，风飘飘而吹衣。
　　问征夫以前路，恨晨光之熹微。

马车啊，你不要这么摇晃；清风啊，你为何总是要吹动我的衣襟？白云啊，你为何总遮断归途，让我看不清回家的路？我是一个离家的孩子，这么多年来在外漂泊，那延州莽莽的高岗，那渭水滚滚的波涛，那黄土高原风沙漫天

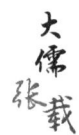

的小城，那渭州边塞苍凉的西风、纷飞的雪花，我都经历了。如今，我的母亲，你离家多年的孩子就要归来了；我的亲人，你们还会像我小时候那样，张开热情的臂膀，欢迎我吗？

张载不由得思绪万千，感慨万端，一时间情不能自已，禁不住潸然泪下。

马车过了风陵渡，过了函谷关，又过了潼关，进入关中故土。

车过武功县时，他回想起了一件事儿，那是两年前的事儿了。

武功县城南有个芳草萋萋的好去处，叫绿野亭。他的好友，武功主簿张山甫曾邀请他去绿野亭讲学。那天有一百多名学子聆听了他的讲座。后苏轼先生以集贤殿修撰知凤翔时曾和他相聚于此，他曾在绿野亭中作诗四首送给苏轼，其中有一首诗是这样的：

秦弊于今未息肩，
高萧从此法相沿。
生无定业田疆坏，
赤子存亡任自然。

想起这首诗，就想起了苏轼先生。那天，他们在汴京的街头相遇，苏先生对王安石的新法非常不满，并对前途深表担忧，后来果然应了他的话了。许多老臣进谏皇帝，希望废除新法，纷纷遭到贬谪。就连张载直言进谏的弟弟张戬，也遭遇了同样的命运。

过了武功，过了鳌屋，经过几天的奔波，马车终于进入郿县境地了。

横渠到了，横渠终于到了。"绿树村边合，青山郭外斜。"你看——绿树环绕的小镇，那黛青色的秦岭在她的南边连绵起伏；那高耸入云的太白山，山顶还有着千年不化的积雪。你看——乡亲们衣着简朴，笑容可亲，耕牛哞哞地叫着，鸡鸣犬吠，一派祥和的气氛，多么亲切啊！这就是故乡！我阔别多年的故乡啊！张载望着故乡的一山一水、一草一木，眼眶又湿润了。

二十七 辞官归里

张载在离开京城时，曾给家里修书一封，详细地向母亲和夫人述说了自己辞官归田的事儿。因此，母亲和夫人以及孩子们都在家里等着他归来呢。

母亲已经年近古稀，两眼昏花，头发全白了，身体越发佝偻了。夫人郭葳每天照顾着母亲的起居。雪儿于一年前出嫁了，嫁给了当地的一个举人。梅儿已经出落成一个楚楚动人的大姑娘了。最顽皮活泼的，要数小儿子因儿了，他在家里跑来跑去，唱着、跳着，一会儿上到奶奶的炕上，一会儿去院子里爬树，一会儿把那几只大红公鸡追打得满院子飞，一会儿又拿起一本书缠着娘讲故事。总之，他是母亲和夫人的宝贝。

张载的姐姐张薇如今已经做了奶奶了。她的儿子宋霆今年二十六岁，于前年娶妻生子；还有一个小儿子叫宋京，今年十二岁，经常和两个舅舅家的因儿、蒙儿在一起玩。外甥宋霆是个聪明文静的小伙子，他已经参加了院试、乡试和会试，都取得了较好的成绩，明年参加殿试，如果能考中，他就是进士了。宋霆小时候，母亲经常给他讲舅舅张载的故事，用舅舅的事迹来勉励他。在宋霆的记忆里，他的舅舅张载是一个文武兼备的人。在他还是一个小孩子时，就经常见舅舅在院子里舞刀弄棒，后来他在崇寿院的学堂上见到舅舅在为学子们授课，他虽然听不懂，但也有一两句会飘进他的耳朵。七八岁的时候，他就知道了"上善若水""得道多助，失道寡助""天行健，君子以自强不息"这些深奥的古典句子。在他还是个少年的时候，舅舅考中了进士出去做官了，见面的机会就少了。所以，在他的印象里，舅舅是一个学问家，一个有很深学问的人。

张载的好朋友周宇也做了爷爷。他有两个儿子：大儿子周铭今年已经二十三岁了；小儿子周戈已经十七岁了，也长成了大小伙子。

周铭已经娶妻生子，生了个男孩取名周鹏，两岁的周鹏成了周宇的宝贝儿。两鬓斑白的周宇每天"鹏鹏、鹏鹏"地叫着，一会儿把孩子抱在怀里，一会儿把孩子举过头顶，一会儿又让孩子骑在自己的脖子上。有时候他还让孩子骑在自己的背上；他自己呢，则像马一样在炕上爬。真想不到，小时候要强而难以接近的周宇，到老了，有了孙子，竟然成了老顽童了。

张戬是在考中进士那一年成的婚，妻子是盩厔那边一个大户人家的姑娘。

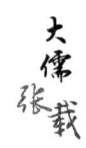

张戬有一儿一女：女儿名叫张颦，比梅儿小一岁，今年已经十六岁了；儿子呢，叫张蒙，今年已经九岁了。

得到张载要辞官归乡的消息后，陆氏、郭氏，还有梅儿、因儿、张颦、张蒙、周礼、周铭、周戈这些孩子，都天天期盼着张载的归期。特别是这些孩子，他们天天到村口去迎接张载。

这天上午，张蒙跑回家对奶奶说："东边路上有一辆马车朝咱们村这边跑过来了，是不是伯伯回来了？"

"哦，什么样的马车呢？"奶奶说。

"一辆很漂亮的马车，我还从来没见过那么漂亮的马车呢！"张蒙说。

"蒙儿，你说你到村口看到了一辆马车吗？"伯母郭氏听见蒙儿和奶奶在说话，就说，"看看是不是你伯伯的马车回来了。"

"是的，可能是伯伯的马车回来了，让我再去看看吧！"蒙儿说。

"蒙儿哥哥，等等我，等等我！"因儿一听爹爹要回来了，就从堂屋里跑出来，一边跑，一边喊道，"我也要去接爹爹！"

张载一下车，就看到两个可爱的男孩子。

"孩子们，可见到你们啦！来，让我抱一下！"他知道个子高的是弟弟的孩子蒙儿，他蹲下去，亲了一下蒙儿。再看因儿时，发现一年不见，因儿长高了许多。他又去抱因儿，因儿反倒有点怯生生地回避他。

"伯伯，您可回来了，我们天天到村口去迎接你！"还是蒙儿先开了口。

"哦，蒙儿，伯伯听说你上学堂了，还学会了作诗，是吗？"张载笑着说。

"是啊，我写了许多首诗呢！"

"蒙儿真有出息！"张载说，"伯伯给你带了几本诗集，你一定会喜欢的！"

"因儿怎么不叫爹爹呢？"张载亲了一下因儿的脸，一把将他抱起来。

大概是因儿被他爹爹的胡楂扎了一下，他竟然向一边挣了一下说："爹爹，我每天都盼着您回来呢！昨晚上做梦，都梦见您了！"说着，孩子的眼泪溢满了眼眶。

"哦，好孩子，爹爹也天天想着你呢！"张载看到孩子眼眶里涌出晶莹的泪花，心里也有几分难受，他意识到，原来自己已经很久没有亲近孩子了，难怪孩子对自己都生疏了，就说，"好孩子，别哭，爹爹不是回来了吗？"

"爹爹，过几天，您还会走吗？"因儿的眼泪在眼眶里打转转，问道。

"不走了，因儿，这一次爹爹回来就再也不走了。"张载替孩子擦了一把眼泪，说，"天天陪着我的因儿，教你读书、识字，你说好不好？"

"真的吗？"因儿说。

"当然是真的了，爹爹会骗你吗？"张载说。

"那您之前每一次都说不走了，不是过几天就悄悄地走了吗？"因儿说，"每一次我都在睡梦里，等醒来后，就找不到您了！"

张载感受到孩子幼小的心灵中那纯真的对父亲的依恋之情，他真不知道说什么好。这么多年来，自己拼命地为国事操劳，四处奔波，竟然忽视了和孩子的亲情，他不知道这些年自己究竟得到了什么，但失去的东西却是实实在在的，比如对孩子的抚养和教育，和孩子之间的亲情，对夫人的体贴，对老母亲的照顾和赡养，等等，这些东西，是什么也换不回来的，难道不是吗？

回到家了。张载见到了年迈体衰的母亲，他走到母亲的炕边叫了一声母亲，母亲的耳朵很背了，他一连叫了几声，母亲才听见，也才认出了他，母亲用昏花的眼睛望着他，半天才说："是我家载儿回来了？"

"是啊，娘，我是您的载儿啊！"张载说，"我从京城回来了！"

"真的是载儿回来了！"母亲坐起来，颤巍巍地下了床，拉住张载的手，上下左右打量着他。

夫人郭葳走过来说："夫君，你可回来了，给娘念了你的书信后，娘就天天念叨，说你快回来了，让我收拾这收拾那，给你准备书桌，准备书房，准备饭菜……"

"哦，这么说，还是娘疼我！"张载笑着说。

"谁说只有奶奶才想您，我们每天都想见到您呢！"因儿又说话了。

梅儿听见爹爹回来了，急忙放下绣花针，从里屋走出来说："爹爹，您回来了！"

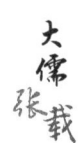

张载一看自己的二女儿梅儿略带羞涩地和自己说话，看到梅儿长成了一个大家闺秀了，见她已经不是原来那个爱撒娇爱哭鼻子爱穿花裙子的小姑娘了，真是有几分欣喜，就说："梅儿，你长高了，成了大姑娘了！来，看爹爹给你买了什么好东西！"

于是，他将从京城带回来的行李箱打开，孩子们都围了过来，从里面取他们喜欢的东西。

姐姐张薇也来看他了。姐姐怀里抱着孙儿，小孙子有三四岁的样子，很可爱。她两鬓染霜，脸上爬满了皱纹，年少时的美丽、活泼和矜持早已经看不出来了，她已经完全成了一个慈祥和蔼的老妇人了。小孙子名字叫宋鲲。姐姐说："鲲鲲，叫你舅姥爷。"孩子奶声奶气地叫了一声"舅姥爷"，就藏在奶奶的怀里了。

周宇也来看他了。这个年轻时勇武而强硬的汉子，这个年轻时沉默而内敛的伙伴，如今已经变成了一个随和的老头子。他留着很长的胡须，头上已经开始谢顶，使得本来就宽的额头显得更是宽出来了许多，他的脖子上骑着小孙子鹏鹏，鹏鹏手里拿着一个纸风车，咿呀学语。

张载和他们很高兴地谈着话，说着分别后各自的境况，说着昨日的往事，感叹着年华易逝、青春不再，感叹着岁月催人老，感叹着可爱的孩子们一个一个地来到了身边，也感叹着生活的艰难和时代的变迁。他们也关注着朝廷的变法会给他们的生活带来什么样的变化。当他们得知张载在京城怀才不遇，未被重用，很不得志的情况后，纷纷说辞官归里也未必不是一件好事情，因为这样至少可以为家乡的老百姓做点事儿，可以好好教育和培养自己身边的孩子、自己家乡的后生们。他们很家常、很亲切的话语，给张载沉重而忧郁的内心带来了几许安慰。

张载来到了自己的书房，看到书房收拾过了，书桌和书柜都很整洁，书柜内一摞摞书码得整整齐齐的，书桌上放着文房四宝，还有几本自己许多年前阅读过的书。屋角有一盆花，是正在开放的月月红，花香馥郁。墙上还有自己题写的对联——夜眠人静后；早起鸟啼先。另外墙上还有自己书写的几首励志的诗词。

看到这一切，他感到很亲切。似乎时光又回到了十多年前，那时候，他一边攻读儒、释、道各家的经典，一边半耕半读，农闲时就出去游学四方，那是一段多么无拘无束的日子啊。也就是在这个小小的书房里，他读着，写着，思考着，想象着，他梦想着自己以后能大有作为，梦想着能成就一番大事业，能经世济民，能匡扶社稷，能经天纬地。哈哈，现在想起来，真是别有一番滋味在心头。理想和现实之间的差距是多么大啊，他不由得在心里轻轻自嘲了一下。

他坐下了，坐在书桌前，静静地坐着，望着自己撰写的那副对联：

夜眠人静后；
早起鸟啼先。

望着望着，他的眼睛模糊了，在月月红的清香里，他恍若步入了时光轮回的隧道，往日的时光之门打开了，他又回到了从前的日子。

二十八　横渠书院

火红的石榴花开放的时候,五月来了。

这天清晨,太阳还没有出来,在布谷鸟的叫声中,张载穿过田间小径,穿过正在成熟的麦田,独自漫步到横渠镇南边的高原上,站在这里向四处观望,他的心情很好。

天空碧蓝如洗,白云在天空悠然地飘着;黛青色的秦岭连绵起伏,像巨龙一样,在南边蜿蜒着、横亘着;脚下一望无际的麦田正在由绿变黄,空气中飘浮着麦子即将成熟的清新的气息,早起的农人们已经开始了辛勤的劳作;渭河在北边汹涌着,自西向东日夜不息地奔流着;在高大的绿树的掩映下,一个个小村庄错落有致地散落在麦田的深处,显得是那样安静而祥和。这是一片多么熟悉的土地,这是一处多么亲切的风景,这里的乡亲们是多么善良而勤劳!

他在心里默默感叹着:就是这片土地养育了我,养育了我的兄弟姐妹,养育了我的父老乡亲。我爱这片土地,我爱这片土地上的人们,就如同爱我自己一样。

一种莫名的情感在心中潜滋暗长着、汹涌澎湃着,使他难于呼吸,使他激动得战栗了,使他不由得有了许多莫名的感动,眼泪涌出了他的眼眶。他想唱歌,他想呐喊,他想在这里大哭一场。面对着家乡的麦田,面对着家乡的土地,面对着家乡的亲人,他真的想大哭一场,痛痛快快地大哭一场。他要将自己这几十年来内心积淀的所有的苦难和委屈,所有忧愁和烦恼,所有的不平和失意,所有的伤感和怅惘,全部发泄出来,全部倾诉出来,让故乡的土地,让故乡的麦田,让故乡的蓝天白云,让故乡的亲人来抚平自己的创伤。

二十八 横渠书院

太阳从东边的麦田里慢慢升起来，光芒万丈，千万条阳光的金线洒向麦田，洒向村落，洒向这里的一草一木。所有的忧愁和烦恼，所有的委屈和不快，他已经交给了夏日的晨风，让它吹走了，吹到了海角天涯！

他沐浴在阳光里，沐浴在初夏的阳光里，于是他的心里也变得像这阳光一样明亮而透澈。

"子厚，你已经转了一圈了，怎么起得这么早？"张载回家的时候，在村庄外的田间小径上遇到了周宇，周宇很惊讶地问。

"是啊，鸟儿一叫，我就醒了。"张载笑着说，"起来后，到四野的麦田里转转，到山岗上转转，空气很好，我的心情也很好！"

"这样的日子，比起在衙门里当官来，是不是会更好一点？"周宇追问道。

"是的，岂止是好一点，是好多了啊。"张载微微一笑，说道，"这样自由而快乐的日子，正是我所需要的！"

"那就好！常言道'无官一身轻'，看到你快乐，我也很高兴！只是，"周宇话题一转说道，"只是我那天跟你说的话，你考虑了吗？"

"什么事儿啊？"

"就是教育咱自己的孩子啊！你能不能在崇寿院给孩子们讲讲课？你满肚子的学问，如果不给孩子们传授一些，岂不是太可惜了！"

"原来是这件事儿，可以的，当然是可以的。我爱这些孩子们，给孩子们讲讲课，是我很乐意干的事儿！"

"那好啊！我的两个儿子成天喊着要听你讲课呢！还有我的侄儿，还有你的外甥宋霆、宋京。你知道的，这些孩子都很有出息，又聪明又好学，如果能得到你的指点，那真是一件好事啊！"

"我弟弟家的蒙儿，我家的因儿，这些孩子都需要有人好好栽培，他们就像正在成长的小树，需要阳光雨露，需要施肥剪枝，需要我们精心呵护，这件事情我当然义不容辞了！"

"说得好，就是这个理儿！我看不如我们今天就去崇寿院清扫整理出一间课室，专门留给你讲学，如何？"

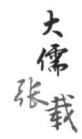

"好啊，就这么办！"

刚回到家，张载就看见因儿在院子里打理花草。他走过去，看到春天时种下的萱草已经长高。

"爹爹，这是一株忘忧草。"因儿蹲在那儿正在培土，两手沾满泥巴，见到父亲来了，就忽闪着一双黑亮的眸子仰面说，"娘说了，在咱们家院子里种下一株忘忧草，等花开了，我们大家就没有忧愁和烦恼了！"

"哦，忘忧草，它有这么神奇吗？"张载望着天真的孩子，听着他纯真稚气的话语，心里面盈满了亲情和感动。他仔细看着这株半尺高的忘忧草，嫩绿的叶片呈长条状，就像兰草的叶子，但比兰草的叶子要宽许多，就说，"好啊，你以后就每天为它浇水，让我们等着忘忧草开花吧，呵呵。"

吃过早饭，张载和周宇一起来到了崇寿院。

这是多么熟悉的地方啊，也是多么亲切的学堂啊！在参天的柏树下，几间白墙灰瓦的校舍，竹林掩映，曲径游廊，花木扶疏，环境静谧，真是个适合读书做学问的地方。

张载进了崇寿院，才知道原来教过自己的几位先生大都过世了。现在的教书先生，有几位还是自己的学生呢。他们见到张载，都很有礼貌地向他施礼，又是客气地让座，又是端茶倒水，很是热情。当他们得知张载和周宇的来意后，都很高兴，表示热烈欢迎，并说这是他们学堂的荣幸，能请到名满天下的张横渠先生来讲学，崇寿院一定会焕发出新的生机。

得知辞官归家的张横渠先生要在崇寿院讲学，一时间，横渠镇的老百姓都很高兴，他们都想把自己的孩子送到崇寿院学习。

那是一个晴朗而明媚的夏日上午，在周宇、周峰等人的陪伴下，张载腋下夹着书本，一身交领襕衫，欣然来到了崇寿院。今天，他将在这里试讲第一堂课。

在他的讲桌上，崇寿院的先生们（他的弟子们）早已为他点好了茶。他走进课室，发现课室里已经座无虚席了。有学生，也有学生的家长，也就是他的父老乡亲们，大家都很友好、很热情地向他问好，和他打招呼，这让他感到很亲切。在这间课室里，他也看到了他的弟子们，因儿、蒙儿、周戈、周礼、宋霆、宋京。

他看着这些淳朴的乡亲眼神中流露出的对他的期望和信赖，看着这些可爱的孩子天真无邪的求知的眼睛，他忽然发现，原来他们是多么希望能遇到一位好先生，能有一位好导师来为他们启蒙启智，来告诉他们人生的智慧和道理啊！

望着课室里面坐着的这些可爱的人，他站起来，激动地说：

"我的父老乡亲们，我的孩子们：

"我很高兴能为你们授课。这所崇寿院也曾是我的母校，这里才是我的根，树高千尺也不能忘了根！

"我爱这里，我更爱这里的人们！我爱你们，就如同爱我的少年的时光，爱我少年时留下的美好记忆……

"寒窗苦读、四方游学、做官、修史、戍边、讲学、进京面圣……我从三十八岁离开这里，到五十一岁又回到这里，这十三年来，我曾经走过千里万里，越过千山万水，经历了太多的艰难坎坷，曾经梦想着以平生之所学，实现自己经世济民的宏伟抱负，可如今我的大半生已经过去了，理想却遥不可及。

"而当我辞官归乡，突然发现，这里才是最需要我的地方。我的儿子需要我教育，我的侄儿需要我指教，我的外甥等着我指点，还有更多的孩子也希望能得到我的栽培。因此，孩子们，望着你们纯真的如宝石般的眼睛，我忽然明白了，教育你们，培养你们，是我义不容辞的责任和义务！

"乡亲们，孩子们，我一定不辜负你们对我的期望，要将平生之所学完完全全毫无保留地教给你们，下面就让我们开始今天的授课吧！"

就这样，张载在崇寿院开始了他的授课。那天来听讲的人很多，课室里面坐满了人，窗子外面也有许多乡亲围观听讲。乡亲们都想一睹名满天下的横渠先生授课的样子，看到他的身影，听到他的声音，乡亲们就感到亲切，因为乡亲们始终将他当成是自己的家人、自己的亲人，因为他是从横渠这片土地上走出去的人。

横渠先生在崇寿院讲学了！当这一消息被许多人传播开来的时候，螯屋

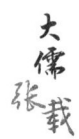

县、蓝田县、武功县、扶风县、邠州等附近的州县不断有学子慕名前来听讲。

蓝田县的吕大钧来了。嘉祐二年（1057），吕大钧曾和张载一起进京赶考，一起考中进士，他先后出任过秦州（今属甘肃天水）司里参军、监延州折博务、三原县令等地方官。三年前他的父亲去世了，他在家丁忧三年。丁忧期间，为教化乡人，创中国历史上第一部成文的村规民约——《吕氏乡约》，提出"德业相劝，过失相规，礼俗相交，患难相恤"。如今服满准备上任的时候，忽然听说老朋友张子厚在横渠崇寿院设馆讲学，于是欣然来到崇寿院。

"大道之行也，天下为公，选贤与能，讲信修睦……"琅琅的读书声一阵阵传来。

阳光穿过高大的枝繁叶茂的柏树的枝叶，将斑驳的光影洒在院中的小径上、课室的窗台上。南墙边一方小小的竹林青翠欲滴，有小鸟在竹林间鸣叫。小径上石榴花开败了，落红满地，但月月红却开得正好。

这就是夏日的崇寿院。那天吕大钧来到崇寿院的时候，张载正在给弟子们授课。

他们一见面就拥抱在一起了。

"子厚兄！"

"和叔弟！"

他们互相称呼着对方的字，久久说不出话来，只是拥抱着，互相拍着对方的肩膀，激动得热泪盈眶。多少年没有见面的老朋友了，想不到东京一别，今天竟然在这里又见面了。

等他们坐下来端起了茶杯，才开始慢慢叙旧，谈起了阔别多年后各自的境况。

吕大钧已经四十二岁，额上有了皱纹，头上也已经有了几根白发。虽然他出任过一些地方官，对纷纭复杂的社会也有了许多认识，人世的艰难坎坷、风雨沧桑也算经历了一些，但他热情奔放的性格并没有改变。他谈了自己这些年出任参军、县令等小官的经历，谈到自己敢作敢为、叱咤风云的往事，说到兴起，竟然一拍桌子站起来，用双手比画起来，说得有声有色，眉飞色舞的。但是，后来他也说出了自己的困惑和迷惘，说出了自己对官场的失望和厌倦，对朝廷朝政腐败、民不聊生的深深担忧。

张载也说了自己这些年当云岩县令、出任著作佐郎、长安讲学、渭州戍边的经历，也谈了自己雄心勃勃、踌躇满志地进京面圣却遭到了一番冷遇，说出了自己怀才不遇的伤感，也流露出对王安石熙宁变法的忧虑。

后来，他们互相进行了一番安慰，也找到了共识，那就是：离开了争斗不断的朝堂，离开了尔虞我诈的官场，面对家乡淳朴的父老乡亲，面对乡村纯净的蓝天白云，感受着鸟语花香和乡村的宁静祥和，不也是一种难得的人生境遇？

当吕大钧得知张载已经辞官，现在专心致志地在崇寿院为弟子们授课时，就说："子厚兄，你还记得十几年前咱们进京赶考时说的一席话吗？"张载说："当然记着，怎么能忘记了呢？我说我有一天要办一所学堂，教书育人；你说你会协助我，做我的忠实追随者，为我做宣传、四处招募学徒。对吗？"吕大钧一拍大腿，就站起来说："是啊，是啊，这一席话，我至今记得清清楚楚呢，现在就让我来实现自己的诺言吧！我也不准备做官去了，我算是把官场看透了，我要干点实实在在的事儿，为自己，也为咱关中的老百姓。"

接着，吕大钧又说："子厚，你知道吗？我有个兄弟叫吕大临，非常好学，博览群书，又博闻强记，《诗》《书》《礼》《易》都很精通。经常问我一些古书上的东西，可惜我有时候也不太懂，答得往往不能让他满意。我若是把他交给你来教导，一定可成大器！还有我的儿子吕义山，也喜欢读书，可惜没有个好先生能教他。这孩子今年已经二十一岁了，我准备今年冬天就给他完婚，过一两年，我也就要当爷爷了，你说可怕不可怕，真是岁月催人老啊。孩子们一个个在眼前长大成人，一个个结婚生子，我们也都快成了老朽了，哈哈！"

吕大钧的一席话把张载逗乐了，于是他也笑着说："是啊，我们都成了爷爷辈的人了，应该为后辈、为子孙做些有益的事儿。常言道，十年树木，百年树人。这教育事业可是百年树人的事儿，在教育上做些事儿，也是非常有意义有价值的。我希望我们能联手共同做好这件事儿。"

　　过了几天，吕大钧再次来到了崇寿院，这次他带来了两个年轻人，一个是他的弟弟吕大临，另一个是他的儿子吕义山。吕大临当时二十五岁，中等个头，头戴方山巾，身着素绸交领长袍，显得文质彬彬，但又透露出一种睿智和刚强。吕义山呢，高高的个子，笑嘻嘻的，穿一身襕衫，年轻而英武，就是显得消瘦了一点儿。他们和吕大钧一起，都向张载行弟子礼。

　　吕大钧充分发挥他活力四射、热情似火的性格，骑着马，到周边州县为崇寿院做宣传，四处招募学子。他每到一个地方，都会去县衙门见当地主管教育的行政长官，他会说话，朋友多，人缘好，又做过多处的地方官，许多朋友都认识他，所以他的宣传还是极具感召力的。

　　于是，名满天下的大学者张载在崇寿院讲学的事儿远播四方，被越传越远，关中的学子们纷纷前来求学。过了几天，武功学子苏昞来了，长安学子李复来了，邠州学子范育来了。随着这些极具实力的学子的到来，崇寿院的名声越来越大，感召力也越来越强。

　　苏昞那时候二十多岁，中等身材，憨厚内敛，沉默寡言，显得少年老成。横渠先生和他谈了谈人生与志向，知道他无心仕途功名，只想读书益智、闻道和明理。这正好和横渠先生的志趣相投，于是就收他为徒。苏昞是一个很内秀的小伙子，来横渠前，已经读过许多书，有了很深的儒学基础，所以在学堂上只要横渠先生稍加点拨，他就能触类旁通、心领神会。因此，在学业上进步很快，深得先生喜爱和赏识。

　　张载白天在崇寿院讲学，晚上回到家中，向老母亲请个安，和孩子们说说诗书上的故事，开心地玩一会儿，再和夫人聊聊天，说说农耕桑麻田地季节这些琐事，享受着融融的天伦之乐。虽然是竹篱草舍、粗茶淡饭，但他却感受到别样的乐趣，这是一种恬淡闲适的生活，也是一种随遇而安的生活。

　　一天晚上，他在炕上拥被而坐，吃完用泉水和绿豆红豆熬成的散发着香味的豆粥，闻着炊烟的熟悉味道，忽然感觉很悠闲。久违了，这样闲适的时光。他的心情竟然这样好！再没有那些令人烦恼的公务来缠身了，再没有那些令人忧愁的事务来劳形了，他忽然感到一种诗意，于是，他赶紧走到书房，提笔写下了一首七言《土床》：

> 土床烟足䌷衾暖,
> 瓦釜泉干豆粥新。
> 万事不思温饱外,
> 漫然清世一闲人。

"娘,看,这是爹爹刚写的一首诗!"因儿从书房将这首墨迹未干的诗拿出来给他娘看。

"哦,'万事不思温饱外,漫然清世一闲人',写得好,你爹爹现在就是'漫然清世一闲人'啊!"郭氏笑着说,"他再也不用为朝廷的事操心了,每天教你们读书写字,多好啊!"

"爹爹再也不走了吗?"因儿眨巴着天真的眼睛问娘,"会不会过几天又走了?"

"傻孩子,你爹爹已经辞官了,他再也不会离开我们了!你喜欢爹爹教你读书吗?"

"当然喜欢了!"因儿高兴地说。

在吕大钧的积极倡导和宣传下,四方的学子纷纷慕名前来求学,于是崇寿院的学生越来越多。但与此同时,学生的年龄和学问基础也参差不齐,这样必然给教学带来一定的困难。

针对这些问题,张载和吕大钧以及原崇寿院的先生们进行了商议,将学生分为三个层级:第一个层级是十岁以下的学生,他们处于识字和启蒙阶段,要让他们读一些浅显的、通俗易懂的、有益有趣的读物,比如说《诗经》《论语》《百家姓》《蒙求》等等;第二个层级是十岁至十六岁的学生,他们已经读了一些书,掌握了一定的知识,有了一定的基础,要教授他们中等层次的经典,比如说《尚书》《礼记》《孟子》《战国策》《左传》等等;第三个层级是十六岁以上的学生,这个层级的学生已经读了大量的诗书和国学经典,他们需要的是巩固、提高、深思和顿悟,需要先生们为他们指出知识学问的共通点

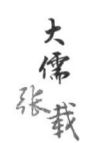

和区别点,为他们的提高指点迷津。因此,对于这一个层级的学生来说,他们除了要继续熟读深思儒家"六经三史"外,还需要学习道家的《道德经》和释家的一些东西,来融会贯通,提高思想境界。

一天,几名学子在一起商讨,说崇寿院这个牌子已经很久了,能不能更换一个更好的名字呢。先生张载,人称张横渠,张横渠这个名字已经名满天下,可不可以将崇寿院改称"横渠书院"呢?这一提议首先得到了吕大钧的肯定和支持,后来吕大临、苏昞、李复等也纷纷表示赞同,张载后来也同意了大家的意见。

这一年的夏日午后,张载正在书房读书,忽然有感于乡间蝉鸣的天籁之声,于是提笔写下了一首《闲居书事》:

> 轻风拂拂撼取柽,
> 庭户萧然一室清。
> 隔叶蝉鸣微欲断,
> 又闻余韵结残声。

刚写完诗,因儿忽然跑进来高兴地说:"爹爹,忘忧草开花了!忘忧草开花了!"

"哦,忘忧草真的开花了吗?"张载说,"太好了!那我们以后就再也没有忧愁了!"

因儿嬉笑着,兴奋地拉着他爹爹的手,一蹦一跳地来到院子的一角看忘忧草。张载看到,忘忧草那碧绿的条形叶片中真的开出了一朵金黄的花,六个娇嫩的花瓣舒展着,就像怒放的百合花一样,一股莫名的感动忽然涌上他的心头。他忍不住抱起因儿,在他的小脸蛋上亲了一下,说:"忘忧草开花了!因儿,我们以后就再也没有忧愁了!"

转眼到了秋天,这是一个秋高气爽的日子,阳光灿烂,远山黛青,天空澄明而高远,柿子树和梨树枝头挂满了沉甸甸的果实。

二十八 横渠书院

今天是横渠书院正式揭牌的日子。横渠镇的乡亲们敲锣打鼓前来祝贺，他们为书院送来了贺礼，在书院门前燃放爆竹。书院内修葺一新，但见曲径游廊，竹林掩映，花木扶疏，白墙灰瓦的校舍显得清新而雅致。特别值得一提的是，刚进书院，就能看到一块大石壁上雕刻着这样的文字：

为天地立心，为生民立命，为往圣继绝学，为万世开太平。

这就是张载先生在长安讲学时，提出的读书人应有的理想和抱负。今天，他把这一宏伟的抱负写出来，成为座右铭，要与所有学生共勉。

吕大临、李复、苏昞这些儒雅的书生在书院内外忙碌着，他们忙着在书院的墙壁上张贴校训，这些都是张载亲笔书写的，但见走笔潇洒而飘逸，宛如游龙飞凤。

书院西边的墙壁上，张贴着《订顽》：

乾称父，坤称母，予兹藐焉，乃混然中处。故天地之塞，吾其体；天地之帅，吾其性。民，吾同胞，物，吾与也。大君者，吾父母宗子；其大臣，宗子之家相也。尊高年，所以长其长；慈孤弱，所以幼吾幼。圣其合德，贤其秀也。凡天下疲癃残疾、茕独鳏寡，皆吾兄弟之颠连而无告者也。于时保之，子之翼也；乐且不忧，纯乎孝者也。违曰悖德，害仁曰贼，济恶者不才。其践形，唯肖者也。知化则善述其事，穷神则善继其志。不愧屋漏为无忝，存心养性为匪懈。恶旨酒，崇伯子之顾养；育英才，颖封人之锡类。不弛劳而底豫，舜其功也；无所逃而待烹，申生其恭也。体其受而归全者，参乎！勇于从而顺令者，伯奇也。富贵福泽，将厚吾之生也；贫贱忧戚，庸玉女（汝）于成也。存，吾顺事；没，吾宁也。

其实，这个《订顽》，后人又将其称为《西铭》，是张载很早以前就写出来的，那还是他任著作佐郎的时候。

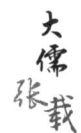

在文中横渠先生描绘了一个理想的社会图景：在这个社会中，每个人都是我的同胞，万物都是我的朋友。君主（皇帝）是我父母的长子，而大臣是君主的管家。尊敬老人，就是尊敬长兄；慈爱孤小，就是慈爱幼弟。以天地之德为圣，以天地之间优秀者为贤。天下所有病苦残疾、鳏寡孤独之辈，都是我受苦受难而无处可告的同胞兄弟。

《西铭》中重点要求弟子们要树立正确的、宏大的世界观和人生观，希望大家为"民胞物与"的理想社会而努力奋斗。

书院东边的墙壁上，张贴着《砭愚》：

戏言出于思也，戏动作于谋也。发乎声，见乎四支（肢），谓非己心，不明也；欲人无己疑，不能也。过言非心也，过动非诚也。失于声，缪迷其四体，谓己当然，自诬也；欲他人己从，诬人也。或者以出于心者归咎为己戏，失于思者自诬为己诚，不知戒其出汝者，归咎其不出汝者，长傲且遂非，不知孰甚焉！

这就是著名的《东铭》。

《东铭》的思想大致是：在横渠先生看来，一个弟子要达到具有"天地之性"的圣人的境界，就必须从"见闻之知"向"德性之知""诚明所知"进行不断过渡和超越，而在这个漫长的"变化气质"的过程之中，就必须进行长期不断的学习、积累和躬身自省，而且特别要注意自己的言行，祛除戏谑，避免长傲，在穷理尽性之路上不断求索。《东铭》重点突出了加强自身修养，要注意平时自己的一言一行，于细微处见精神，谨言慎行，强调严格要求自己，才能修成正果。

而每一个课室内，都张贴着这样一幅字：

言有教，动有法；昼有为，宵有得；息有养，瞬有存。

这就是"六有"，这是张载在少年时候拜谒武侯祠时写下的感悟。今天，他要将这个作为学习的准则，来教育学生，让学生每天都有所收获。

正午时分，横渠书院揭牌的时候到了。随着鸣锣开道，忽见一队车仗缓缓来到书院门前，从车上下来一个当官的人物，只见他头戴展脚幞头官帽，身穿一身锦袍官服，四十岁开外。几名眼尖的乡绅说："横渠先生，你看王县令来了。"

张载忙上前迎接，王县令一见张载，就毕恭毕敬地鞠躬作揖道："久闻横渠先生大名，由于公务繁忙，不曾来拜访，还望海涵！"

"哪里，王县令客气了！"张载连忙抱拳还礼。

"欣闻横渠书院今天开张，卑职送上薄礼一份，以示祝贺！"说着，王县令让手下人将礼品抬了下来。

"多谢王县令大力支持，只是这份礼品就免了吧。"

"横渠先生设馆讲学，传道授业，教育本县弟子，这一造福乡梓的好事，值得提倡，值得祝贺，还望先生不要推辞！"

就这样，由郿县的王县令亲自为横渠书院揭牌，在一片爆竹声、鼓乐声和欢呼声中，横渠书院正式成立了。

原来，张载在朝廷时出任的是崇文院校书，官居四品，他辞官归乡是经过皇上恩准的，并保留品级待遇。而县令只是一个七品官，加之王县令也是一位不错的官员，他勤于政务，爱护百姓，重视教育，也很有口碑，所以才会出现刚才的一幕。

得到了当地官府的大力支持，加上有吕大钧、吕大临兄弟的鼎力支持，一时间，横渠书院名声大噪，四方学子纷纷前来拜师求学。

关于横渠书院，在横渠镇的民间还流传着一个有趣的故事呢。

那是一个夏日的晌午，两名刚刚吃完午饭的老者坐在门口的大青石上面对面谈天。青石旁边是一棵高大的古槐树，古槐树绿荫匝地，树上的蝉儿在声嘶力竭地叫着；有几只鸡在两名老者身旁自由自在地觅食，咕咕咕地叫着；一只大黄狗卧在青石旁边，吐着红红的舌头，似乎很感兴趣地听着他们的谈话。

"你知道吗，老哥，横渠先生在书院讲学的事儿？"一名老者说。

"怎么不知道？横渠先生讲学，那名气大了！附近州县的学子都来了！我

的大儿子昆儿不就在那儿读书嘛！"另一名老者说。

"知道个啥哩！你就只知道十里八乡的学子都来了！你可知道，就连修炼千年的精灵都来听讲来了！"

"什么？千年的精灵？不知此话怎讲？"这位老者惊讶地睁大了眼睛道。

"千真万确，这可是我刚刚听李三说的呢！李三，你知道的，就是横渠书院对面的那个烧酒坊的伙计。"

"哦，李三讲的故事，什么故事？说来听听。"

"好啊！且待我慢慢讲来。"

于是这名老者就讲出了下面这个充满魔幻的故事。

原来横渠书院对面有一家王财东开的酒坊，李三是里面的伙计，他生得膀阔腰圆，敦实健壮，肤色被日头晒得黝黑黝黑的。他每天挑水、拉风箱、烧火、翻酒料、酿酒，浑身有使不完的力气。横渠先生讲学之余经常和李三聊天，慢慢就成了好朋友。

李三最近发现有一位年逾古稀的老人每天来横渠书院听讲，老人虽然满头银发，银须飘飘，但精神矍铄，脸色红润，真是鹤发童颜。李三觉得很奇怪，他奇怪的不是老人年龄大气色好，而是老人爱喝酒，而且酒量很可观。

李三发现了一个规律，老人每天去横渠书院听讲前，先要到酒坊喝一坛酒，一坛上好的陈酿，价格不菲，但老人不管这些，他似乎很有钱，从来不讨价还价，伙计李三要多少，他就给多少。而且，更令人奇怪的是，白发老人每次喝完酒都要称道横渠先生学问高深、博古通今，自己每天听讲，真是不虚此行云云。似乎是自顾自地说，又似乎是说给其他客人听的。

于是，李三就将这个事情说给横渠先生了。张载说，他也感到奇怪，最近的确是有一个耄耋老人来听讲，虽然发白如雪，但脸色红润如童颜，精神健旺，健步如飞，而且最令他百思不得其解的是，听完讲后，老人总是飘然而去，一会儿就不见踪影了。经李三这么一说，张载决定探个究竟。

这天授完课后，没等老人离去，张载就赶紧上前一步拉住他的袖子道："老者，请留步，这些天一直见您在这里屈尊旁听，也不知在下的课讲授得如何，我很想听听您的意见呢！我们能不能聊聊？"

"好的，好的，横渠先生果然虚怀若谷，我们谈谈吧。"老者笑着答道。

于是他们就相携着来到了横渠书院对面的酒坊。李三一看横渠先生和白发老人一块儿来到了酒坊，赶紧请他们上座，并端出陈年老酿一坛。

于是，他们一边喝酒，一边闲谈。横渠先生发现老人不仅能喝酒，而且知识很渊博，气度不凡，无论是天文、历法、地理、五行八卦、奇门遁甲等杂学，还是儒家、释家、道家都无所不知、无所不晓。他暗暗佩服老人的修养，心想真是遇到一位异人了。他问老人家住何处，姓甚名谁，但老人只是敷衍搪塞，不吐真情。这让横渠先生越发好奇。

横渠先生很想知道老人的来头，忽然心生一计，他让伙计再端来两坛好酒，他今天要与老人喝个痛快，一醉方休。当第三坛酒快要喝光的时候，老人眼神有些恍惚，言语有点含糊了，似乎有了七分醉意。老人说他已经醉了，便欲告辞回家。横渠先生说："老先生您已经醉成这个样子了，还是我送您回家吧！"于是便搀扶着老人走出酒坊。

他们相携着摇摇晃晃、跟跟跄跄地向镇子南边走去，当走到大镇谷口时，老人醉意大发，似乎已经无力支撑，忽然摇摇晃晃地倒下去了，横渠先生一把没有抓住，老人便倒在了谷口的草地上。一刹那，那位银发银须的老人竟然变成了一只毛色金黄、四足紧紧蜷缩的老狐狸。

就在这时，这只老狐狸说话了。他说，他是一只修行千年的老狐仙，只因近来听说横渠先生辞官回家讲学，就经常来听讲，听了横渠先生的讲授，颇受教益，无以回报，愿将自己修炼多年的仙丹吐出一颗，送给横渠先生，吃了这颗仙丹，可以长生不老，可以成仙云云。说完，千年狐仙吐出了一颗雪白雪白的仙丹，有核桃那么大，异香扑鼻。吐出仙丹后，转瞬间，千年老狐仙就消失得无影无踪了。

当横渠先生将这颗仙丹捧到手心仔细观赏的时候，忽然，那颗仙丹倏地就钻进了他的肚子里。霎时，横渠先生顿感神清气爽，有一股超然的力量在胸中升腾，他忽地腾上了云端，飘飘悠悠地就回到了横渠书院。

多么神奇的故事啊！民间的演绎真是神乎其神。横渠先生开馆讲学的声名有多么大，影响有多么深远。从这个有趣的故事中就可见一斑，就连千年狐仙

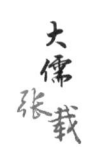

也慕名前来听讲。

横渠先生辞官归里，在横渠镇开馆讲学后，许多学子都来听讲，可以说应者如云。特别值得一提的是，张载的两个正在朝廷任职的弟子也来了，那就是张舜民和游师雄，他们十几年前就师从张载学习，可以算是张载的老弟子了。他们虽然远在千里之外大宋西部边陲，张舜民做县令，游师雄在德顺军做判官，但当他们得知恩师辞官归乡，在横渠镇设馆讲学，就不约而同地回来看望恩师。张载见到了两名已是一方父母官的弟子，很是高兴，鼓励他们要好好做官，以天下苍生社稷为怀，多为老百姓办好事。

张载在辞职归里闲居的时候不经意地开馆讲学，促成了中国思想史上一个大学术派别的形成，对后世产生了深远的影响。这个学术派别被称为"关学"，张载也理所当然地被称为"关学宗师"。

二十九　关学宗师

横渠书院成立后，张载每天还是早出晚归。他每天穿过高大树木投下绿荫的小路，闻着一路花香去讲学。每天他都看着高而远的蓝天，望着田野里生机勃勃的庄稼，望着黛色秦岭有着千年积雪的主峰太白山。他手拿书本，精神愉悦，心情很好，往返于横渠书院和自己的家之间。

有时候，横渠先生走在绿油油的麦田中间的小径上，嗅着春雨过后清鲜的麦苗和各种野花草的气息，目光穿越清晨阳光下薄雾溟蒙的一碧万顷的麦田，投向远处云雾缭绕的愈发碧青的秦岭上的山峰沟壑，感到无比惬意。

有时候，横渠先生看到山下的水蒸腾形成雾气，好一派山水朦胧的自然景致，他便想起了《周易》中蒙卦的卦象。蒙卦的上卦艮为山，下卦坎为水，卦象与"蒙"字的含义结合起来，便是山水间细雨蒙蒙，雾气腾腾，一幅淡雅氤氲的田园山水画。这正如清澈的泉水汨汨潺潺，蜿蜒曲折地向山外流淌，而且必将汇聚成江河，但山下有险阻，因为有险阻泉水便停滞不前，所以蒙昧不明，这便是事物发展的初期阶段。整个卦象的象征意义就是，蒙稚渐启，教育是当务之急。要培养学生纯正无邪的品质，是治蒙之道。因此，横渠先生经常暗暗思索：启蒙治蒙，接受后天的良好教育，对一个孩子的成长是多么重要的一件事儿啊！

趁着他现在正从家里出发走向横渠书院的间隙，我们来说说宋朝的学术派别吧。

纵观历史，我们不难发现，宋朝是继春秋战国之后，又一个学派林立、百

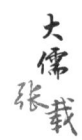

家争鸣、学术交流活跃和学派竞争激烈的时代。这是为什么呢？

宋朝结束了唐末和五代混乱割据的局面，建立了高度统一的中央集权国家。开国皇帝宋太祖赵匡胤提出不因政见、言论和文字等方面的罪名而诛杀大臣和士人的政策，接任宋太祖的宋太宗赵光义又提出了"兴文教，抑武事"的国策，得到宋朝历任统治者的尊重和承袭。特别是宋朝的第三位皇帝宋真宗赵恒曾经作过一首《劝学诗》：

> 富家不用买良田，书中自有千钟粟。
> 安居不用架高堂，书中自有黄金屋。
> 出门莫恨无人随，书中车马多如簇。
> 娶妻莫恨无良媒，书中自有颜如玉。
> 男儿欲遂平生志，六经勤向窗前读。

可见皇帝对读书和做学问的重视，也反映了大宋朝统治阶级重文轻武的倾向。可以说宋朝封建专制统治下宽松的政治环境，营造了较为宽松自由的学术氛围。

由于宋朝学术思想活跃，加之不同学术团体在哲学、政治、教育等方面的争议，以及各学派地域的差异，使学术争辩盛行，形成了风格各异的学术群体并兴的态势，成为继春秋战国以来又一个学派林立、学派竞争的时代。北宋时的学派主要有：由王安石创立的荆公新学，由周敦颐创立的濂学，由张载创立的关学，由程颢、程颐兄弟创立的洛学，等等。南宋时，还产生了由朱熹创立的闽学和由陆九渊创立的心学等。其中，由大哲学家张载所创立的关学，则是一个学术思想鲜明，学术体系完善，学生众多，对后世影响深远的学派。

张载来到了横渠书院。他站在讲台上开始授课。秋日清晨的阳光洒在课室的窗棂上，有小鸟在窗外的大树上鸣叫。

今天他要讲的是做学问的精神实质。也就是说，他要让他的弟子们明白他的学术思想是什么。

他说:"如今全国学派林立,据我所知,有周濂溪先生创立的濂学,王荆公先生创立的新学,二程兄弟创立的洛学。我们横渠书院刚刚成立不久,有人说我们创立了关学,这个我也不反对。无论给我们冠以什么学派之名,重要的是我们做学问的精神实质是什么,也就是说我们的学术思想表现在什么地方。关中东起函谷关,西到大散关,这里历史悠久、文化灿烂,这八百里皇天后土孕育了丰厚的文化,关中自古帝王都,这里有多少王朝兴衰、皇权更替,有多少英雄儿女、仁人志士,又有多少人文胜迹,它是我们中华文明的摇篮。因此,作为关中的弟子,我们是应该感到自豪的。我认为我们做学问要重视儒家经典,躬行礼教,学以致用,反对空谈……"

就这样,横渠先生向学生们讲述着、阐释着他独特的学术思想。那么,张载所倡导的关学又有什么特点呢?

关学提倡"尊儒"。张载在教学中要求他的弟子们要学习儒者,要向正统的儒学家看齐,在为人处世方面,要处处表现出古代儒家的风度和气质。其实,关于这一点,张载本人就是一个典范,无论是教书育人、为官为政,还是戍边卫国,他的一言一行、待人接物,都给人一种儒雅的"醇儒"的印象。

有一次几个弟子在一起议论横渠先生的性格。李复说,先生平易近人,待人真诚,胸怀博大,富于悲悯。吕大临则说:"你说的这些我也有体会,但我感觉先生提出的'民,吾同胞;物,吾与也',表现出对世间万物无限的博爱,无限的悲悯,似乎是一种柔弱的纤细的情感,但柔中带刚,对世间的大义,对一些关乎黎民和社稷的大事,他却表现出难得的刚毅气质;而且,先生德盛貌严,看起来似乎很严肃,难以接近,但是你和他一接触一交往,就会感觉到他是那样平易近人、待人真诚,所以我说先生'气质刚毅,德盛貌严'。"

一向沉默寡言的苏昞总是最后才发言,他不紧不慢地说:"你们说的都没错,但我对你们的说法还有所补充。先生除了你们说的特点外,最重要的一点,也是我最钦佩的一点就是淡泊名利、随遇而安。这些都是我们应该向先生学习的。你们知道吗,先生前些天写了一首诗,其中有两句是:'土床烟足䌷衾暖,瓦釜泉干豆粥新。'粗茶淡饭,豆粥土床,都令他感到很满足,感到很

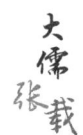

幸福；而且，先生在平时授课时，经常提醒我们'孰能少留意科举，相从于尧舜之域否'。这些漠视科举名利，注重实践和关注民生的主张，不也很好地体现了孔孟遗风吗？"

关学"重礼"，张载要求他的弟子注重传统的礼仪制度，主张将躬行礼教作为处世原则。

面对着当时社会礼仪缺失、道德沦丧、人心不古的现象，张载主张在日常生活中恢复传统的礼仪制度，来改变当时的社会风尚。

关于这一点，还是让他的弟子们说说吧。吕大临说："先生躬行礼教，以身作则，对老母亲非常孝顺，对妻子相敬如宾，对子女慈爱有加，对弟子则无微不至地关怀。他要求自家的童子懂得洒扫庭除、扶老抚幼之礼。除此而外，他还对婚礼、丧礼、祭祀等礼仪活动进行了规范。"横渠先生的支持者吕大钧感于先生躬行礼教，在作出《吕氏乡约》的基础上，又写出了《乡仪》，对乡间的礼仪进行了研究和规范，使关学的礼教思想更为具体化和系统化。吕大钧的《乡仪》后来得到了横渠先生的赞赏，他说："秦俗之化，和叔有力。"也就是说，秦地风俗的大大改观，吕大钧是功不可没的。

关于关学"重礼"，弟子苏昞想起了一件事。那天横渠先生给他们讲解《论语》之《颜渊第十二》：

颜渊问仁。子曰："克己复礼为仁。一日克己复礼，天下归仁焉。为仁由己，而由人乎哉？"颜渊曰："请问其目？"子曰："非礼勿视，非礼勿听，非礼勿言，非礼勿动。"颜渊曰："回虽不敏，请事斯语矣。"仲弓问仁。子曰："出门如见大宾，使民如承大祭。己所不欲，勿施于人……"

先生将文章念完后对大家说："谁能说说在孔夫子心目中，'仁'到底是怎样一种境界呢？"

李复说："在孔夫子心中克己复礼就是仁。就是说，一个人只要克制自己的言行，使自己的言行符合礼仪规范就是仁德。但我感觉这似乎有点儿太简单,太浅显了,难道这样做就是仁吗?那是不是很容易做到呢?"

苏昞当时心想,李复这一席话正好说出了自己的想法,他也认为"仁"这么重要的道德修养,是不是让孔夫子轻描淡写了呢?

先生说:"我看你们都认为孔夫子将'仁'表述得太简单了,似乎这些大家很容易做到,其实不然。如果要完全按照孔夫子的标准去做人、做事,去修身、齐家、治国、平天下,其实是很不容易的,他要让我们的一言一行,要让我们的一切活动、所有行为都限制在'礼'的规范之下。比如说'非礼勿视,非礼勿听,非礼勿言,非礼勿动',还有'己所不欲,勿施于人'等,这些容易吗?大家好好想想,每天早上睁开眼睛,开始一天的生活,然后你洗漱、洒扫、整理屋子、吃饭、读书、待人接物,出门去,与许许多多的人交往……这些,每一件事,每一个瞬间,你都能做到'礼'的规范和要求吗?我甚至都不敢说自己做到了,如果你真的做到了,那么你就修炼到'仁德'的境界了。"说完,横渠先生笑了。

关学务实。张载在教育弟子时,主张学以致用,不尚空谈。他继承了汉代以来儒家经世致用的传统,主张学以致用,要把学术研究与当时的社会政治、经济、军事、民生等问题结合起来,反对空谈。

苏昞说先生主张"学贵于有用",说先生经常在课堂上和他们研讨如何解决当时的一些社会问题。比如老百姓的生计问题,土地制度改革问题,对西夏的用兵问题,等等。他还说先生潜心研究《周礼》就是为了论证夏商周三代之治在当时社会的可行性,以便通过推行"井田制"和"封建制"来解决当时社会各阶层关于土地的问题和"三冗""两积"的问题。

有一次吕义山问他的父亲说:"爹爹,我看横渠先生乃一介文弱书生,为什么在课堂上还经常和我们探讨关于战争和兵法的事儿呢?"吕大钧一听这话就哈哈大笑起来,连声指责儿子说:"你小子真是井底之蛙啊!你知道吗,横渠先生少喜谈兵,曾练就一身好功夫。他曾向范仲淹将军献上了和西夏作战的策略——《边议九条》,还准备驰骋疆场、杀敌报国、建功立业呢,但后经范文正公指点迷津,决定弃武从文。虽然如此,几年前,他以区区两万的微弱兵力,在渭州前线和蔡挺将军抗击西夏国相梁乙埋带领的十万虎狼大军,以少胜

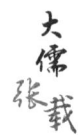

多，大获全胜。"后来吕大钧告诫儿子说："好好跟着横渠先生学吧，他这是学以致用，他做学问不尚空谈，他要教给你们真才实学，教给你们真正的经世济民之策呢！"

有一天横渠先生在课堂上授课时说，为了抑制土地兼并问题，他曾向皇帝献过"井田制"之策略，虽然没有得到重用，但他认为"纵不能行之天下，犹可验之一乡"。他想过一段时间，在附近村镇买一些田地来进行这个井田试验。他的计划是在解决农民的土地问题以后，广储蓄、兴学校、成礼俗、救灾恤患、敦本抑末，实现所谓三代之治的政治理想。这与他学术上提出"为天地立心，为生民立命，为往圣继绝学，为万世开太平"的崇高目标是一致的。

后来吕大钧在课后找到张载，说他愿意出资帮助张载实现这个计划。张载一听，拍着吕大钧的肩膀说："和叔兄弟，你真是我的好兄弟！太好了！过一段时间，我们一定要做这个试验，这也正体现了我学以致用的教学原则！"

关学除了提出独树一帜的"气本论"思想外，在认识论上，横渠先生提出了"物可穷理"的理论。就是说世间的万事万物都是可以认识的，只要我们通过实践、思考和探索，就可以发现事物生生不息的运行规律，这样，就可以达到认识事物的目的。

为了说明"物可穷理"的道理，一天，他给弟子们讲了一个中国古代著名的典故——濠梁之辩。这则典故出自《庄子》：

庄子与惠子游于濠梁之上。

庄子曰："鲦鱼出游从容，是鱼之乐也。"

惠子曰："子非鱼，安知鱼之乐？"

庄子曰："子非我，安知我不知鱼之乐？"

惠子曰："我非子，固不知子矣；子固非鱼也，子之不知鱼之乐，全矣！"

庄子曰："请循其本。子曰'汝安知鱼之乐'云者，既已知吾知之而问我，我知之濠上也。"

说完了这则典故，他问弟子们："这则典故说明了什么呢？"

吕大临说："我认为惠子的观点是错误的，因为我们尽管不是鱼，但我们也是能大致判断出鱼是快乐的。"周礼说："先生我不明白，尽管我听完故事，知道惠子的观点不对，但庄子和惠子的濠梁之辩又想说明什么？它的寓意何在？这仅仅是一个笑话吗？"

横渠先生说："这是一个有趣的故事。表面看来，是说庄子和惠子在濠梁上因为看到鱼而发生的一次辩论，辩论的结局以庄子取胜而告终。但是这个有趣故事却告诉了我们一些道理，那就是：虽然我们不是某些事物，但通过深入细致地观察、探索和研究，是可以认识这个事物的，也是可以揭示出这个事物存在和发展的一些规律的，这就是我经常对大家说的——'物可穷理'的道理。反过来，如果按照惠子的观点，那么我们除了对自己了解外，对这个世界的一切都是不可知的，这显然是非常荒谬的，也是很可笑的。"

有一次，吕大临拿了一幅古画去见横渠先生说："夫子，我想考考您，您知道这幅画上画的是什么时候的牡丹吗？"

横渠先生仔细一看，原来这是一幅工笔花鸟画，画面上是几株正在盛开的牡丹花，牡丹花丛下卧着一只猫。于是，横渠先生仔细端详了一会儿，然后肯定地说："大临，这一定是春天正午的牡丹。"

"夫子，何以见得呢？"大临问道。

"你看，这丛牡丹的花瓣都披散着，表面干燥，如果是早上带露水的花，那么花瓣应该是收敛的，而且花色会浓重一些。而且，你注意到了吗？花下面那只猫的黑瞳仁成了一条线，这正是正午的强烈阳光使然。一天之中光线弱的早晨和晚上，猫眼睛的瞳仁都是圆的，随着中午的临近，光线会越来越强，猫眼瞳仁会逐渐变得细长，到正午就变成一条线了。"横渠先生慢慢道来。

"夫子，您说得太对了！画下面有说明，被我隐去了，这正是春天正午的牡丹花啊！"吕大临深表叹服。

"其实这没什么神秘的！这就是我经常说的'物可穷理'的道理啊！"横渠先生淡淡一笑说。

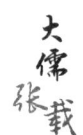

关于"气本论"思想,横渠先生曾和他的老朋友邵尧夫先生进行过辩论。

那是在不久前,一个秋风飒爽的午后,横渠先生正在书房读书的时候,忽然收到洛阳寄来的一封信。打开一看,原来是尧夫先生寄来的。

尧夫先生听说横渠先生辞官归里,在横渠设馆讲学,首先对横渠先生开办横渠书院表示了真诚祝贺,他认为横渠先生终于找到了自己喜欢的事业。接着又谈了自己的"先天学"思想。

尧夫先生在来信中说,他认为宇宙的本原是太极,太极生出天地,天生于动,地生于静。"动之始则阳生焉,动之极则阴生焉。""静之始则柔生焉,静之极则刚生焉。"动之始生阳,动之极生阴,阴阳交互作用,于是形成日月星辰;静之始生柔,静之极生刚,刚柔交互作用,于是形成水火土石。这其实就是说天之动生出阴阳,地之静生出刚柔。他又认为阴阳二者本是一气,"本一气也,生则为阳,消则为阴……气一而已"。他还认为太极是不动的,太极显发而有变化的功能,于是生出数、象和器来,"太极不动,性也;发则神,神则数,数则象,象则器,器之变,复归于神也"。邵雍认为天地万物的生成变化是按照"先天象数"的图式展开的。他把这先天象数归之于心,说"先天之学,心也","先天学心法也,故图皆自中起,万化万事皆生乎心也"。他所说的心既是个人的心,也是宇宙的心。邵雍认为,人是宇宙间"物之至者",人灵于万物。万物具有声色气味的特性,人的耳目口鼻具有接受声色气味的功用。他提出"以物观物",认为"以物观物"则明,"以我观物"则暗,反对认识客观事物时加入主观感情的成分。他还认为人所以灵于万物,最根本的在于人能知天地万物之理,说"夫所以谓之观物者,非以目观之也,非观之以目,而观之以心也,非观之以心,而观之以理也"。

读完了尧夫先生的来信,张载陷入深深的思索。他想尧夫先生的这些理论和思想是从《周易》中来的,他记得《周易·系辞》曾说:"易有太极,是生两仪,两仪生四象,四象生八卦。"但是对于尧夫先生将天地万物的生成变化,以及生生不息的运动规律归之于人心这一观点,他实在难以认同。在他看来,世间的万物怎么能是人心决定的呢?人也是世间万物中的个体,和世间万物的关系是平等的,不存在支配和从属关系,又怎么能决定世间万事的生生不息呢？比如说太阳，是你让它普照万物，它就能普照万物吗？你不让它普照万物，它不是照样普照着万物吗？再比如说大山大河，人来到世间之前，大山大河就不知存在了多少万年了，又怎么能说是受人的支配才存在呢？还有日月星辰，人心能决定它们吗？它们又怎能以人的意志为转移呢？

这种观点不正是舍本求末、缘木求鱼吗？再者，对于尧夫先生将宇宙的本源说成是虚无缥缈、玄而又玄的"太极"，他也难以认同。他始终认为宇宙的本体是"气"，万物的始基也是"气"，世间形形色色的万物都是由"气"演化而来的。形态各异的万物，都是"气"的不同表现形态，大到苍茫的宇宙天体、变幻莫测的风雨雷霆、高耸入云的山峰、绿荫遮蔽的幽谷、流动不息的江河湖海，小至形态各异的动植飞潜，都是由"气"所演化而来的。正如他在《正蒙·太和篇》中所写道的："……太虚无形，气之本体，其聚其散，变化之客形尔；至静无感，性之渊源，有识有知，物交之客感尔。客感客形与无感无形，惟尽性者一之……"

于是，这天晚上，他在秋虫的唧唧声中，在摇曳的灯光下，给尧夫先生写了回信。他在信中以形象的语言，以自己多年观察和实践为论据，坚定不移地捍卫着自己的"气本论"思想学说。在信的末尾，他说，他虽然不同意尧夫先生的某些观点，但对其孜孜以求、潜心研究儒家学说的精神深表敬意。

另外，张载和他的弟子倡导"无神论"，并积极学习自然科学知识，这也是关学区别于其他学派的一大特点。

张载早年研究过佛教学说，认为其是对苦难老百姓的一种心理麻醉，因此，他曾旗帜鲜明和意志坚定地反对佛教对老百姓的愚弄和迫害。

张载曾经给在朝廷任高官的吕大防（1027—1097）写过一封信——《与吕微仲书》。在这封信中，他写道：

> 浮屠明鬼，谓有识之死受生循环，亦出庄说之流，遂厌苦求免，可谓知鬼乎？……此人伦所以不察，庶物所以不明，治所以忽，德所以乱，异言满耳，上无礼以防其伪，下无学以稽其弊。自古淫、诐、邪、遁之词，翕然并兴，一出于佛氏之门者千五百年……

在这封信中,他从哲学世界观的高度,剖析佛教的理论核心,批判佛教破坏社会经济,扰乱政治秩序,有违人伦道德,等等,是中国哲学史上第一篇从思维与存在关系的理论高度批判佛教唯心主义的理论文章。吕大防读后给予了高度评价。

在倡导"无神论"方面,横渠先生还有一个在民间广为流传的小故事呢。

在横渠镇的西南方有一处温泉名叫凤凰泉,凤凰泉位于太白山麓,山环水绕,四季温润,风景秀丽。隋文帝杨坚曾在此建"凤泉宫"作为避暑洗浴之地。唐玄宗曾三临其地,赐名"凤泉汤"。当地老百姓都叫它"汤峪",在汤峪的峪口有个崖窝叫"信不得"。为什么叫"信不得"呢?这就与横渠先生有关。

这年春天,当桃红柳绿、四处飞红流翠的时候,横渠先生带着他的弟子准备上太白山踏青游玩。当他们走到汤峪峪口的时候,就看见崖窝附近围着一群人,里三层外三层的人拥挤着,踮着脚,伸长脖子朝里面望着,有说有笑,吵吵嚷嚷的。众人以为是一些民间艺人在此表演戏法绝活呢,走过去一看,原来是一个须发皆白的老和尚在此算命。只见里面半崖上挂着一面杏黄旗,上书"观音现世有求必应"八个大字,在老和尚面前的地上铺着一块黄绸子,绸子上面放着一尊观音塑像。这时候一名老者问和尚,怎么算命,怎么样就得知自己的前途和吉凶祸福呢?只见老和尚口中念念有词,然后慢悠悠地说:"要卜吉凶祸福,就拜面前观世音。吉祥者,观音点头;凶险者,观音摇头;平安者,观音不动。要卜吉凶祸福,付银十两,心诚则灵!"

于是老者掏出一锭银子,要占卜他孙子的前途。只见老和尚一边口中念念有词地说着什么,一边将一把长长的戒尺慢慢靠近观音塑像,这时候奇迹发生了,观音不断地点起头来,和尚随即说:"大吉大利,你的孙子将来必定大富大贵、前途无量。"看来观音真的显灵了!看此情景,大家惊叹不已,纷纷称老和尚为"老神仙"。接着就不断有人前来占卜,于是老和尚便"财源广进","生意"很红火。

横渠先生看了一会儿,断定其中必有蹊跷。因为他相信世界上本没有什么鬼神,哪会有观音显灵一说呢?于是他挤进人群,上前躬身施礼道:"老神仙，请让观世音菩萨给在下也算上一卦。"他的几个随行的弟子都觉得很奇怪，纷纷用疑惑的目光望着他，因为他们都知道横渠先生从来就不相信什么鬼神。

那和尚说："不知先生要占卜什么呢？"

"我夫人郭氏，身患重病，不知何时能痊愈？"横渠先生一本正经地问道。

"要占卜吉凶祸福，先付银子十两。"

横渠先生慷慨地掏出十两银子，放在和尚面前的黄绸子上。

只见那和尚口诵阿弥陀佛，一边捻着佛珠，一边掐指算着什么，接着又念念有词地说着什么，然后抄起戒尺，慢慢指向那尊观世音塑像，只见观音像点了三下头，围观的人们齐声喝彩，老和尚也扬扬自得地高声说："恭喜先生，贵夫人三日之内必定痊愈！"说完就去取那锭银子。

看到老和尚准备收起银子的时候，横渠先生微微一笑说道："别忙，别忙，敢问老神仙，只要是观音菩萨，都能占卜吉凶祸福吗？"

老和尚只盯着眼前的银子，于是随口答道："当然，同是一菩萨，自然不会有差！"

谁能料想到，这时候横渠先生忽然从袖筒里取出一尊石雕观音像，放在老和尚面前的黄绸子上面。原来这尊石雕是他多年以前在东京汴梁买来放在案头作为镇纸用的物件，没想到今天带在身上，竟然派上了用场。

老和尚一看此情景，便猜出几分横渠先生的用意，他觉得来者不善，便赶紧收拾卦摊，想一走了之。横渠先生上前一步从老和尚手中夺过观音像和戒尺。

然后，他将观音像放在地上说："大家都来看，我来让观音菩萨点点头！"于是他将戒尺的一端接近观音像，观音像就点头，他接近了三次，观音像点了三次头；他又将戒尺的另一端接近观音像，观音像就开始摇头。就在围观的老百姓纷纷惊诧不已的时候，他迅速将观音头拔下来，又把戒尺拆开来，原来，它们里面都有机关：观音像里面有一块生铁，戒尺里面被事先装上了磁石。横渠先生说，用磁石去接近生铁，必然会产生那样的点头摇头的反应。这

样真相大白了,大家都睁大了眼睛,更是惊诧万分!他们纷纷上前围住那个装神弄鬼的老和尚,讨要自己刚才付出的血汗钱。老和尚狼狈不堪,将讹诈来的银钱撒了一地,灰溜溜地跑了。横渠先生接着告诉大家说,世上本没有什么鬼神,更谈不上让神仙来预测吉凶祸福,要大家以后不要再上当受骗了。

老百姓目睹了横渠先生揭穿老和尚骗人把戏的过程,于是都连声说:"信不得!信不得!"后来,汤峪口的崖窝就被大家叫作"信不得"。这就是这个地名的来历。

在横渠书院的课堂上,张载也经常向大家灌输"无神论"的思想。关于鬼神,他也经常和弟子们展开辩论,每次辩论的结果都能令弟子们心服口服。

一天,他的弟子苏昞问他:"先生,您说世间并没有鬼神,也不存在什么因果报应,那么为什么有的人成为王侯将相,有的人却沦为乞丐和难民?"

"我认为,形成这个不同的结果,纯粹是后天的环境和条件所影响的,"张载手捻着胡须,微笑着说,"这让我忽然想起了一个典故,用在这儿说正好合适。"

"不知是什么典故呢?请先生讲来,弟子愿听其详。"苏昞说。

"范缜是南北朝时期著名的思想家。有一天,以竟陵王萧子良为首的佛门信徒与范缜展开了一场大论战。萧子良问范缜说:'你不信因果报应说,那么为什么会有富贵贫贱?'范缜说:'人生如同树上的花同时开放,随风飘落。有的花瓣由于风拂帘帷而飘落在厅堂内,留在茵席上;有的花瓣则因为篱笆的遮挡而掉进粪坑中。殿下就犹如留在茵席上的花瓣,下官就是落于粪坑中的花瓣,贵贱虽然不同,但哪有什么因果报应呢?'萧子良不能驳倒范缜这番有理有据的答辩,无言以对。"

这时候,在一旁听了很久的吕义山又忍不住问道:"先生,我听说了一个小故事,觉得挺神的,想听听您对此事有什么看法。"

"好的,义山,请你讲出这个故事,让为师听听。"张载说。

"说是有三个书生去考进士,在进京赶考之前,顺便去拜访了一位在山中修行的老神仙,想请老神仙预测他们中谁能考中,老神仙上下打量了他们一番,只伸出了一根手指头。他们问这是什么意思,老神仙说天机不可泄露。就这样,他们来到京城赶考,后来只有一人考中。您说神不神?"

张载微微一笑,说:"是啊,好一个'天机不可泄露',这正是蛊惑人心之语,看来,不仅那三个书生上了老神仙的当了,连你也上了老神仙的当啊!"

"不知先生此话怎讲?"吕义山睁大了眼睛,显得十分迷惑。

"一个指头代表着什么呢?一个指头有四种解释,就是说只有一个,剩下一个,全部考中,全部未考中。"

"这又能说明什么呢?"吕义山还是不解。

"哈哈,三个书生考中一个是第一种情况;三个书生考中两个,剩下一个没考中是第二种情况;三个书生全部考中是第三种情况;三个书生全部未考中是第四种情况。那么,这老神仙伸出的一根指头就将这四种情况全部包含进去了,你说老神仙到底预测到了什么呢?哈哈,大家不是全部被他蛊惑和蒙蔽了吗?哈哈哈!"张载说完,哈哈大笑起来。

"哦,原来如此,这么说我们大家都上当了!"吕义山恍然大悟,也笑了起来。

除了坚持"无神论"思想外,张载还积极学习天文历法知识,并试图用这些知识证明自己的宇宙论,证明阴阳灾异的荒诞不经,为把自然科学和社会科学的研究相结合做了有益的尝试。

张载不仅在儒学和《周易》研究中独树一帜,贡献卓绝,在自然科学研究上也成绩斐然。北宋,自然科学发展快,哲学理论思维水平提高,人们探求宇宙奥秘的兴趣更加浓厚。张载作为这个时代的哲学家、思想家、教育家,不能不探讨自然科学理论,也不能不吸收自然科学技术各种成就来充实、丰富、完善自己的思想体系和理论观点。在张载著作中有相当篇幅论述仰观俯察,所见所得。

张载突破了"地心说"。张载认为:"恒星不动,纯系乎天……日月,五星逆天而行,并包乎地者也……间有缓速不齐者,七政之性殊也。"这些观点,已经突破了远古以来的地心说,把天看作一个以恒星为中心的,金、木、水、火、土诸星及地球"运旋不穷"的整体,这在人类对宇宙的认识上是一个

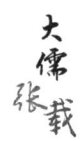

历史性的突破。

张载发现"天体运行说"。关学认为"动必有机,动非自外"。张载指出:日、月及金、木、水、火、土五星(称之为"七政"或"七曜")等天体各有自己的运动规律,其运动的速缓升降皆取于自身的机制,而非外力使然。

张载提出"天体左旋右旋说"。张载在著作中写道:"天左旋,处其中者顺之,少迟则反矣……天左旋,其所属系辰随之,稍迟则反移徙而右尔。"(《正蒙·参两篇》)张载明确指出:日月星辰顺着天体左旋,只是旋转稍微迟缓一点,肉眼观察起来似乎向右旋转了,左旋右旋其实是相对的,讲的是地球自转与其他天体公转的相对关系。他进一步指出,每天日行一度,月行十三度,故月"右行最速"而"日右行虽缓"。阐述虽不精确,但已是了不起的进步。

张载以"气化论"解释天文历算地理现象。比如他说:"日质本阴,月质本阳,故朔望之际精魄反交,则自为之食矣。"(《正蒙·参两篇》)就是说:在月朔时,月精对日发生作用,产生日食;在月望时,日精对月发生作用,产生月食。张载的这种理论较合理地解释了四时更迭、寒来暑往、潮汐涨落、风云雷霆、霜雪雨露等自然现象。

张载关于天文地理等自然科学方面的研究成果,曾经受到清代政治家、改革家谭嗣同的称赞和发挥。谭嗣同说:"地圆之说,古有之矣,惟地球五星绕日而运。月绕地球而运,及寒暑昼夜潮汐之所以然,则自横渠张子发之……今以西法推之,乃克发千古之蔽。疑者讥其妄,信者又以驾于中国之上,不知西人之说,张子皆以先之。今观其论,一一与西法合。可见西人格致之学(西方近代自然科学),日新日奇,至于不可思议,实皆中国所固有。中国不能有,彼故专之。然张子苦心极力之功深,亦于是征焉。注家不解所谓,妄援古昔天文学家不精不密之法,强自绳律,俾昭著之。文晦涩难晓,其理不合,转疑张子之疏。不知张子,又乌知天?"(《石菊影庐笔记·思篇三》)谭嗣同认为:张载关于天文地理等自然现象的科学理论,不仅早于西方,而且高于西方;不仅合理,而且科学。只有了解张载的科学理论,才能更好地了解天文、地理。

一天，弟子们正在温书，横渠先生走了进来。吕大临说："夫子，您经常教导我们，读书就是为了'为生民立命'，其实，我感觉古代大诗人表现民生疾苦的诗篇不少，从《诗经》中的'无衣无褐，何以卒岁'，到屈原先生的'长太息以掩涕兮，哀民生之多艰'，再到唐代诗人李绅的'四海无闲田，农夫犹饿死'等，特别是唐代大诗人杜甫先生，更是写了许多这样的诗篇，比如说他著名的'三吏三别'，今天，您能不能给大家讲讲这组诗？"

横渠先生说："好啊，那我就给大家讲讲'三吏三别'吧。"

接着，横渠先生用抑扬顿挫的语气，富于激情地讲道："这是诗圣杜甫先生的一组诗，这一组诗大约是诗歌史上最著名的组诗了！无论是艺术性，还是思想性，抑或是史诗的品质，都是超一流的，也是后人难以超越的。我想这大约就是杜甫的诗被称为'诗史'的最重要的原因吧。

"这组诗作于唐肃宗乾元二年（759）。当时，使唐朝由盛转衰的'安史之乱'已经爆发四年了。那年春天，杜甫由左拾遗被贬为华州司功参军。于是他离开洛阳，从洛阳赶赴华州（今陕西渭南华州区）任所，看到了'安史之乱'给老百姓带来的深重灾难。他一路走来，看到的尽是家破人亡、妻离子散、哀鸿遍野、民不聊生的惨象。于是就以亲历者的身份，将自己的所见所闻、所思所感写成了一组诗，这就是著名的'三吏三别'。"

吕大临站起来问道："夫子，这组诗虽然都是以'安史之乱'为背景写的，但我感觉它们的内容和表现形式有很大的不同，对吧？"

横渠先生说："是的，《新安吏》《石壕吏》都是写官吏抓壮丁，但《新安吏》是写没有适合服兵役的青壮年了，就开始抓娃娃兵：'客行新安道，喧呼闻点兵。借问新安吏：县小更无丁？府帖昨夜下，次选中男行……'《石壕吏》呢，则是写官兵夜晚抓人，连老妪都不放过：'老妪力虽衰，请从吏夜归。急应河阳役，犹得备晨炊。'虽然说抓壮丁是为了充实唐军兵力，平息'安史之乱'，但官吏的行为和手段已经到了非常缺乏人性的地步了，可见战争对老百姓的伤害和摧残。

"《潼关吏》写的是筑城修关。'借问潼关吏：修关还备胡？'因至德元载（756），安禄山叛军曾攻下潼关占领了长安，大唐君臣仓皇出逃至四川，

一年后,大将郭子仪才收复了长安。当诗人从潼关经过时,看到了巩固城池、筑城修关的一幕,不禁对三年前潼关失守的惨痛教训进行了追忆和警示:'哀哉桃林战,百万化为鱼。请嘱防关将,慎勿学哥舒!'"

初夏的阳光透过繁密的绿树叶子,将斑斑驳驳的光影洒向了课室的窗棂,几只小鸟在课室外的大树枝丫间啁啾轻鸣。

横渠先生接着说:"若是从艺术手法来看,这三首诗写景状物大都是白描,用非常简洁凝练的语言铺陈叙事,对话也极为俭省,只引用非常有代表性的话语,如:'听妇前致词:三男邺城戍。一男附书至,二男新战死。'而且诗中很少加入作者的议论和抒情,就是有,也是借景抒情和情景交融地点一下:'白水暮东流,青山犹哭声……眼枯即见骨,天地终无情!'但这些诗画面感非常强,就像在眼前上演的一幕幕剧作。"

这时候,苏昞站起来问道:"夫子,我在读这些诗歌的时候,经常感到杜甫先生的内心也是矛盾的,他既有对官吏丑恶行径的痛恨和揭露,也对官府抓壮丁平叛表示同情和支持,不知我的理解对不对?"

横渠先生说:"苏昞读得认真,对这组诗理解深刻,说得不错,是这样的。虽然看到的尽是一幕幕悲惨凄凉的景象,但诗人的内心也是矛盾的:既有对官吏的憎恨,对老百姓的深切同情和无限悲悯;也有对国家和朝廷平叛的支持和赞同。这样,他不得不在价值观上做出妥协,于是就对送行这些娃娃兵的母亲说了一些安慰的话语:'送行勿泣血,仆射如父兄。'送行的人们啊,你们不要太难过了,其实郭仆射(郭子仪)对待士兵亲如父兄啊!"

这时候范育问道:"夫子,我感觉'三吏'是诗人以旁观者的眼光写的,'三别'则是以另外的视角写的,感觉诗歌的叙事视角发生了变化,对吗?"

横渠先生说:"对啊!范育体会深刻,说明对他这组诗学习到位。'三别'虽然还是围绕平息'安史之乱'朝廷征兵的事儿写的组诗,也还是直面现实的现实主义风格,但是这三首诗的叙事视角做了转换,诗人不再用旁观者的眼光叙事,而是改用主人公的视角叙事,心理刻画也更加深刻细腻。

"比如《新婚别》是以新嫁娘的口吻和视角写成的,说的是刚结婚丈夫就被抓了壮丁,新婚第二天就得出征,请看诗中说:'结发为君妻,席不暖君

床。暮婚晨告别，无乃太匆忙！'

"《垂老别》是以一名被征即将出征的老人的视角写的，如诗中说：'投杖出门去，同行为辛酸。幸有牙齿存，所悲骨髓干。'把拐杖扔了上战场打仗，虽然老人已经骨瘦如柴，但好在牙齿还没有掉光。听了真是让人心酸。

"《无家别》是写无家可恋的士兵的再次出征，是以一名败阵的逃兵的口吻写的，这名从前线打仗败逃的士兵回到家乡看到了什么——'久行见空巷，日瘦气惨凄。但对狐与狸，竖毛怒我啼。四邻何所有？一二老寡妻。'真是满目凋敝，凄凉无比的景象。就是这样，县吏还要他再次出征：'县吏知我至，召令习鼓鞞。'后来他还是去了，因为他想如今已经家破人亡了，在哪里都一样：'家乡既荡尽，远近理亦齐。人生无家别，何以为蒸黎！'"

横渠先生继续说道："读'三吏三别'，犹如回到'安史之乱'时期的唐王朝，看到了战乱年代那一幕幕悲凉的人间惨象，让我们有身临其境之感。可以说任何史书的记载也无法达到这么强的感染力和表现力，这就是文学艺术的独特魅力吧。"

最后，横渠先生说："读书人要为天地立心，为生民立命。大诗人杜甫先生一生忧国忧民，他始终用一支饱蘸深情的诗笔，为民代言，为民请命，为民抒怀，值得我们学习。当然，读完这几首诗歌，我们也会想见大唐开元盛世的景象，不能不在内心进行对比。杜甫先生在一首叫作《忆昔》的诗中写道：'忆昔开元全盛日，小邑犹藏万家室。稻米流脂粟米白，公私仓廪俱丰实。'这样一对比，我们会觉得触目惊心，也更加凸显了'安史之乱'对唐王朝的沉重打击和给老百姓带来的深重灾难。"

花香幽微，丝丝缕缕飘来。初夏的阳光从窗口照射进来，洒满了宁静的课室。弟子们在横渠先生的引领下，泛舟书海，游目骋怀。灿烂而明媚的阳光照着，他们品读诗书，默默感受盈满心灵的无边诗意。

这天，横渠先生收到了一封从洛阳寄来的信。他打开一看，原来是程颢先生寄来的。程颢在信中的言辞颇为谦恭，他说自己从前不久在京城茶馆与张载的一席谈话中颇受教益。他在信中叙述了自己辞官归家办学的经历，他说他已

经招募到百余名弟子,并对横渠先生提出的教育的最终目的是要使人达到具有"天地之性"的圣人的完美至善境界这一观点非常赞赏。他也认为,教育之目的乃在于培养圣人,"君子之学,必至圣人而后已。不至圣人而自已者,皆弃也";认为教育的最高目的要使受教育者循天理,仁民而爱物,谨守封建伦常。且他认为教育必须以儒家经典为教材,以儒家伦理为教育之基本内容。这一点也与横渠先生的关学思想不谋而合,关学也主张"尊儒",要使受教育者变成克己复礼的彬彬有礼的醇儒形象。他在信中还说读书以期"讲明义理",注重读书方法,"读书将以穷理,将以致用也",不可"滞心于章句之末",若为此者乃"学者之大患"。这些观点与横渠先生提出的"物可穷理",读书要经世致用,主张学以致用、不尚空谈的观点也基本吻合。最后他又谈了希望有机会能聆听横渠先生的教诲。

随信还附了一首《秋月》:

清溪流过碧山头,
空水澄鲜一色秋。
隔断红尘三十里,
白云红叶两悠悠。

张载仔细品味着这首诗,觉得清新明丽、恬淡而悠远,全诗虽无一处写月,但却是月下之景,处处浸染着月色,意境深邃,素淡朦胧,写景抒情,颇有大唐诗人王摩诘的风采。当然最重要的是,从诗中也可以看出明道先生辞官后恬淡安逸、随遇而安的平和心境。"这才是一个儒者教书育人最应有的心态和心境啊!"张载默默地在心中感叹。

横渠先生很快给程颢写了回信。张载在信中称赞明道先生不辞辛苦办学育人的精神,勉励他继续用心尽力办好学堂,来共同实现他们为人师表、教书育人、教育救国的远大抱负。

三十　传道授业

横渠先生白天在书院教书授课，晚上回到家中，仍坚持孜孜不倦地夜读。夜深人静时，他常常坐在书房中，翻阅儒家的各种经典。被他翻阅过的重重叠叠的书籍堆放在他的左右前后，他整个人就坐在书的围城中。他翻看着书，仰而思，俯而读，有所感悟或者遇到值得记下来的，就赶紧取来纸笔，迅速地将其记下来。有时候他已经睡下了，忽然想起了书中的什么精彩之处，就忽地一骨碌坐起来，点亮烛台，去书房找书，重新阅读一番。虽然夫人郭氏是最能理解丈夫的人，但经常如此地折腾，郭氏也不免抱怨他说，这怕真是着了魔了。

唐代的大文学家韩愈先生曾在一篇叫作《师说》的文章中写道："古之学者必有师。师者，所以传道受业解惑也。"张载在横渠书院讲学六载，在这期间，他除了认真给弟子们授课，传道、授业、解惑外，还潜心著书立说。在这几年间他写出了《经学理窟》，也断断续续地写出了《正蒙》的几乎全部篇章，只是没有整理付梓。

《经学理窟》是张载的一部重要的理学教育著作，它分为《周礼》《诗书》《宗法》《礼乐》《气质》《义理》《学大原上》《学大原下》等十三篇。《经学理窟》和张载其他著作中关于教育的论述共同构成了张载的教育思想体系。

又到了一个金风送爽的秋日，横渠书院里的美人蕉、月月红、鸡冠花、菊花和一串红都盛开了，红的热烈，黄的富丽，紫的让人沉静。前院的竹林青枝翠叶，飒飒摇曳；后院的几株柿子树挂满了红彤彤的柿子；院中的古柏蓊蓊郁郁，洒下一地树荫；用青石铺的小路在花木和树荫的掩映下，显得清新而整

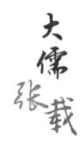

洁。这真是一处适合读书的地方!

秋日午后的阳光平和安谧地洒在横渠书院里,洒在那块刻着"为天地立心,为生民立命,为往圣继绝学,为万世开太平"的大石碑上。小鸟在枝头愉快地鸣叫,衬着书生们琅琅的读书声,显得是那样和谐而美好!

这就是张载设馆讲学后第三年的横渠书院。

张载刚刚为弟子们授完课,夹着书本回到了自己的书房,他感觉有点儿累了,想休息一会儿。

一片红红的柿树叶像一只蝴蝶一样,款款地飘到他的窗台上。窗台上几盆菊花开得正好,一层层金黄的花瓣舒展着,淡淡的清香沁人心脾。他从一个精制的白瓷茶罐里取出一片乌金发亮的茶饼,用铸铁壶煮上一壶茶。一会儿,丝丝缕缕的茶香扑鼻而来了,此刻他的心情就像这暖暖的秋阳,恬淡、柔和而安逸。

趁着横渠先生喝茶休息的时候,他的弟子们都在课室里温课,有的习字,有的抄写,有的作文,有的写诗,有的在默读而深思。总之,他们都很认真。

在这个恬淡、和谐而美丽的难得的时空间隙里,我们正好可以说说横渠先生和他的教育思想体系。

如果说我们的横渠先生一生只是著书立说,提出了"气本论"等独特的思想学说,那么他也就只能是一位有成就的唯物主义思想家而已。而实际上我们的横渠先生除了著书立说,还设馆授徒、设馆讲学,以他的思想教育别人、影响别人,而且还形成了一个对后世颇有影响的学术派别——关学。不仅仅如此,作为关学宗师的他,在经年累月的教学实践中,还总结出一套独特的教育思想和教育方法。正如他的振聋发聩的"气本论"思想一样,任何研究中国思想史的学者,都无法避开他的思想。而他的自成体系的、独特的教育思想、教育方法,也是任何研究中国教育史的学者所无法忽略和必须提及的。为什么呢?

张横渠先生一生的大部分时间和精力都用在了著书立说和教书育人上。他继承和发扬了孔子的教育思想,以《周易》的思想为宗旨,以《中庸》的思想为方法论,以孔孟的教育思想为指导,在关中设馆兴教,使"关学"大盛。他以德育人，他以躬行礼教、敦本善俗为初衷，使关中学者辈出，关中民风为之一变。可以说，张载以他的思想改变了一个时代！

《宋史·张载传》中评论他说："敝衣蔬食，与诸生讲学，每告以知礼成性、变化气质之道，学必如圣人而后已。以为知人而不知天，求为贤人而不求为圣人，此秦、汉以来学者大蔽也。故其学尊礼贵德、乐天安命，以《易》为宗，以《中庸》为体，以孔、孟为法，黜怪妄，辨鬼神。"这个评价确切地反映了张载教育思想的特质和教育生涯的实际。

纵观张载先生的关学教育思想，其教育价值和意义在哪里呢？也就是说它的重要性和必要性体现在哪里呢？

《论语》中说："子曰：'性相近也，习相远也。'"就是说，人的原始天性大都是相似的，只是人在后天不同的环境中受到不同的影响（受教育）后才会产生区别，最终形成千差万别的个性，导致千差万别的结果。可见后天教育的重要性。

荀子在《劝学》中写道："君子曰：学不可以已……君子博学而日参省乎己，则知明而行无过矣。"这就在孔子的基础上又上了一个台阶。荀子认为，学习（受教育）很重要，而且学习不能停止，要每天不断地学习，所谓日三省吾身，才能做到明智而没有过错。

张载继承了这些先贤的学说和观点，并在此基础上，有所改进和提高。他认为教育是一个人的成长过程所必须进行的修养，因为它可以改变人的气质。如前所述，所谓"变化气质"，一个人从与生俱来的不完美的存在各种缺点和不足的"气质之性"，达到圣人所具有的完美的"天地之性"，必须通过后天的教育。可见，教育的意义和价值是多么重要。

不仅仅如此，张载还认为对人的教育要早早抓起，要从孩童时期抓起，甚至要实行胎教。"幼而教之，长而学之。"注意儿童心理，创造良好的环境，发展儿童天性，从小就培养儿童的良好习惯和道德行为，长大继续学习，使之强化，最终造就有用之才。张载说："长而学固谓之学，其幼时岂可不谓之学？直自在胞胎保母之教，己虽不知谓之学，然人作之而已变，以化于其教，则岂可不谓之学？学与教皆学也……勿谓小儿无记性，隔日事皆能不忘。故善

养子者，必自婴孩始，鞠之使得所养，令其和气，乃至长性美，教之便示以好恶有常。"（《张子语录》）强调早期的教育和继续教育，是张载关学教育思想的又一特色。

以德育人，变化气质，求为圣人。张载认为，教育的最终目的是要达到圣人的完美至善境界。

他在著作中谈及：人的本然之性，即天地之性，无不善，只是由于气质之性的蔽障，阻塞而有不善。为了使人为善，就必须通过教育、学习、变化气质，返本为善，从而成为有道德的人。他写道："形而后而有气质之性，善反之，则天地之性存焉。"（《正蒙·诚明》）并且提出"圣人"是能"尽性"者（尽天地之性者），一般人便须不断改变"气质之性"，逐步复归于"天地之性"。认为"气质之性"是恶的根源，"天地之性"才是纯全至善的境界。张载这种人性论与他的教育思想发生了密切的关系，并为其理学教育思想提供了理论根据。

张载又是通过怎样的方法去实现他的教育目标呢？

张载以"圣心"勤学博文，以求义理。《经学理窟·气质》篇说："孟子亦只言存养而已。此非可以聪明思虑，力所能致也。然而得博学于文，以求义理。"《义理》篇说："勤学所以修身世，博文所以崇德也。""学愈博则义愈精微"，"矫惰为勤，方是有功"。且"义理之学，亦须深沉方有造，非浅易轻浮之可得也"。

这就是说在学习上，学子们要勤学苦练，要下功夫沉下心去努力攻读学问；如果不愿下功夫，三天打鱼，两天晒网，浅易轻浮地对待做学问，是学不到真本领的。而且他还认为，学子们要在勤学的基础上，博览群书，博古通今，以达到知识面的广博。

同时，为了强调阅读儒家经典应有的一种敬畏态度，他提出了"圣心"这一说法。就是说阅读和钻研儒家的这些经典书籍时，在主观上要以一颗像朝圣一样的"圣心"来对待它们，用心来体会和揣摩，以尽量还原圣人们的原意，不能曲意附会、浅尝辄止。只有这样，才能学到往圣们的真知灼见。为了说明他的观点，他作诗一首，取名《圣心》：

> 圣心难用浅心求，
> 圣学须专礼法修。
> 千五百年无孔子，
> 尽因通变老优游。

在这首诗中，横渠先生除了强调要用"圣心"来修"圣学"外，还批评了时下人们读书的轻慢态度。为什么一千五百多年来再没有出现像孔子那样的人物呢？大概就是因为人们太通晓变化之理，生活得十分随意闲适吧。

关于下苦功夫攻读经典，他经常给弟子们讲"水滴石穿"的典故，有时候还讲大诗人李白小时候的一个故事，那就是"铁杵磨针"的故事。"铁杵磨针"说的是李白小时候在山中读书，由于贪玩，没有完成好自己的学业，就出去游逛了。他路过一条小溪，遇见一名老妇人正在那里磨一根铁棒，李白感到奇怪，于是就问这名老妇人在干什么，老妇人说她要把这根铁棒磨成针。李白感到很惊讶，就说，铁棒怎么能磨成针呢？老妇人说只要我下的功夫比别人深，没有做不到的事情。李白被她的行为所感动，于是回去完成了自己学业，后来成为唐代最有名的大诗人，被后世称为"诗仙"。

张载矫恶为善，知行结合，尽性寡欲，游心于义理之间。他认为"天资美不足为功，惟矫恶为善……方是为功"（《经学理窟·气质》），强调后天的自我修养。认为"知"虽重要，"行"更为重要，"知之而不信，而行之愈于不知矣"。"变化气质"是一个不断矫恶为善的过程，必须"思虑不违是心""拳拳服膺、出于牵勉""游心于义理之间"（《经学理窟·气质》）。要达到"游心于义理之间"，就要做到"居仁由义，……心和而体正"（《经学理窟·气质》），戒慎"灭天理而穷人欲"（《义理》）。尽性寡欲在修养方法上和虚心一志同样重要："尽性"是和"寡欲"相对立的，《经学理窟·学大原上》认为"人人有利欲之心，与学者正相背驰，故学者要寡欲"。人欲不但蔽室天理，为"尽性"的障碍；同时，"人欲无厌，而外物有限"（《经学理窟·学大原下》），节制人欲又是社会实际生活中的迫切需要。

这就是说，要达到人格的完善，修炼成完美的人格，修养到一个完美的人生境界，就要不断加强后天的学习和自我修养。其实人生是一个不断学习的过程，而且学习，不能光学习书本知识，社会实践也很重要。古人云"读万卷书，行万里路"，就是说要"知"（书本知识）与"行"（社会实践）相结合。而且，认为"知"虽重要，"行"更为重要，"知之而不信，而行之愈于不知矣"。就是说，只有通过"行万里路"的社会实践，才能更深刻地体会和认识书本知识，也才能检验书本知识的正确与否，才能批判地借鉴和吸收。

在做学问上，虽然横渠先生强调要用"圣心"修"圣学"，但他反对"寻章摘句老雕虫"式的做学问。他说"道要心会"，研读经典要从大处和全局把握，更要注重理论和实践相结合，不能像书虫一样刻板而盲目地寻章摘句、咬文嚼字。为此，他作诗一首，取名《书斋自儆》：

书前有易不知易，
玄上求玄恐未玄。
白首纷如成底事，
蠹鱼徒自老青编。

再者，做学问，加强人格修养，还要清心寡欲，淡泊明志。人的欲望是无穷的，而世间的物质是有限的，这本来就是一对矛盾对立体。因此，对于那些与人生道德和社会公德相违背的欲望，要力戒。只有这样，才能学到真正的知识。

张载立志向学，虚心一志。他认为，变化气质与虚心一志有密切的关系。要想真正变化气质，就必须"虚心""一志"。正如《经学理窟·学大原上》所说："心既虚则公平，公平则是非较易见，当为不当为之事自知。""虚心"是不为私欲所蔽，不为外物所役，平心静气衡量是非；"一志"是不易其志，不为"气"所使。

《论语》道："三军可夺帅也，匹夫不可夺志也。"张载认为"志"是教育的大前提，一个人求知为学，为人做官，都必须"立其志"。有了志向目

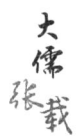

标,就要孜孜不倦,勤勉不息,达到目标,实现理想。张载说:"人若志趣不远,心不在焉,虽学无成。人惰于进道,无自得达,自非成德君子必勉勉,至从心所欲不逾矩方可放下,德薄者终学不成。""学者大不宜志小气轻。志小则易足,易足则无由进;气轻则虚而为盈,约而为泰,亡而为有,以未知为已知,未学为已学。"(《经学理窟》)"志大则才大,事业大,故曰'可大',又曰富有。志久则气久,德性久,故曰'可久',又曰'日新'。"(《正蒙·至当篇》)

虚心求知,择善而从。张载认为,学习求知,必须虚心,虚心方能接纳百物,汇合各种知识,进入神明之境。什么叫虚心?就是不以已有之知存于心中,干扰接纳新知,所以"虚心"就是"静心""一静"。张载说:"天地以虚为德,至善者虚也。虚者天地之祖,天地从虚中来。""静者善之本,虚者静之本,静犹对动,虚则至一。""与天同源谓之虚,须行事实故谓之实。""天地之道无非以至虚为实,人须于虚中求出实。圣人虚之至,故择善自精。"(《张子语录》)

这其实就是说,在做学问上要立志,立大志,立宏志。立志,就是要有人生的目标,要有人生的规划。所谓志当存高远,立大志,志向远大,就会才大,事业大;志小呢,就会缺乏进取心,容易懒惰满足,不思进取,小富而安。有了志向呢,还要努力追求,付诸实际行动去实现自己的梦想。在求学和实现理想的过程中,始终要保持谦虚谨慎的治学精神,戒骄戒躁。张载主张,人求学问,必须去除"意、必、固、我",达到至诚、存德、虚静。要向各种人物学习,不耻下问,择善而从,这样才能不断地充实自己、完善自己。

关于立志的问题,一天吕大临问横渠先生,他说:"先生您经常让我们要立大志,您曾经说过志大则才大,事业大。但我就不懂了,我记得先前读过的《论语》中讲到,孔夫子有一次问他的弟子子路、曾晳、冉有、公西华四人的人生志向。子路说他可以治理好一个拥有千乘兵车的大国家,三年的工夫,就可以使人人勇敢善战,并且懂得道义。冉有说他能治理好一个方圆六七十里的小国,三年的时间,可以使老百姓富足起来。公西华说,他不敢说能做到什么,只是愿意学习,宗庙祭祀或者会盟诸侯的时候,他愿意穿着礼服,戴着礼帽，做一个小司仪。最后当孔夫子问到曾皙的志向时候，曾皙说，他只想在暮春三月，穿上春装，邀请五六个青年人或者六七个少年人，在沂水河中洗洗澡，到舞雩台上吹吹风，然后唱着歌儿回家去。后来，孔夫子感叹着说，他很赞赏曾皙的志向。是不是说，孔夫子更欣赏那些脚踏实地的小小的志向呢？"

张载听了吕大临的提问后，微微一笑说："你问得很好，只是你没有完全理解孔夫子的观点。孔夫子主张以礼治国，他认为'礼治'的结果就是政治清平的太平盛世。在这个太平盛世上，没有干戈和纷争，大家和平相处，人人安居乐业。曾皙表示不愿做官，他说'莫春者，春服既成，冠者五六人，童子六七人，浴乎沂，风乎舞雩，咏而归'，他所描绘的暮春师生郊游的美好图景，正是儒家所向往的'礼治'社会的景象，是孔夫子所倡导的'礼治'的最高境界，集中而形象地体现了儒家的政治理想。曾皙的志向其实是四个弟子中最大的，要做到这一点，岂止是付出毕生的精力和心血所能达到的呢？"

吕大临听了先生的话，深表叹服。

张载从实际出发，因材施教，使人尽其才。他认为："不尽材，不顾安，不由诚，皆是施之妄也。教人至难，必尽人之材，乃不误人。观可及处，然后告之。"他认为每个人都是存在差异的，"人与动植之类，已是大分不齐，于其类中又极有不齐。某尝谓天下之物无两个有相似者。……至于同父母之兄弟，不惟其心之不相似，以至声音形状莫有相同者"。正因为看到一个人与另一个人的个性差异，张载主张教人必尽人之材，尽人之材的做法就须从实际出发，这样才不致"误人"。

张载作为一位杰出而成功的教育家，对教学原则和教育规律有独到而深刻的论述。张载主张在教学的过程中，教师要循循善诱，启发诱导，引发学生的求知意识、学习兴趣。同时，要根据学生的不同情况、接受能力，因材施教，满足各类学生的不同需求，从而达到教学目标。关学倡导的具体教学方法主要有"叩其两端法""扣钟法""时雨法""不待讲论法"等。说几个教学案例吧。

张载在讲解《道德经》的第十二章时，就运用了这些方法。《道德经》第十二章的原文是：

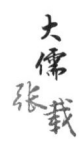

    五色令人目盲；五音令人耳聋；五味令人口爽；驰骋畋猎，令人心发狂；难得之货，令人行妨。是以圣人为腹不为目，故去彼取此。

  读完了这一章后，首先他发问："谁能说说这一章老子讲了什么？"吕大临站起来说："先生，我理解这一章大致是说，世间缤纷夺目的色彩，容易使人眼花缭乱；嘈杂喧嚣的各种音调，容易使人听觉失灵；丰盛的膏粱厚味，容易使人舌不知味；纵情驰骋和狩猎，容易使人心情放荡发狂；那些珍贵而稀有的物品，容易使人行为不轨。因此，圣人但求吃饱肚子而不追逐声色之娱，所以摒弃物欲的诱惑而保持恬淡、安定而知足的生活方式。"

  "好！大临说得不错！那么，对于老子的这一观点我们应该怎么来看呢？"他看着大家用启发的口吻说。

  "依我看，老子说得也有点儿绝对了吧？"吕义山总是口无遮拦，想到哪儿就说到哪儿，"先生，如果我们什么都不闻、不看、不吃，那么我们还能活下去吗？活着又有什么意义呢？"

  "说得好！这正是我要讲的一个方面。"张载喝了一口茶，慢慢说道，"虽然说老子一生追求清静无为的道家境界，但他的原意不是让我们什么都不干，不闻不问，不吃饭，不活动，他是让我们反思'五色''五音''五味'这些外物对我们内心修养的干扰有多大。当一种事物达到它的极限时，也就是说物极必反，势必给人们带来伤害！比如说吃饭，这是我们每天必须进行的，要活下去，就得吃饭。但如果一味地追求吃得好，每天都是山珍海味、膏粱厚味，吃饭势必成了我们肠胃的负担，也会对我们的健康造成威胁。如果你这样去理解老子的这句话，就觉得他说得非常好，入木三分，精辟而且意味深长了！"

  于是，大家就都理解和明白了这篇文章的意义。

  有一年冬天，天气异常寒冷，一场大雪过后，接连几个晴朗的日子，横渠书院中的积雪消融殆尽了，院中的白杨树、柿子树、梧桐树等都落光了叶子，只有柏树在冰雪消融后仍然枝叶青青。于是张载将几个低年级的小弟子叫到柏树下，给他们说："大家看看这棵雪后依然长青的柏树，谁能说出一句《论语》中的句子呢？"

"爹爹我知道！"因儿穿着棉袄，小手冻得红通通的，哈着白气说。

"伯伯，我也知道！"蒙儿跑热了，他平常就不怕冷，索性解开棉袄说。

"那好，蒙儿来说吧。"

"子曰：'岁寒，然后知松柏之后凋也。'伯伯，是这句话吗？"蒙儿一脸天真地问他。

"爹爹，我想说的也是这句话！"因儿不甘示弱，有些不服气地说。

"好啊，孩子们，你们说得太好了，就是这句话。"张载哈着白气，笑着说，"那么，这句话的意思又是什么呢？"

"就是说，直到每年中最寒冷的季节，才知道松柏是最后凋落叶子的。"这一次因儿抢到了答题的机会。

"那么，孔圣人说这句话，是想说明什么呢？"张载继续发问。

"我看，大概是说，只有在艰难困苦的环境中，才能看出一个人的品质和节操。"这一次，蒙儿又抢先了。

"说得好！孔子是借松柏在遭遇岁寒而后凋这一自然现象，比喻一种坚贞不屈、不随俗流、保持节操、坚韧不拔的人格和品质，这对我们做人是很有启发意义的。我希望你们以后也要像这松柏树一样，做品德高尚、意志坚定、勇敢坚强而不随波逐流的人！"

孩子们听后，都默默点着头，用心体会着横渠先生勉励的话语。这样运用"时雨法"进行现场教学，适时而教，当可而告，及时答问，真是比在课堂里的学习效果要好得多！

循序渐进、博学精思也是他教育思想中重要的一条。张载对学习方法也进行了深入的研究。张载认为学习求知是一个循序渐进的有序过程。既不能停止间断，又不能急于求成，躐等而教。老师应循序而教，学生应循序而学。知识的获取和提高，是个由不知到知、由知之少到知之多、由知之浅到知之深的积累过程，这如同一切事物发展变化都有渐化和著变两种形式一样。教师施教

时，要视学生的接受能力和已有的基础，由浅入深，由易到难，循序渐进，不可超越学生实际而勉强施教，否则欲速则不达。他还认为，求学的渐进过程积累功夫，应当以"三年为期"，学者自朝至昼至夜为三节，每天勤学苦读，由日积月，期月成年，至三年事大纲惯熟，经过这样的渐进"工夫"，学习方可有成。学有所成，还必须博学精思。张载说："读书少则无由考校得精义……精思，多在夜中或静坐得之，不记则思不起，但贯通得大原后，书亦易记。"（《经学理窟》）

关于循序渐进的学习方法，他的弟子吕大临感受最深。有一次，吕大临拿了一本《楚辞》，对先生说，他想在三天之内把这本书通过诵读而熟记。横渠先生说："这是不对的。你很聪明，博闻强记我是知道的，但是学习也要坚持一种比较科学的方法，而且对于这样一本先秦的经典，就算你在三天之内将它背下来，我也相信你不能全部弄通弄懂。因此说，读书要有一个计划，慢慢来，每天都读，循序渐进，这样才有效果，才能融会贯通，也才会学到真正的东西。"后来，吕大临按照先生的指点，用了两个月的时间，将这本书全部领会了。

教学相长，互相取益，也是他教育思想中的一部分。《礼记·学记》说："是故学然后知不足，教然后知困。知不足然后能自反也，知困然后能自强也。故曰教学相长也。"意为教和学两方面互相影响和促进，都得到提高。张载在古人的基础上，又提出了自己的观点，不仅仅先生教学生的过程中可以教学相长，就算是教处于蒙昧阶段的小孩子一些东西，也可以得到一些收获，所谓互相取益。

《义理》说："常人教小童，亦可取益。绊己不出入，一益也。授人数次，己亦了此文义，二益也。对之必正衣冠、尊瞻视，三益也。尝以因己以坏人之材为之忧，则不敢堕，四益也。"就是说大人教小孩子也可收获教益：被小孩子牵绊住不能外出游逛，这是第一点好处。对小孩子反复教授反复陈述知识要点，自己也能够因此而温故知新，这是第二点好处。要教授小孩子，为人师表，就应穿戴整齐，正好衣冠，修饰好自己的仪表，这是第三点好处。怕自己的学识浅陋，误人弟子，则会不断地学习进步，这是第四点好处。横渠先生从教授小孩子这件小事中都能总结出四点益处，可见其对教育的探索和研究之深入。这些教育思想无疑是正确的，是值得我们今天借鉴和学习的。

俗语云，先生引进门，学习在个人。就是说，在教学实践中，先生的教育思想和教学方法很重要，但学生的学习方法也不容忽视，否则，就不能达到很好的教学成效。甚至有时候，学生的学习方法和接受能力显得更重要。作为关学宗师的横渠先生对这方面的领悟更是有独到的见解。他从长期的教学实践中，总结出从学生方面接受和学习知识应该注意的方法论。也就是说，怎样去学习，才能取得比较理想的或者说事半功倍的学习效果。

张载认为学习要谦虚而不自满。"人之好强者，以其所知可也。所知多则不自强满。学然后知不足；有若无，实若虚，此颜子之所以进也。"如果不自满，就会使自己好问求知。不懂装懂，是学习的大敌。"有不知，则有知；无不知，则无知。故曰：圣人未尝有知，由问乃有知也"。他认为"人多以老成，则不肯下问，故终身不知"，要做到不耻下问，关键在于"学者当无我"。

《周易》里有一个卦叫"谦卦"，该卦的上卦为坤为地，下卦为艮为山，为地下有山之象。山本高大，但处于地下，高大显示不出来。这就像一个人德行很高，但能自觉地不显扬。因此《周易》中说有谦德之君子万事皆能亨通，而且谦卦是六十四卦中唯一一个每个爻都是吉的卦，可见谦卑是最有益的为人处世之道。

张载认为学贵有用，道济天下。他认为，教育的最终目的是使人变化气质而成为圣贤。教育必须注重道济天下、利济众生，教育学生做对天下、对人民有用的人，所以特别强调"学贵有用""经世致用""笃行践履"，反对空知不行、学而不用、坐而论道。这是关学学风的突出特点和优点。张载认为，圣人之学就是为排除国家民族之忧患而立；如果不以国家人民的忧患为忧患，读书不过是自娱自利罢了。张载从青少年时期直至去世，始终关注国家民族命运，关注天下百姓生存状况。即便回乡讲学，他仍不停地坚持改革试验，帮助百姓兴修水利，扶贫救危。

为了坚持"学贵有用"和"经世致用"的教学原则,他经常把弟子们带到田间地头,为他们讲解作务农活、播种收获等的知识。有时候,他还会亲自到田里吆喝着牛去犁地。他对弟子们说:"不要看不起农民,农民是我们的父老乡亲,也是我们的衣食父母,离开了农耕,离开了粮食,一切都是空谈。"所以耕种和稼穑,也是他在横渠书院教学的一个内容。

张载提出"学则须疑",学贵心悟,去疑求新。《学大原下》篇云:"在可疑而不疑者,不曾学。学则须疑。譬之行道者,将之南山,须问道路之出。自若安坐,则何尝有疑?……义理有疑,则濯去旧见,以来新意。""学则须疑"是一种很可贵的教育见解,是符合教育规律,有益于发挥思考、发展智力的重要命题。

关于读书方法,张载强调:人思考的主要器官是"心"(大脑),为了思之精,察之微,就要使心常在、常存,心思有疑释之、去之,便会获得新的知识,认识新的义理。所以,他力倡"学贵心悟,守旧无功"的学问之法及求知精神。"学者观书,每见每知新意则学进矣。义理有碍,则濯去旧见以来新意。多求新意以开昏蒙,吾学不振,非强有力者不能自奋。"(《张子语录》)

他关于读书求知的方法可概括为:用心、熟读、精思、经常、不懈、去疑、求新、勿助、勿长、讲论、开塞、实作、实行等。张载关于读书求知方法的论述,得到后世学者的认同。如朱熹说:"此论甚当,若不濯去旧见何处新所意来。"张载还注意到记诵对思考的重要意义。《经学理窟·义理》云:"经籍亦须记得。……记得便说得,说得便行得。""书须成诵。精思多在夜中,或静坐得之。不记则思不起。"这种见解是比较符合心理学的规律的。

有一次,他教弟子们学习《左传》,读了这样一段话:

> 宋人或得玉,献诸子罕,子罕弗受,献玉者曰:"以示玉人,玉人以为宝也,故敢献之。"子罕曰:"我以不贪为宝,尔以玉为宝,若以与我,皆丧宝也,不若人有其宝。"稽首而告曰:"小人怀璧,不可以越乡,纳此以请死也。"子罕置诸其里,使玉人为之琢之,富

而后使复其所。

这就是著名的"子罕辞宝"的典故。

春秋时期宋国有个人得到一块玉石,将它献给掌管工程的大臣子罕。子罕不肯接受。献玉石的人说:"我曾经把这块玉石拿给玉匠鉴定过,他认为这是一块宝玉,因此我才敢献给您。"子罕说:"我把不贪图财物的这种操守当作宝物,你把玉石当作宝物。如果你把宝玉送给了我,我们两人都丧失了宝物。因此,还不如我们各人都保有各自的宝物。"

然后张载就发问:"谁能说说文中的'宝'指的是什么呢?"

吕义山说:"先生,宝不就是指那块玉嘛!"

先生摇摇头。

苏昞说:"先生,我认为,玉石是现实中的宝贝,但比玉石更宝贵的是一个人的精神和品质,那就是一种不贪恋财物的美好的操守。"

张载说:"苏昞说得不错。这个典故中,子罕恪守'以不贪为宝'的信条,巧妙拒玉,寓意深刻,给人教育和启迪。因此,在读书时,我们不能浮光掠影地泛泛而读,只看字面意思,要用心体悟,熟读而精思,才能真正理解弄懂古人的寓意。这也就是我经常说的学贵心悟、去疑求新的学习原则。"

难能可贵的是,张载还提出了心理和情绪对学习效果的影响。也就是"意乐"之效。

他注意到心理情绪的好坏与学习的得、失的关系,《经学理窟·义理》云:"有急求义理复不得,于闲暇有时得。益意乐则易见,急而不乐则失之矣。"心情紧张就不会得到好的学习效果;反之在闲暇中从容地体会,则易得到。这样,就给我们一个很好的启示:要得到好的学习效果,就必须保持平和愉悦的心境和良好的、舒畅的、积极向上的精神情绪。古人云:"文章本天成,妙手偶得之。"其实也说明了求学和作文一样,不能急于求成,不能在心绪和精神状态不佳的时候去学习,这样,只能适得其反。

推而广之,就是说,寓教于乐,寓学于乐,也是一种不错的学习方法。关于张载寓教于乐,还有一个有趣的故事呢。

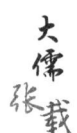

那是一个炎夏的午后,天气非常闷热,小弟子们在课室里一副精神不振、昏昏欲睡的样子。横渠先生见此情景,忽然对大家说:"大家都不要读书了,我来给大家讲一个故事吧,这是一个很有趣的故事。"于是他就讲出了下面这个故事:

南海之帝为倏,北海之帝为忽,中央之帝为浑沌。倏与忽时相与遇于浑沌之地,浑沌待之甚善。倏与忽谋报浑沌之德,曰:"人皆有七窍以视听食息,此独无有,尝试凿之。"日凿一窍,七日而浑沌死。

这则故事出自《庄子·应帝王》,大致是说:南海有个大帝名叫倏,北海有个大帝名叫忽,中央的大帝名叫浑沌。倏与忽常常相会在浑沌的地盘上,浑沌招待他们十分友善,倏和忽就在一起商量如何报答浑沌的深厚情谊。他们商议说:"人人都有眼、耳、口、鼻七个窍孔用来视、听、吃和呼吸,唯独浑沌没有,我们不如试着为他凿开七窍吧。"于是,他们每天在浑沌身上凿出一个孔窍,凿了七天,浑沌最后死去了。

大家听了,都哈哈大笑起来,一下子来了精神。横渠先生问:"这则故事有趣吗?为什么?"

一个六七岁的小胖墩潇潇说:"有趣!有趣!先生,浑沌也太傻了,他都要被凿死了,为什么不喊疼?不过倏忽二帝也是好心的。哈哈!"

蒙儿说:"大概是说弄巧成拙,好心办了坏事吧!哈哈!"

因儿说:"蒙儿哥哥说得不错,就是好心办了坏事!嘿嘿!"

横渠先生说:"好孩子,你们说得都不错,其实,这个故事就是告诉我们做事不应过于呆板,要发现和找到事物的内在规律,然后再根据事物的内在规律去办事。否则,就会弄巧成拙,好心办了坏事。你们想想,或许人家浑沌本身就是那个样子,他不需要有眼、耳、口、鼻七个窍孔,你硬要为他凿出这七窍,还不把他给害死了?哈哈!"

三十 传道授业

这年春天，横渠书院里桃花盛开的时候，吕大临收到一封信。他打开一看，原来是河南的老朋友朱先生寄来的。朱先生说他如今拜程颢先生为师，在程先生门下学习。他说最近在洛阳听程颢先生讲学，程先生品德高尚，学识渊博，而且待人亲切，很有亲和力。程先生讲起课来风趣幽默，而又旁征博引，很有吸引力，他听得如醉如痴。他听了一个多月才依依不舍地回家，回家逢人便夸程先生讲学的精妙。他说他觉得听讲的这一个多月的时光过得太快了，也太美妙了。他感叹地说，听程先生讲学，真是让人如沐春风啊！

他还说，孔圣人曾说："朝闻道，夕死可矣。"听了程先生的讲座，他觉得太有价值和意义了，也似乎明白了天地之间的大道理，那就是"理"。他说程先生认为天地之间、万物之中都存在着"理"，世间的"一草一木皆有理"。"理"存在于天地万物之中，虽然看不见、摸不着，但它是永恒存在的，这个理就是"天理"。世间的万事万物都是按照"理"来运行的。他说："恕我直言，我觉得程先生说得太好了，天地之间是'理'在主宰，而不是横渠先生所说的'气'，'太虚即气'是不对的，太虚是'理'，而不是'气'。世界上只有永存的'理'，而没有不灭的'气'……"

在信的最后，还附录了一首程颢先生的诗，叫《秋日偶成》：

闲来无事不从容，睡觉东窗日已红。
万物静观皆自得，四时佳兴与人同。
道通天地有形外，思入风云变态中。
富贵不淫贫贱乐，男儿到此是豪雄。

原来，那年程颢先生辞官后，回到故乡洛阳，就和兄弟程颐一起在洛阳兴学，也开始了传道授业解惑的生涯。二程兄弟兴学，在当时颇有影响，后世称这一学派为"洛学"。洛学以儒学为核心，并借鉴和融合了佛、道学说。他们提出了"理"的哲学范畴，认为"理"存在于天地万物之中，"一草一木皆有理"；还认为理是"天理"，是人类社会永恒的最高准则；并以此阐释封建伦理道德，把三纲五常视为"天下之定理"。这一学说，旨在从哲学上论证"天

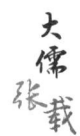

理"与"人欲"之间的关系,规范人的行为,维护封建秩序。其实,二程的洛学是保守和唯心的。到了南宋,程颐的理论,被朱熹继承并完善,世称"程朱理学"(属客观唯心主义);程颢的理论,则由陆九渊发展,至明代由王阳明完善,世称"陆王心学"(属主观唯心主义)。

吕大临坐在书院花园里的石凳上读完了这封长信。读完后,他不由得陷入了深深的思索,难道横渠先生真的错了吗?他思考着,反问着,但还是不能说服自己,以至于清风拂过,花瓣簌簌飘落了一信笺,他也全然不觉。最后他还是觉得,应该把这封信拿给横渠先生看看,和横渠先生交流探讨一下。

张载读完这封信,微微一笑说:"明道先生博学多识,为人谦和宽容,讲课很有亲和力,让人如沐春风,这些我是赞同的。但他否定天地之间'气'的本体地位,我实在不敢苟同!"

横渠先生接着说:"'太虚无形,气之本体,其聚其散,变化之客形尔',这是我曾经给你们讲过的。我始终坚持自己的观点,而且我认为'太虚不能无气,气不能不聚而为万物,万物不能不散而为太虚。循是出入,是皆不得已而然也'。就是说世间的万物无论怎样变化,都是'气'的不同存在状态的变化,而不是'气'的消灭。'气'是无生无灭的。比如说,我们书院里的花草,它们成长为现在的样子,或者长出碧绿的叶子,或者开出鲜艳的花朵,这就是'气'的不同表现形式。到了冬天,草叶就会凋零飘落,花朵就会枯萎凋谢,这就是'气'又回归太虚(宇宙)。第二年碧绿的叶子又长出来了,美丽的花朵又开放了。如此周而复始,所以说'气'是无生无灭的。"

最后横渠先生给吕大临谈了谈明道先生写的这首诗。

他说:"我和程先生从东京分别后,算起来已有两年了,从这首诗中可以看出明道先生最近心境不错。他教书育人,淡定从容,心气平和,宠辱不惊,随遇而安。这是大学者应有的处世态度啊!你看他这首诗颔联和颈联写得多么有理趣啊,这刚好能反映出他自己的思想和观点。颔联大致是说世间的万事万物,虽然纷纭杂沓、千姿百态,但只要我们静静地观察,就能穷极物理,达到格物致知。接着,颈联进一步解释他所说的'自得'之境界。'道'存在于天地万物之中,只要我们通过思考和探究,就能穷理尽性,去发现'道'。也就是说，我们可以透过世间风云变幻的复杂表象，发现世间永恒不变的真理和真谛。尾联谈了他心目中理想的人生境界——'富贵不淫贫贱乐'。也就是说，一个男儿若能达到这一境界，也就不愧为英雄豪杰或者孟子所说的'大丈夫'了！"

最后横渠先生淡淡一笑说："大临，这没有什么，我们做学问的，应该允许别人持不同观点和提不同意见，因为道理越辩越明。好了，你去回信吧，代我问候洛阳的明道先生，也祝他桃李满天下。"

在横渠书院，为了寓教于乐，张载有时候会让弟子们做一些读书游戏，他认为这种轻松愉悦的氛围有利于弟子们对儒家经典的学习。

比方说，前不久，他让弟子们做"引经据典"的游戏。那天是一个晴明的仲夏的午后。榴花火红，月月红飘香。大家来到花园，围坐在一个圆圆的石桌旁，石桌上放着茶壶、茶盏和果品，大家煮水点茶。大家在愉悦欢乐的气氛中，一边品茗赏花，一边谈论经典书籍，互相考问经典章句。游戏规则是：谁如果答错了，就要为考住自己的同窗敬一杯茶。

又一个夏夜，繁星满天，月光皎洁，凉风习习。大家都在书院里纳凉，吕大临、苏昞、范育、李复、吕大钧等坐在花园的一个大石桌前，不知谁提议："请先生来，咱们一起玩'飞花令'吧！"

横渠先生来了，他提了一壶酒，面带微笑，欣然来赴大家的诗会。

一会儿，几盘下酒的凉菜摆上石桌，大家围坐在石桌旁，等夫子横渠先生说出今晚"飞花令"的主题词："今晚月色如此美好，不如咱们就以'月'为主题，来行'飞花令'吧。"大家都说好。

横渠先生先吟出了两句诗："床前明月光，疑是地上霜。我以李太白的《静夜思》开头，请大家接下去。"

吕义山首先接："小时不识月，呼作白玉盘。"

吕大临呵呵一笑说："义山，这是小时候奶娘教你的两句诗吧，是不是太幼稚了！"

"叔叔说得不错，"吕义山乐了，笑着说，"不过，您不觉得这两句诗除

了几分天真,还有浑然天成和朴实无华的特色吗?"

"深林人不知,明月来相照。"苏晒吟出了诗佛王摩诘的两句诗,这符合他与世无争的性格。

李复接着吟诵道:"海上生明月,天涯共此时。"

吕大临说:"如果到了中秋节,这两句诗就符合节令了。我今天吟诵的诗句是'举杯邀明月,对影成三人'。"说着,他给夫子横渠先生敬了一杯酒,自己也满饮了一杯。

"今夜鄜州月,闺中只独看。"不想,范育接着吟诵了这两句诗。

"范老弟,你是不是想家了?这是老杜思念妻儿的诗句,"李复笑着说,"接下来的两句大约是'香雾云鬟湿,清辉玉臂寒'。"

"是啊,是啊,杜先生虽然很少写自己的妻子,从这两句诗来看,他的夫人应该也是一位大美女呢!"吕义山马上接了一句,逗得大家都笑了。

吕大钧接着吟诵道:"回乐峰前沙似雪,受降城外月如霜。"

苏晒说:"这是'大历十才子'之一李益的诗句,让人想起苍凉的塞外和征人思乡的忧愁,我记得下面两句是'不知何处吹芦管,一夜征人尽望乡'。"

一圈完了,又到了夫子,横渠先生吟诵道:"秦时明月汉时关,万里长征人未还。"

"都成了边塞诗了!我想吟诵这两句:'多情只有春庭月,犹为离人照落花。'"吕义山随口说道。

"露从今夜白,月是故乡明。"苏晒吟诵道,"明月下,我也有些思乡了,呵呵。"

"七月流火,九月授衣。"李复吟诵道,"我来换一下风格,吟一首关注老百姓生计和疾苦的诗,呵呵。"

"我寄愁心与明月,随君直到夜郎西。"吕大临接着吟诵道。

吕义山说:"又是李太白的一首诗!不过也难得孤标傲世的诗仙能为七绝圣手王昌龄的被贬表示出深深的同情。"

"月落乌啼霜满天,江枫渔火对愁眠。"范育吟完后,又说,"大家都接得这么好，难道我们对一个晚上，也喝不上一杯酒吗？我还是为自己倒一杯酒吧。"说着他端起酒杯一饮而尽，又给横渠先生敬了一杯酒。

"长安一片月，万户捣衣声。"吕大钧接着吟诵道。

……

一阵凉风吹过，书院中簌簌落花，那是国槐花瓣在夏夜中悄悄飘落，淡淡的花香和如诗如梦的意境弥漫在横渠先生和每一名弟子的心头。

三十一　试办井田

又到了一年的夏收季节。晴空万里,骄阳似火,黄澄澄的麦浪闪着金光。夏风吹过,麦浪翻滚着一直延伸到很远很远的天边。

横渠镇的农民们开始开镰收割了。小路上人来车往的,戴着草帽的汉子,吆喝着牛车的老人,去地里送饭的老婆婆、小媳妇,大家都急匆匆的。田野里,小伙子们赤裸着晒得黝黑的上身,肩膀上搭一条汗巾,热火朝天地挥镰收割着。龙口夺食嘛,大家都知道,要在这几个有限的晴好天气里赶紧收割完庄稼,就得和老天爷赛跑啊!于是大家都拼着命赶时间收割着,好在雨前收割完毕,颗粒归仓。看来今年的收成不错,大家的脸上洋溢着丰收的喜悦。

傍晚,横渠先生授完了一天的课,他腋下夹着几本书,慢慢走出横渠书院,往家中走去。温热的夏风吹送着麦香,吹得路两旁的白杨树叶飒飒作响。他看着田间小路上一派热闹繁忙的景象,看着农民兄弟们挂着汗水的脸颊、汗湿衣背的身影,看着一辆辆装满麦捆子的牛车往村东边的晒麦场走去,看到大家匆忙赶路、龙口夺食的艰辛,这些天反复酝酿的试办井田的想法又浮现在心头。

正这么想着的时候,忽然迎面遇到了吆喝着牛车从地里归来的王老伯。敦实矮胖的王老伯住在横渠先生家东边,他有三个儿子:大儿子、二儿子已经成家,和王老伯一起租种地主的五亩田地;还有一个小儿子在横渠书院读书。

"王老伯,今年的收成不错吧?"张载问。

"从这两天收割的情况来看,估摸着一亩地比往年能多收三五斗。"王老伯一边吆喝着牛,一边答道,"先生,我那小子王三牛读书咋样?是不是块读

三十一 试办井田

书的料子？"

"哦，这么说收成比往年好！"张载说，"三牛那孩子读书不错，记性好，字也写得好，就是不踏实！"

"收成再好，也留不到咱的粮仓里！"王老伯苦笑一声说。

"那为什么呢？"张载跟着王老伯的牛车，一边走一边问。

"先生，我和两个儿子种的地都是从李员外家租来的，地租大得很！一年打下的粮食多一半都缴了地租了！"

"哦，地租这么大啊！这样，就有些不公平了！"

"公平？世间哪有公平的事儿呢？农民们一年在地里辛辛苦苦忙到头，也总是不够吃！地主员外们不种粮食，却可以花天酒地挥霍浪费粮食！唉，这是什么世道啊？"王老伯抱怨着。

"那如果有一片属于自己的田地，不用向地主缴地租，平时在自家的地里忙完自家的活儿后，再在公家的公田里劳作几天，这样的事儿，你觉得怎么样呢？"张载问。

"好事儿啊！可世间哪有这样的好事儿呢？"王老伯望着张载不解地问，"种地，不用缴地租？"

"是啊，不用缴地租，大家只需要在耕种好自家私田的同时，再合伙耕种好公田，就行了。"张载说，"私田的收成归各家自己，公田的收成归国家，这就是我说的井田制。"

"那好啊，这是求之不得的好事儿啊！哈哈哈！"王老伯说完，爽朗地笑起来，接着又无奈地叹息道，"只是，什么时候才能实行呢？"

"王老伯，那如果我买一块田地搞试验，实行井田制，你愿意耕种吗？"张载问。

"当然，当然愿意了！"王老伯答道。

第二天，张载将试办井田的想法告诉了吕大钧。他说为了抑制土地兼并和农民备受地主高额地租盘剥的问题，他想买一块地试办井田制，这也是他的政治主张之一，虽然没有得到皇帝的重视和推广，但他一直认为井田制是解决目前国家土地问题的一个好策略。对于这一策略，他说："纵不能行之天下，犹

可验之一乡。"这与他学术上提出的经世致用、学以致用、重视实践、不尚空谈的思想是一致的。他的这一想法得到了吕大钧的大力支持。

接着，他们又协商了如何筹措资金、在哪儿买地、如何招租、如何耕种、如何经营和管理等一系列的具体问题。等协商妥当后，由横渠先生草拟了一份"井田制运作方案"。然后又征求了吕大钧和苏昞、吕大临、李复诸位学子的意见，将大家的意见归集后，对这一方案又进行了若干次修改。最后，终于拿出了一份极具有可操作性的方案。

由横渠先生和吕大钧共同出资，首先在横渠镇的崖下村买了一百亩地，将这一百亩地作为试验田，也作为横渠书院的教学基地。然后，横渠先生和吕大钧还有其他弟子们拿着测量工具在这块土地上画出"井"字形，"井"字将这一百亩土地平均分成九块，每块土地大约为十一亩，规定将"井"字最中间的十一亩地作为公田，其余八块地作为私田，招募八户农民来耕种。每户农民除了耕种私田外，还要合力来耕种书院的那块公田。私田的收入归农民各家所有，公田的收入归横渠书院所有。

对于他们这一井田制的试验，首先持嘲讽态度的是李员外。李员外是郿县这一带最大的地主，称霸一方。他家拥有土地三千多亩，还有个亲戚在朝廷做官，对老百姓多年的高额地租盘剥使他家财万贯，整日里过着花天酒地的奢靡生活，对老百姓更是颐指气使、飞扬跋扈，老百姓对他恨之入骨，但往往是敢怒而不敢言。

那天，横渠先生和他的一群弟子去李员外府上买地。李员外一看是一群文弱书生，本来就有三分瞧不起，一听他们买地的目的，更是觉得滑稽，哈哈！这世上还有这样天真的人呢，买地做试验，还是上古时候的"井田制"试验，哈哈，简直是无稽之谈！虽然如此，但李员外是地主，他看中的是银子，只要谁给的银子多，他自然会卖给谁。于是，虽然李员外百般刁难要抬高地价，但横渠先生他们急于试验自己的政治主张，在几番讨价还价后，还是接受那个比较高的地价，当然这是在他们经济能力许可的条件下的。回来的时候，吕大钧他们大骂李员外心黑，贪得无厌，是个黑心贼、黑心狼。横渠先生淡淡一笑，深有感触地说，这就是无奈的现实，老百姓生活难啊，如今这个世道，要想让

三十一　试办井田

老百姓过上好日子，真是难上加难啊！

对于横渠先生井田制的试验，有许多农民也持怀疑态度。他们不解的是，横渠先生是教书先生，教书先生嘛，只要教好自己的弟子，让弟子们好好读书，将来考取了功名，有个好前程，也就算尽到自己的责任和义务了。你一名教书先生不好好教书，却买一块一百亩的地来做试验，而且还是什么"井田制"试验，你这不是分外之举吗？而且还要招农户来耕种，据说不要地租，只要在公田地里干活就行了，说这话谁信呢？天下哪有这样的好事儿呢？就是有这样的好事儿，能落到咱普通老百姓的头上吗？大家纷纷议论着，怀疑着。开始并没有人来租种他们的土地。

过了一些日子，有一个农民来租种横渠书院的地了。这个人不是别人，正是王老伯。夏收时节，虽然说王老伯和横渠先生路遇，谈过一席话，但他还是将信将疑，他不相信天下有这种好事儿。后来有一天，他的儿子王三牛放学回家，将横渠先生的试验井田制的方案详详细细地给他讲了一遍，他才算完全相信了这个事儿。于是他就第一个报了名，要求租种横渠书院的土地。

"这样看来，还是我们给大家讲解得不够清楚，对井田制的宣传不够，是吗？"那天吕大钧和王老伯谈了租种土地的事后问道。

"是的，这样的好事情，怎么会没有人来呢？嘿嘿。"王老伯憨厚地笑着说。

"是啊，王老伯，我们是为大家谋福祉的，是为了让大家不受地主的压榨和剥削，才想出这个井田制方案的。看来大家还是不了解我们啊！"吕大钧反复地讲着自己的观点。

"是啊，大家就是不了解你们的方案，如果明白了这个方案，谁会错过这个好机会呢？嘿嘿。"王老伯说。

"大家受黑心地主的高额地租盘剥已经很久了，咱们一旦免除了他们的地租，反倒没有人相信咱们了。"横渠先生慢慢说道，"这就好比夜太黑了，大家已经习惯了黑暗，天一亮，眼睛反倒不适应了。呵呵，你说是吗？"

"说得是，说得是，横渠先生这个比方好啊，就是这个理儿，嘿嘿嘿。"王老伯也被张载的比喻逗笑了。

经过吕大钧和其他一些弟子在横渠镇为老百姓逐个讲解，讲解井田制的好处，讲解横渠先生试验井田制的初衷，讲解横渠先生心系百姓、一心为民的情怀。慢慢地，大家燃起了对井田制的信心，于是，很快，八户的招租任务就完成了。

接下来就是耕种和管理了。

每天除了在学堂里为弟子们授课、答疑解惑外，横渠先生的身影总会出现在崖下村的那一百亩试验田里。有时他的身边，还会出现吕大钧、吕大临、苏昞、李复、范育这些他的得意门生，和他一起，不仅指导农民们如何更好地耕种土地，而且挽起袖子投入劳作，和农民们一起播种，一起除草，一起施肥，一起浇灌，一起收获。有时候他们干累了，还会唱山歌。山歌此起彼伏，在田地里回荡，令辛苦的劳作也变得甘甜，变得富有生活的情趣了。

一分耕耘，一分收获。一年的时光很快过去了，又到了收获的季节，横渠先生的井田制试验初见成效，大家皆大欢喜。那租种土地的八户农民家家粮满仓，大家喜上眉梢，因为他们均收获了超过往年很多的粮食，再也不用缴地租了。而横渠书院自己的那十一亩地呢，有八户心存感恩的农户的精心耕种，有横渠先生和弟子们课余时间的打理，也收获喜人。可以说，每家每户十一亩地的收成都超过了往年二十亩地的收成。

有了丰收的满仓粮食，横渠书院为先生和弟子们改善了伙食，大家品尝着自己播种收获的劳动成果，心里都很高兴。那是一种苦尽甘来的滋味，真是一种不错的人生境界。

又一年的春天到了，在燕子的声声呢喃中，这天张载收到了苏轼的信。从东坡先生的来信中可知，东坡先生在张载离京后不久，因反对王安石变法的一些主张，也被贬出京城，出任杭州通判。在杭州任职期间，东坡先生除了继续践行他的忧国忧民的政治主张外，也经常放情山水，以诗会友，在优美的大自然中陶冶情操，逐渐忘记了政治和仕途上的失意和烦恼。这些日子，他听朋友说横渠先生辞官后，在家乡开馆讲学，并亲自试验井田制，甚为兴奋。因此，来信鼓励横渠先生不要放弃自己的经世济民、以苍生社稷为怀的政治信仰，继续试办井田制，争取能在全国大面积推广，以救黎民于水火。并随信附了自己的几首诗作,希望与横渠先生共赏。

于是张载看到了这样一首诗:

> 饮湖上初晴后雨
> 水光潋滟晴方好,
> 山色空蒙雨亦奇。
> 欲把西湖比西子,
> 淡妆浓抹总相宜。

一首七言绝句,短短四句,却是两幅绝美的山水画,诗中情景交融的意境,恬淡闲适的心情,对大自然湖光山色的热爱和由衷的赞美以及诗人自信乐观的情愫,深深地感染着横渠先生。他很快就给苏轼先生回了信,他在信中赞美了东坡先生的好文笔,鼓励东坡先生继续为老百姓多办好事,讲述了自己和弟子们试办井田的一些感受和体验,并说试办井田已经初见成效,以后无论有多困难,他都有信心将这一利国利民的好事办下去。

过了些日子,横渠先生和吕大钧商议扩大试验的规模,于是又在扶风午井乡、长安子午镇、蓝田县等地买地几百亩,划子午正方位,试办"井田制"。

横渠先生在扶风贤山寺一边试办井田,一边著书立说。

贤山寺位于扶风县南十五里的午井乡,该寺始建于北宋淳化五年(994)。这里峰峦峻秀,林木蓊郁,野花遍野,蹊径幽奇,山鸟轻鸣,流水潺潺,是一处清幽美丽的好去处。人在寺中,推窗远眺,但见终南渭水,远山掩映,近水如带。每当夕阳西下时,但见霞光映古刹,寺内古树、殿宇、亭台、佛像,都披上一层金装;山上也是层林尽染,万木都被染成金色。此时步入贤山寺,就犹如步入仙境。"贤山晚照"为扶风的八景之一。

于是,迁客骚人、文人雅士常游贤山寺,寺内题吟甚多。张横渠先生在午井乡试办井田的时候,就常常隐居在此潜心读书,扶风附近的学子们纷纷慕名前来求教,一时间,贤山寺就成了另外一处"书院"。横渠先生流传后世的经

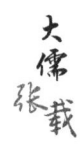

典著作《经学理窟》就在此完成。后学为了怀念横渠先生，几度将扶风的贤山寺改为"贤山书院"。

《经学理窟》这部著作分《周礼》《诗书》《宗法》《礼乐》《气质》《义理》《学大原上》《学大原下》等十三篇。在《经学理窟》中，横渠先生提出了"井田"和"封建"两项政治主张。他认为，实行《周礼》中的井田制以解决当时的贫富不均问题，具体做法是，将土地收归国有，然后分给农民，"先以天下之地棋布画定，使人受一方"，取消"分种""租种"的办法。关于"封建"，他认为"井田卒归于封建乃定"，因为他看到了过分集权的弊病。特别是当时边防的无力，他认为一切都由中央朝廷来管，必有许多事情管理不好，所以，要实行"封建"。"所以必要封建者，天下之事分得简，则治之精，不简则不精。故圣人必以天下分之于人，则事无不治者。"张载所讲的"井田"，主观上是解决土地不均；所讲的"封建"，主观上是为调整中央与地方权限。这在当时来看，是具有十分积极的进步意义的。他在《经学理窟》中还对儒家经典《礼》《乐》《诗》《书》及学校、宗法、丧祭等进行了精深的论述。在《张载语录》中，他还提出"感亦须待有物，有物则有感，无物则何所感"的命题，指出"人本无心，因物为心"，强调"穷理"，认为"万物皆有理，著不知穷理，如梦过一生"。他所言的"理"，是客观的，"理不在人，皆在物，人但物中之一物耳"，"理"是事物的理，不在人的内心。这些观点在当时来看，是非常难能可贵的，也是非常了不得的。因为这些都是唯物主义认识论的观点，是与和他同时代的周敦颐、邵雍和二程兄弟这些哲学大家的唯心主义观点有本质的区别。

一个春雨绵绵的日子，横渠先生闲居在贤山寺静静地读书。读累了，他推窗远眺，只见远山黛青，白云浮动，满山一片青翠。忽然他想到自己年事已高，日渐衰老，精神也大不如从前了，不禁悲从中来。

千年前，一位老夫子在河边叹息着说："逝者如斯夫，不舍昼夜。"是啊，时光总是在匆匆地流逝着，少年时候如此，壮年时候如此，现在到了人生的暮年依然如此。

人生如白驹过隙，匆匆几十年的时光，像流水一样，就这样过去了。他想着自己一生的志向抱负，想着自己坎坷的人生经历，想着自己的生前身后事，于是，不时跳上心头困扰他的那个问题，不经意间又浮现出来了。那就是，他的学说、他的思想、他的著作，百年以后谁来继承呢？他的儿子因儿尚为懵懂的少年，肯定不行。那么弟子们呢？是吕大临，还是苏昞呢？这两个他最喜欢的弟子天分都很高，而且都漠视功名，无心仕途，是地地道道的学者。其他的弟子呢，张舜民和游师雄悟性都很高，也很有才华，但他们都远在千里之外。范育和李复，也不错，但是论其天分和毅力，自然比不过吕大临和苏昞……

他就这样想着想着，一直想得头昏眼花，想得心境越发苍凉和落寞起来。

他想到那天看到镜中自己的苍老形象，简直不忍直视。那是自己吗？脸上消瘦得皮包着骨头，一头黑发什么时候已经染上了霜雪的颜色，眼眸也变得晦暗无光，早已失去了青春年少时的光华。是不是自己真的到了苍老的暮年了？他心里顿时感到几分彻骨的悲凉。情不能自已，于是他提笔写下了一首七言绝句：

> 两山南北雨冥冥，
> 四麓东西万木青。
> 面似骷髅头似雪，
> 后生谁与属遗经？

写完后他搁下笔，朝窗外远望，只见远山青青，山间林木笼罩在一片白茫茫的雨雾之中。山风吹来，只听松涛阵阵，似乎应和着横渠先生心中无限的忧郁和苍凉。

为了改善耕种条件，实现农田的丰产丰收，他还在横渠镇组织当地老百姓兴修水利，灌溉农田。

十几年前，那还是他没有进入仕途的青年时候，他就带领乡亲们在横渠镇疏通水道，治理水患。他曾通过艰辛细致的勘察，终于把横渠镇大镇沟、小镇沟、筒瓦沟、汤峪沟、珍珠泉、板桥沟、华阳沟、响泉八大山沟的地形、水文都勘察得清清楚楚，并在此基础上，精心绘制出八水的治理图，最终治理好了横渠镇的八水，使当地老百姓免受水患之苦。

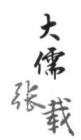

　　辞官归里后，在横渠书院授课之余，他往往会漫步到这些河流旁边，望着一条条汹涌北流的河水，会想起当年的艰辛和壮举，静静地回忆着、思索着，心中总觉得有几许遗憾。为什么呢？因为一边是八水从横渠镇匆匆流过；一边是在大旱之年，横渠镇的农田仍面临着无水可灌的困境。为什么不能将这些河水驯服，让它们为老百姓服务呢？

　　于是经过了一番仔细的勘察和研究，他又拿出了"四水合一"的治水方案。他将这一方案先讲给他的好朋友吕大钧听，吕大钧听后觉得很可行。他又将这一方案讲给横渠镇德高望重的老农们听，征求他们的意见，后来也得到大家的赞赏。

　　于是，一场治理八水的工程又轰轰烈烈地开始了。当地许多老百姓都义务参加了这项治水工程。张载用了半年的时间，不辞辛劳，起早贪黑，带领民众将大镇沟、小镇沟、筒瓦沟、珍珠泉四水合一，又将汤峪沟、板桥沟、华阳沟、响泉也四水合一，修成两条大渠。不仅彻底地解决了水患问题，而且在天旱的时候，渠水还能灌溉良田近千亩，人们将这一利国利民的水利工程称为"井田渠"，但乡亲们更愿意亲切地称之为"夫子渠"——因为这是夫子横渠先生带领大家修的水利工程，凝结着夫子的智慧和汗水。

　　张夫子带领乡亲们兴修水利工程、根除水患、灌溉良田的事迹被广为传颂，民间将这一壮举称赞为"张夫子八水验井田"。这一感人的治水故事流传了千百年，至今，在眉县的横渠镇崖下村、横渠村、万家塬村，以及扶风的午井镇，仍有遗迹可寻。

　　横渠先生试验井田的事迹，不仅仅证明他的社会改革主张的可行性和有效性，更重要的是，他这样一种身体力行、重视实践、经世致用的关学思想和精神，是值得后人永远学习和肃然起敬的。

　　这天，张载忽然收到弟弟张戬的来信。弟弟在信中说他最近心情很不好，身体状况也欠佳，经常胸闷气短，整个人也消瘦了。接着谈了他对王安石新政的看法，他在信中仍坚持自己的政治主见，大骂王安石祸国殃民，并说了自己这几年的遭遇。他因反对王安石熙宁变法，先被贬为公安县令，过了一年又被

三十一　试办井田

贬为夏县转运使（负责地方财政运输的小官），现在做夏县转运使已经一年多了，由于经常感到憋屈，所以意志也很消沉。后来他又说了收到兄长来信的情况，得知兄长在家乡办横渠书院，开馆讲学，教书育人，特别是对弟子们的教育，让他很高兴也很感激。他说他将儿子和女儿委托给兄长，让兄长帮自己多多照顾和指教，他将不胜感激。他说他已经有了退出官场的想法，说不定哪一天就会回来，和兄长一起面对面烹雪点茶，煮酒论史。

张载这才想起他不久前给弟弟写的一封信，当他得知弟弟累受打击，被一贬再贬时，就忍不住提笔给弟弟写了一封信，让弟弟心胸放开阔一些，不要计较仕途上的荣辱得失，因为公道自在人心，一切都将自有定论。并告诉了弟弟自己已经回到家乡设馆讲学，每天和朝气蓬勃的学子们在一起，日子虽然清贫，却过得怡然自得。

当他从来信中得知弟弟心情不好、意志消沉等情况后，就赶紧提笔给弟弟写了回信。他以亲切的情感，在信中真诚劝慰弟弟要胸怀天下，他想到了已经故去的范文正公，就用文正公在《岳阳楼记》中的那句名言勉励弟弟，希望弟弟也乐观一点，能以苍生天下为怀，能像文正公一样"先天下之忧而忧，后天下之乐而乐"。再者让弟弟赶紧找大夫看看，将身体养好，留得青山在，不怕没柴烧。只要身体好，来日方长，要相信将来自有施展抱负的机会。最后他还谈到了弟弟的一双儿女蒙儿和犟儿很有出息，将来一定能成大器，让弟弟放心，好好照顾自己。

将信送走后，横渠先生静静地坐在书桌前，他眼睛定定地望着窗外，思绪却早已飘飞到很远很远的从前了。许多年以前的那个下雪的冬天，那个嘴唇上长出毛茸茸胡须的弟弟，那个英气勃勃的小伙子就和自己坐在红红的炉火前，一边煮茶，一边对诗。多么美好的时光啊，现在已经一去不复返了。现在他们弟兄二人天各一方，只能靠鸿雁传书才能知道对方的一些情况。过去的那些美好时光，那些兄弟二人其乐融融的生活场景，多么令人留恋啊！他真的希望时光能倒流，带他回到从前，回到那难忘的日子里。

三十二　带病入京

"绿杨烟外晓寒轻，红杏枝头春意闹。"三月的阳光暖暖地照着。小路上，杨树柳树都泛绿了，间或可以看到一株两株花开得灿烂而缤纷的桃树、杏树。小路两边长满了绿草，绿草丛中，可以看到开着黄花的茂盛的蒲公英。田野里，农人们都在忙碌着，他们有的吆喝着耕牛在播种，有的在弯腰除草、施肥。总之，春天来了，又一个草绿花红、生机勃勃的春天来了。

小路上，有一辆马车在缓缓由西向东行驶着。车上不断传来咳嗽声，是一个老人的咳嗽声。这咳嗽声是那样急促，一阵紧似一阵，听起来不禁让人揪心和难过。

"夫子，您咳嗽得这么厉害，要不我停下车，您再吃点儿药，或者休息一下？"车夫停下车，转过头来问道。

"不用麻烦了，我还能支撑得住。"老先生在车厢内说。

于是，马车又向前驶去了。

这一年是熙宁十年（1077）。

马车上坐着的老先生就是横渠先生张载，这一年他已经五十八岁了。他患了严重的肺病，但因为皇帝再次召见，他不得不带病入京去面见圣上。

说起横渠先生被皇帝再次召见和起用，还得从"蓝田四吕"之一的吕大防说起。吕大防是吕大钧、吕大临的二哥，他身高七尺，眉目清秀，器宇不凡，声如洪钟。他从小就爱好读书，且性情温良敦厚、端肃稳重，经过街市眼睛不斜视，闲居的仪态像接待宾客一样。他于皇祐元年（1049）考中进士，进入仕途后，先后任冯翊县（今属陕西渭南）主簿、永寿县令。永寿县无井，百姓饮水困难，大防多方奔走，后将泉水引入该县，解决了该县百姓的饮水困难，百姓感恩戴德，于是将泉水名之曰"吕公泉"。赵曙即位后，吕大防改任太常博士、监察御史里行，又因性情耿直，参与"濮议"而被贬黜。赵顼即位后，大防任淄州通判。熙宁元年（1068），知泗州，为河北转运副使。韩绛宣抚陕西，命他为判官，兼河东宣抚判官，除知制诰。熙宁四年（1071），知延州。后又调任秦凤路主帅。每次朝会，他器宇轩昂，威容仪表敬肃，年轻的赵顼常常目送他，对他的为政也颇为信任。吕大防为政兢兢业业，干练高效，亲民爱民，而且很有主见，极具正义感，爱憎分明，腹有韬略，人称其有王佐之才。后吕大防又镇守西北边关，与西夏对峙多年，由于治军有方，在抗击西夏兵入侵的战争中多次获胜，令西夏兵闻风丧胆。

横渠先生辞官归里，开馆讲学，躬行礼教，大兴关学，一时学者云集，又兴修水利，试办井田。吕大防的弟弟吕大钧不仅是横渠先生的弟子和忠实追随者，也积极参与了这些事业。这令镇守边关的吕大防大为振奋，于是给吕大钧写了封信，想知道一些具体情况。不久吕大防就收到弟弟大钧的回信，在信中弟弟极力称赞横渠先生的为人和为学，说他是一名大儒，提出了"为天地立心，为生民立命，为往圣继绝学，为万世开太平"的人生抱负；躬行礼教，知识渊博，博古通今，在横渠设馆讲学授徒，教人知礼成性、变化气质，学如圣人，使关中风俗变得淳厚；而且试办井田，深得当地老百姓爱戴。这些，如果能在全国推广，一定会造福百姓、定国安邦。

吕大防读完信后，感慨良多。他想目前国家由于内忧外患、积贫积弱，导致人心不古，道德失范。在这种情况下，多么需要一位大儒能以"礼治"来唤醒人们克己复礼、躬行礼教的意识，使大家以礼相待，互帮互让，和平相处，形成一个没有干戈和纷争，人人安居乐业的礼仪之邦。

熙宁十年（1077）春的一天，吕大防向皇帝举荐横渠先生说："载之始终，善发明圣人之遗旨，其论政治略可复古。宜还其旧职，以备谘访。"大意就是说，横渠先生张载自始至终，善于发现古代圣贤遗留下来的宝贵精神财富，他推陈出新，古为今用，治学以经学致用为原则，所谈论的政治是可以恢复夏商周三代淳厚民风的古礼。应当恢复他原来的官职，以备咨询探访。于

是，宋神宗再度下诏召张载至京都，欲授以同知太常礼院之职。

接到圣旨的那天，张载正在家中养病。

去年冬天，在一场大雪后，他的肺病又犯了，胸闷气短，不断地咳嗽、吐痰，有时痰中还会带血，人的精神状态也越来越差，他隐隐感到一丝不安。

郭夫人给他请来了大夫。因儿给他抓了药，煎好，小心翼翼地端来放在他的病榻边，站在他的病榻前，关切地望着他。从儿子那双黑亮的眸子里，他读到了儿子希望他能尽快好起来，好重新走上讲坛，给他们授课。

因儿已经不再缠着他讲故事了，他已经十二岁了，乌黑的头发，红润的脸庞，一双黑亮的眸子闪着智慧的光芒，身体也比以前壮实了许多，个子也长高了，成了一个生气勃勃的英俊少年。张载每每看到儿子，心里就会感到很安慰，一股热流在他的心里流动着，这让他喜悦，让他激动，让他产生无限的怜爱。他老来得子，老天爷眷顾，赐予他这个可爱的男孩，有时候晚上他给因儿讲经典书籍，讲着讲着孩子慢慢睡着了，他抱着因儿也很快进入了梦乡。

他爱因儿，因儿是他的希望，儿子体内流淌着他的血脉，是他生命的延续，他希望因儿将来能继承他的衣钵，成为一个有学问的人。

他爱因儿。因儿身上有一股少年的英气，那就像正在成长的庄稼和绿树一样，有一种清新得让人舒畅的气息。闻到这种气息，他就感受到生机，感受到活力，感受到希望！

"爹爹，这服药喝了后，能好些吗？"因儿站在他的病榻前，忽闪着黑亮的眼睛问他，那是一双有着双眼皮的大眼睛。夫人总说，因儿这双有双眼皮的大眼睛和那个宽宽的天庭饱满的额头，简直就和他一模一样，就像是一个模具中倒出来的一样，这令他感到欣慰，因为他感受到了自己血脉的传承，感受到了薪火相传的血脉亲情。

"爹爹，您在想什么？怎么不说话？"因儿望着他微笑的脸庞，望着他充满爱意的眼睛，不解地问道。

"好了，因儿，爹爹好多了。"张载望着儿子，忽然感到自己已经定定地把儿子看了许久了，就赶紧说，"只要看到你，我就很高兴，我就……我就好多了。"

"夫子！夫子！圣旨到了！"这是吕大临的声音，大临一边跑一边气喘吁吁地喊。

接到圣旨，他才明白原来皇帝又要召见他。去还是不去呢？

去吧，正生着严重的肺病，身体又是那样虚弱。不要说不断地咳嗽、吐痰，就是一走路也不断地气喘啊。头发也几乎全白了，身体也越来越消瘦了。要说这个肺病，还是自己在渭州抗击西夏入侵时得下的，算起来怎么也有十年了吧。十年前的渭州那个地方啊，那个地方昼夜温差太大了，晚上凄厉的风呼呼地刮着，带着哨音，想一想都让人不寒而栗，加之连续的操劳奔波，使自己染上了这个病。记得前不久，他还给洛阳的尧夫先生写了一封信，还作诗两首，寄托了对尧夫先生和二程兄弟的思念，并向他们致以春天的问候，谈了自己的近况，对自己的身体状况，对自己这病颇感无奈。这两首诗取名《诗上尧夫先生兼寄伯淳正叔》：

（一）

先生高卧洛城中，
洛邑簪缨幸所同。
顾我七年清渭上，
并游无侣又春风。

（二）

病肺支离恰十春，
病深樽俎久埃尘。
人怜旧病新年减，
不道新添别病深。

不去吧，且不说落得个抗旨不遵的罪名，单就是因着自己这么多年来的求索，和自己树立起来的人生信仰、人生抱负，也觉得不去不行。"为天地立心，为生民立命，为往圣继绝学，为万世开太平"，这是多么宏伟的人生抱负

啊，难道就只能挂在嘴上说一说吗？现在皇帝给了机会，为什么不去施展自己的美政理想呢？有多少儒家弟子十年寒窗，皓首穷经，不就是为了金榜题名，有一个施展才华的舞台，有一个适合自己发挥才能的位置吗？如今皇帝要召见自己，要委自己以重任，这难道不是一个天赐的良机吗？为什么不去呢？自己一生坎坎坷坷，在艰难困苦中，在不懈的求索中已经度过了五十多年了，自己的有生之年还有多少啊？为什么不去呢？如果真的能找到一个适合自己发挥才能的位置，克己复礼、躬行礼教，为生民立命，能实现自己的人生抱负，也不枉活一生，不是吗？

鸟儿欢鸣，草绿花红，阳光和煦，春光无限。马车向前行驶着，车过了潼关了，马上就要进入河南境内了。横渠先生坐在车里，他刚刚服完药，咳嗽稍停一些，胸闷气短也能好一些，望着车窗外的满眼春色，总也斩不断自己的思绪。

是不是自己已经很老了？他们说，人一老就总爱回忆往事，他现在一闲下来，总是要想起往事，那些往事就像不速之客，总是不经意间就走进他的心间，让他防不胜防。那些伤感的、忧郁的、快乐的、高兴的往事，总是会纷至沓来，让他沉湎于其中不能自拔。

记忆的潮水漫卷而来，拍打着光阴的四壁。于是，他又沉入了对往事的追忆之中。

那是去年春天的事儿了。在那个春意盎然的季节，忽然接到那个突如其来的噩耗——他的弟弟患病身亡了。这无异于晴天霹雳，让他措手不及，更是觉得痛不欲生。张戬只有四十七岁啊，他虽然被一贬再贬，心情郁郁，但也不至于……这，怎么会呢？

得到这一消息，他心如刀绞，于是，连夜骑马赶到了弟弟任职的凤翔府司竹监。冷冷的月光下，他见到一片竹海，方圆十几里，风吹来，只听见竹林飒飒的声音。这是为皇宫生产贡竹的地方，在秦汉时曾是皇家园林，被称为"上林苑"。

走进弟弟的官邸，看到弟弟曾经坐过的椅子，案几上还有弟弟批阅过的文书，那是弟弟的字迹，刚劲有力，就像他的性格一样，刚直不阿。书房、卧室、床铺、衣服，看到弟弟曾经生活过的地方，那些用品似乎还残存着弟弟的体温、弟弟的气息。但弟弟已经去世了，这就是悲惨的现实。他们说张大人昨天还在理事办公，虽然生着病，大家都知道他在服药，谁承想，今天下午忽然就不省人事了。

暴病身亡！多么可怕的字眼，怎么一下子就出现在自己的亲人身上了？

那个曾经和自己在下雪天煮茶对诗的小伙子，那个英气勃勃的唇上萌生出淡淡胡须的小伙子，如今已经撒手人寰。他看着弟弟蜡黄的脸，消瘦的形容，他禁不住潸然泪下，失声痛哭，完全不顾周围人的劝阻。

他爱弟弟，这是他最亲近的人。父亲去世时，弟弟才五岁，一个幼稚的小孩子，无助的眼睛怯生生地望着周围的世界，怯生生地望着他，看到他就像看到了父亲，就像看到了依靠，因为他是哥哥，虽然那年他也只有十五岁。但是，他就是弟弟的依靠，他们曾经相依为命，走过了一段最艰难的日子，是他看着弟弟慢慢长大、成才。人说长兄如父，是的，他对弟弟有着一种特殊的情感，那就是像父亲爱着自己的儿子一样的情感。

他痛哭着，让眼泪汹涌地流。在泪眼蒙眬中，他想着弟弟不顾身家性命，为了家国天下，为了百姓的利益，挺身而出，在朝堂上与王安石争辩、争吵，大骂王安石是祸国殃民的罪人。这，已经完全将生死置之度外了。由于得罪了王安石等变法当权派，这些年来弟弟才备受打击，屡遭贬谪。他想着弟弟这些年来屡遭贬谪的生涯，他想着弟弟不得志时写给自己的信，还希望有一天能与自己聚在一起烹雪点茶、饮酒对诗呢。但如今他们已经阴阳相隔，永远无缘再见了，谁能想到这一次相见竟是天人永隔呢？

弟弟走了，连声招呼都没打，就静悄悄地走了。是世间不能容他，他的抱负无法实现，上天召他进入仙界施展宏图大志去了吗？弟弟走好，哥哥在下界为你祝福！为你祈祷！安葬张戬那天，张载悲不欲生，为弟弟写了如下的墓志铭："哀呼吾弟，而今而后，战兢免去！有宋太常博士张天祺以熙宁九年三月丙辰朔暴疾不禄……其兄载以投葬不得请铭他人，手疏哀词十二……"

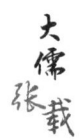

想到这里，横渠先生的眼泪又涌出了眼眶，他用手轻轻擦拭了一下，又看了看车窗外。车过函谷关了，两边山岭上一片绿色，有小鸟在枝头鸣叫，间或能看见一两株山桃树花开得火红火红的。春光是很美的，但再美好的春光也无法排遣他心头的哀伤！杜工部说"感时花溅泪，恨别鸟惊心"，真的，想到弟弟的遭遇，他的心情忧郁而伤感，久久难以平静。

马车向前缓缓行驶着，车窗外的飞红流翠一晃而过，他又想起了五六年前的一件往事：

那时候横渠书院创办不久，吕大钧和小弟吕大临成了他的第一批弟子。在授课和教学生活中，他逐渐发现大临是一个很聪慧、很有出息的年轻人，气质刚强，正直而敦厚。在学问上敏而好学，博闻强记，悟性极好。虽然才华出众，但不留恋科举，无心仕途，一心只追求学术研究，这正是他心目中理想的学子形象。于是，他慢慢地就很喜欢大临。

后来有一天，他将大临的情况说给夫人听，夫人听后就说："那咱把颦儿许配给大临如何？"横渠先生一听很高兴，就将这一想法写信告诉了弟弟，张戬回信说，一切由兄长做主，兄长觉得好，他肯定没意见。后来他们又征求了弟媳妇的意见，弟媳妇见了大临一面也很喜欢。弟媳妇见大临的那天，娴静而美丽的颦儿躲在屏风后面也看到了大临，对他的仪表和谈吐甚是喜爱。随后他们一合计，都认为这门亲事可以说是郎才女貌、门当户对、天作之合。就这样，由横渠先生做媒，成全了这门亲事。后来，择吉日，大临和颦儿喜结连理，皆大欢喜。

成婚那天，张戬回来了。当他和吕大临谈了一席话后，欣喜地说："甚好，吾得颜回婿矣！"张戬把吕大临比作孔子的高徒颜回，这是恰如其分、实至名归。此后，吕大临不仅是横渠先生的高足弟子，又成了他的侄女婿，亲上加亲。大临对横渠先生犹如对待父亲一样；而横渠先生呢，对待大临也在严师的名分下，多了一层慈父的情感。

进京那天，大临和苏昞他们一群弟子将横渠先生送出很远很远。大临说："夫子，您身体正生着病，要不我陪您进京吧，一路上也能伺候您，否则，我也很不放心。"

想起大临诚恳的话，张载感到一股暖流在心中流动。他真后悔没让大临陪他一块儿进京，如果有大临在身边，也有人和他说话，谈谈诗书上的东西，谈谈学问上的事儿，多好啊！

他又想起了郭氏和因儿。分别时，风吹乱了夫人的白发，她也显得苍老多了，额上被岁月的风霜刻满了皱纹，脸色也变得不再红润，昔日的美女如今已经变成老太太了。郭氏拉着他的手，眼眶湿润了，深情地说："他爹，路途遥远，一路上要照顾好自己，在京城遇到不顺心的事，就回家吧，我们在家等你归来。"因儿望着即将远行的爹爹，眼泪在眼眶打转转，说："爹爹，孩儿不在身边，您要多多保重。"

多么可爱的亲人啊，你们是我永远的依靠，而横渠的老家就像个港湾，当我备受磨难时，当我疲惫不堪时，当我伤痕累累时，我就会回到你们身边，让心灵之舟静静地泊在家这个温馨的港湾里。

忽然他又想起了自己近年来的日渐憔悴，想起自己的病，看着车厢里呼呼酣睡的书童，望着车窗外田野里血气方刚的敦实小伙子，他忽然有点儿顾影自怜。

两年前的一天，傍晚时分，只听窗外呼呼风声，但见秋风扫落叶，满园落叶被吹得四散纷飞。横渠先生坐在书房里，他的肺病又犯了，在一阵剧烈的咳嗽声过后，他深有感触地手书七绝一首，命名为《老大吟》：

> 老大心思久退消，
> 倒巾终日面岩峣。
> 六年无限诗书乐，
> 一种难忘是本朝。

虽然这五六年来远离了朝廷，远离了变法派和保守派之间的争斗，无心功名和仕途，在家乡开馆讲学，恬淡自适，随遇而安，享受着无限的诗书乐趣，但自己胸怀天下、忧国忧民的情怀从来就没有抛弃过。这就像范文正公在其名作《岳阳楼记》中所说的："居庙堂之高则忧其民，处江湖之远则忧其君。是

进亦忧,退亦忧。然则何时而乐耶?"是啊,自己作为一名忧国忧民、心忧天下的儒家弟子,什么时候能快乐呢?

一天,他在梳头的时候,在镜中又看到了自己的满头白发,于是,李太白的两句诗不自觉就被他吟出来了:"不知明镜里,何处得秋霜。"是啊,不知什么时候,可怜自己已经霜染两鬓,虽然每天起早贪黑,辛辛苦苦地躬行礼教、教书育人,希望民风民俗能越来越淳厚,希望社会风气能不断变好,但有时候还是事与愿违,有一些人总是唯利是图、急功近利,这让他感到痛心。于是他叹息道:"人心,真是难测啊!"想到这里,他随即写下了一首《白发》,以表达自己痛苦和无奈的心情:

> 白发千梳书景暄,
> 乌瓶一啜夜窗寒。
> 庙堂勤苦茅斋静,
> 不见人心是两般。

马车向前缓缓行驶着,车窗外的绿树和山岗渐次后退,他又想起了近五六年朝廷上的一些事儿,虽然他不关注这些事情,但他的弟子们和文朋诗友们总是会隔三岔五地向他谈起朝廷上的近况:

比如说熙宁六年(1073),北方多地大旱,安上门监门郑侠向皇帝上《流民图》,认为新法天怒人怨,劝谏皇帝废除新法。在郑侠所画的《流民图》中,饿殍遍野,一个个流民体无完衣,或身背锁械,或口食草根,神情悲哀,令人惨不忍睹。看完这幅图后,赵顼大受刺激,对变法产生了怀疑。

对于多地出现的大旱灾,王安石认为"水旱乃常数,尧、汤所不免"。司马光又上《应诏言朝廷阙失状》,也认为新法招致天怒人怨,强烈劝谏皇帝废除新法。

于是,随着熙宁变法的深入,变法最大的支持者赵顼发生动摇,熙宁七年(1074)王安石第一次被罢相,出知江宁府。变法运动由韩绛、吕惠卿等人继续执行,吕惠卿私心自用,引起朝中大臣的不满。熙宁八年(1075)二月,召王安石回京复职，继续执行新法。

熙宁九年（1076），王安石眼见着变法的得力助手们一一背离他而去，倍感心灰意冷、意志消沉。他曾向友人表示，自己深觉新法不得民心，又在推行新法中得罪了不少达官贵人，而且自己的才智不能做到知人善任，以致常和一些无德之小人（指原新政集团中的吕惠卿、王珪等人）交往，深感后悔。特别是爱子王雱（字元泽）病逝，对王安石心身打击很大，心灰意冷的王安石借机坚决求退。赵顼于十月再次罢免王安石的相位。此后王安石便隐居金陵，不问政事。

王安石被罢免后，赵顼继续其变法事业，他不断校正那些大臣反映强烈的熙宁变法的弊端，号为"元丰改制"。元丰改制虽与熙宁变法并称为"熙丰新法"，但改革力度无法同熙宁变法相提并论。伴随着国力的逐渐增强，神宗将焦点转移到外患上。他对西夏不断用兵，决心消灭西夏，并取得了一些战役的胜利。

马车向前缓缓行驶着，车窗外的田野和小河不断扑入眼帘，他又想起了他的好朋友苏轼近年来的遭遇。

从苏轼前不久的来信中可知，熙宁七年（1074），他在杭州任期已满，朝廷又将三十八岁的他贬谪到山东密州，任密州知州。

性情旷达、豪放乐观的苏子瞻到密州后，很快就融入当地的环境，一心为民造福，与民同乐，成为老百姓信任和爱戴的官员。

苏轼在信中谈到，密州百姓勇健粗犷，性格豪放而坚忍，并且有"抵掌顿足而歌，吹笛击鼓以为节"的颇富于民间风味的雄壮的音乐舞蹈，他在这里体验到的情景与江南杭州的吴侬软语有很大的不同，这样就促使他词风有了很大的转变。去年冬天，一次打猎后，他写出了一首豪放激越的词作：

江城子·密州出猎

老夫聊发少年狂，左牵黄，右擎苍。锦帽貂裘，千骑卷平冈。为报倾城随太守，亲射虎，看孙郎。

酒酣胸胆尚开张，鬓微霜，又何妨！持节云中，何日遣冯唐？会

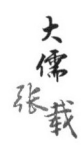

挽雕弓如满月，西北望，射天狼。

那时候，读罢书信，横渠先生仔细地品鉴着这首词，感受到词中壮观的场面、开阔的意境和胜利的信心，还有一往无前的战斗精神和无比豪迈的英雄气概。他忍不住感叹道，苏轼苏子瞻，真是文才天纵！好一位旷世奇才，好一位千年难遇的大文豪啊！

经过十几天的长途颠簸，马车在春日的一个午后驶进京城。

穿过厚实而巍峨的古城门驶进汴京，一会儿就到了汴河。

车过汴河桥时，张载从车窗向外观望。但见汴河两岸酒楼、茶坊、当铺、绣坊、瓷器店等林林总总，一应俱全。春日的暖阳下，街市人流如织，熙来攘往，一派繁华。不仅如此，在一些街角，还可以看见一些民间杂耍、盘鼓表演、神课算命、博彩、蹴鞠、斗鸡、斗狗等京都风情。再往河道中看，但见运载东南粮米财货的漕船通过汴河桥涵，舟船往来穿梭，长桥卧波，健儿摇橹，碧水与蓝天一色，浪花与歌声齐飞，好一派兴盛繁忙的景象啊。

看到这一切，横渠先生暗想，京城果然与乡下有许多不同，这一幕幕流动的画面，恰如一幅幅热闹繁忙的民俗风情画。但一想刚才看到的那一幕，那些身着绫罗绸缎的纨绔弟子聚在街角呼喊着、叫嚣着，眉飞色舞地斗鸡、斗狗，又让他很痛心。看他们一个个黑发红颜、年纪轻轻，却不学无术，整天游手好闲，干这些无聊勾当，真是对大好年华的白白浪费。看来躬行礼教，重礼劝学笃学，在京城也很需要啊！

明天就要上殿面圣了。

东京的夜并不是静悄悄的，街上辚辚的马车声、行人的说话声、笑声依稀可闻，酒肆歌楼的丝竹管弦声也隐隐约约地飘来。

张载在书童的照顾下，服下了一剂药，咳嗽了几声，他觉得胸闷气短的症状稍稍缓和一些。他静静地躺在卧榻上，望着窗外的夜空，东京的夜晚没有故乡那么清透，月光将树影和花影投射到窗户上，星星显得有点儿模糊。

这是一个春夜，丝丝缕缕的花香飘进室内，这令他忽然想起了好朋友东坡先生的两句诗："春宵一刻值千金，花有清香月有阴。"是啊，人在这样美好的夜晚，总是会萌生许多希冀的，对明天，对未来，对人生。希望总是在心中常驻，希望就像春天的小草一样"野火烧不尽，春风吹又生"，人就是在许许多多的希望的支撑下走向未来的。

明天就能见到圣上了，但自己已经到了人生的暮年。望着窗外的夜空，横渠先生想了许多，几许伤感不由得浮上心头，在自己年富力强、精力旺盛的时期，为什么得不到圣上的重用呢？难道人生真的如南唐后主所叹息的"自是人生长恨水长东"吗？

"为天地立心，为生民立命，为往圣继绝学，为万世开太平"，那曾经的远大抱负，那曾经的誓言，自己拼尽一生，也要实现，也想实现啊！躬行礼教，经世济民，富国强兵，为圣上分担忧愁，为黎民百姓造福，自己就是粉身碎骨，也在所不惜。

忽然他又想起了为蜀汉江山一生操劳的贤相诸葛孔明，想起了诸葛武侯在《后出师表》中所说的："臣鞠躬尽瘁，死而后已。至于成败利钝，非臣之明所能逆睹也。"于是，他忧郁的心情就感到了几许宽慰。

明天，就能见到圣上了。

横渠先生心中充满了希望。

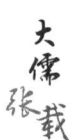

三十三 鞠躬尽瘁

烟花三月,阳光明媚,鲜花盛开,春风轻拂,柳丝拂面。这是一个晴朗的日子,张载很早就起床了,看到京城早晨的风光,他心情很好,一连多日缠绵不去的肺病也似乎有所好转,他咳嗽的次数越来越少了。

在书童的伺候下,他服下一剂药,穿上朝服,整理好衣冠,仪态从容地随着上朝的大臣来到了金殿上。

六七年不见了,皇帝显得成熟了许多,面带威严,目光坚毅而锐利,也比原来壮实了许多。

皇帝坐在垂拱殿上,文武百官位列左右,朝堂上显得肃穆、庄严而神圣。

张载手执笏板,上前一步说:"微臣凤翔府张载张横渠拜见陛下!"

"张爱卿,朕听说你在家乡开馆讲学,躬行礼教,四方学者皆宗之,教人知礼成性、变化气质,学如圣人,使关中风俗变得淳厚。不知可有此事?"赵顼说。

"陛下圣明,托陛下鸿福,微臣这些年在家乡开馆讲学,不求闻达,不慕荣利,只为实现平生之所愿。"张载一拱手,谦恭地说。

"哦,张爱卿,不知你平生之所愿是什么?"神宗皇帝问道。

"陛下,微臣虽一生坎坷,屡遭磨难,但从不敢忘记自己平生之抱负,那还是微臣十几年前在长安讲学的时候就提出来的:'为天地立心,为生民立命,为往圣继绝学,为万世开太平。'这四句话就是微臣历尽坎坷也不敢忘记的平生之所愿啊!"张载以洪亮的声音、真诚的语气,掷地有声地说着。

朝堂上静极了,文武百官听着张载的回答,都微微颔首,互相交换着眼神,对其言行和抱负深表敬佩。

"好一个'为天地立心,为生民立命,为往圣继绝学,为万世开太平'。张爱卿,你的这四句话,应该成为国朝所有士人的终生追求!看来,吕公果然别具慧眼,先生真是实至名归!"赵顼神情激动地说。

"陛下圣明,陛下过奖了,微臣只是做了自己应该做的事儿。"张载说。

"张爱卿,朕要重新起用你,否则,国朝就埋没了一位大儒了。朕现在要封你为同知太常礼院,推行礼仪,实现民风淳朴的大同世界,让你实现平生之所愿,不知你意下如何?"赵顼说道。

"谢陛下隆恩!微臣当竭尽全力,鞠躬尽瘁,以报陛下知遇之恩!"张载一拱手,高声说道。

张载从朝堂上退出来后,春日和煦的阳光安闲地洒在皇宫大院内,洒在京城的街道上,柳絮随风飘舞着,空气清新而宜人,多么美好的时光啊!在这美好的季节里,一段新的征程即将在他的面前开启了。

太常礼院,官署名,唐朝始置,属太常寺,掌教礼仪,事许专达。贞元七年(791)置礼院直二人,九年置礼院修撰、检讨各一人。五代沿置,掌郊庙之制,检讨礼仪故事。宋初设判院,掌礼仪之事。天圣元年(1023)以礼仪院并归本院,增置同知太常礼院官。

就这样,张载在太常礼院任职了。

太常礼院位于东京东南的僻静之地,建筑古朴,环境幽雅,花木扶疏。它是一处国家的行政机关,但更是一处适合修身养性的地方。太常礼院虽隶太常寺,实际相对独立,有判院、同知院共四人。就是说,张载与王姓、李姓和胡姓三位同僚,共同执掌太常礼院。

满怀希望的张载来到太常礼院后,逐渐发现他的同僚们整天都无所事事。他们看起来斯斯文文,知书达礼,互相称兄道弟的,但仔细观察,却发现他们不是斗茶聊天,就是下棋游玩,甚至还玩一种赌博的游戏,根本就不把公事放在心上。似乎在他们心中,太常礼院,就是一处游戏和养老的所在。偶尔有朝廷的公文到了,他们也只是草草应付一下了事。有时候,横渠先生和他们谈起自己的想法,比如说如何恢复夏商周三代的古礼,如何克己复礼,如何躬行礼

教,如何让国家达到"礼治",使民风淳朴,等等,他们只是笑而不答,甚至从那笑声里能体会到一种嘲讽的感觉。似乎在他们看来,横渠先生是一个太天真的人,不懂人情世故,只知埋头研究学问。

于是,横渠先生决定自己对礼仪制度进行改革,对恢复三朝的古礼进行规划,想以自己的身体力行,来推动大宋朝礼仪制度的优化。

他重新梳理礼仪经典。中国历来被称为"礼义之邦",礼仪在中国古代社会的政治文化生活中占有极其重要的地位。古代所谓礼仪,包括的范围非常广泛,诸如政治体制、朝廷法典、天地鬼神祭祀、水旱灾害祈禳、学校科举、军队征战、行政区域划分、房舍陵墓营造,乃至衣食住行、婚丧嫁娶、言谈举止,无不与礼仪有关。它几乎是一个囊括了国家政治、经济、军事、文化一切典章制度以及个人的伦理道德修养、行为准则规范的庞大的概念。《周礼》将礼仪分为"吉礼、嘉礼、宾礼、军礼、凶礼"五种。吉礼是五礼之冠,主要是对天神、地祇、人鬼的祭祀典礼。《礼记·祭统》说:"礼有五经,莫重于祭。"按照《周礼·春官·大宗伯》的说法,吉礼用以"事邦国之鬼神示(祇)",是祝祈福祥之礼。嘉礼是和合人际关系,沟通、联络感情的礼仪。《周礼》说,嘉礼是用以"亲万民"的,主要内容有饮食之礼,婚、冠之礼,宾射之礼,飨燕之礼,贺庆之礼等。宾礼是接待宾客之礼。《周礼·春官·大宗伯》说"以宾礼亲邦国",是讲天子与诸侯国以及诸侯国之间的往来交际之礼。军礼是师旅操演、征伐之礼。《周礼·春官·大宗伯》说"以军礼同邦国",是讲对于那些桀骜不驯的诸侯要用军礼使其服从和同。凶礼是哀悯吊唁忧患之礼。《周礼·春官·大宗伯》说:"以凶礼哀邦国之忧。"

随着礼仪制度的发展,由儒家学者整理成书的礼学专著"三礼"——《周礼》《仪礼》《礼记》出现了,这些著作记录和保存了许多周代的礼仪。在汉以后一千多年中,它们一直是国家制定礼仪制度的经典著作,因此被称为"礼经"。"礼经"的出现标志着礼仪发展到了一个非常成熟的阶段。在宋代,礼仪被提升到了国家政治的高度,在政府的引导下对礼学的研究也有了突出成果。把礼仪和礼教融合在一起,实施礼教成为帝王统治国家的有效工具之一。行礼为劝德服务,礼仪成了实施"仁政"和"德政"的重要内容之一。

三十三 鞠躬尽瘁

一天，京城有一富户为儿子举行婚礼，邀请太常礼院的礼官去行礼。横渠先生觉得这是一个推行古礼的好机会，于是就将自己设计的古礼程序详细讲给礼官，让他去实施。礼官表面上答应了，但内心却非常抵触，觉得这些繁文缛节碍手碍脚，非常不好。在举行婚礼的现场，礼官仍旧按照自己原来掌握的礼仪套路来做，根本就没有将横渠先生的礼仪放在心上。

婚礼结束后，当横渠先生得知这一事实后，就去责问礼官。礼官答道，先生的礼仪虽好，但古今的生活习惯和风俗习惯不同，礼仪也应有所不同，所以推行起来有一定难度，为什么要推行古礼呢？再说了百姓们都习惯了当下的礼仪，忽然要改变，恐怕老百姓一下也难以接受啊！

横渠先生听后，很不高兴地说："这如果是普通老百姓所说，那是情有可原的，因为他们不懂礼仪，也没有专门研究礼仪制度，而我们是太常礼院的官员，这些话出自我们之口，就很不适宜了。连当今皇帝都说了，要恢复古礼，以期达到民风淳朴的大同世界，难道我们这些官员、儒生、博士能不作为吗？你知道吗，推行礼仪，躬行礼教，是为'德治'和'仁治'服务的，只有一个朝代实行了'德治'和'仁治'，全国的老百姓都能克己复礼、知书达礼、礼貌待人，最终才能实行'礼治'的大同愿景！"

又一天，朝廷欲在京郊祭祀神灵。横渠先生和太常礼院的礼官一同前往京郊庙宇。在丝竹鼓乐声中，祭祀开始了。礼官依然按照原定的礼仪进行祭祀，横渠先生看到祭祀的礼仪中有不规整、不严谨的地方，急忙指出，而礼官则不以为然，依然固我。横渠先生见他的主张得不到实施，而且在对礼仪的探讨中，大家都不能理解他的境界，心里很难受，很不高兴。

到了暮春时节，百花凋零，满院残红。横渠先生独自坐在自己的书房里读书，他想到自己已经来京城两个多月了，但看看推行礼仪的这个局面，却十分不理想。于是，他感到失意与彷徨。

忽然他想起去年秋天的一件事儿。

那是一个萧瑟的秋日清晨，他从梦中醒来，揉揉惺忪的睡眼，不由得回想着昨夜的旧梦。在梦中，他已到了弥留之际，他一生孜孜不倦地求索，求索救国救民之道，求索经世济民之策，将平生之所学、所思写成了书卷，但百年之

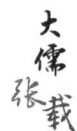

后谁来继承自己的思想和学术成果呢？时光易逝，人生易老，自己已经到了人生的暮年，往后的日子还有多少啊？他又想起了在扶风贤山寺所作的那首诗："面似骷髅头似雪，后生谁与属遗经？"刚才的梦中，自己感于人世的坎坷而伤感，已经泪流满面。是啊，"后生谁与属遗经？"得提前把这件事儿做个交代，也不至于以后空留遗憾，悔之晚矣。

于是，张载将弟子苏昞叫来，将自己近年来创作的《正蒙》十七篇交给他，并嘱咐他说，这是自己历年致思之所得，其言论与孔孟思想一脉相承，但又有自己潜心钻研之独特之处，脉络已经很清楚了，基本自成体系，但还需要再润饰，就像一棵大树一样，主干和枝条已经长成了，需要的只是润泽花叶罢了。并说："我年事已高，已到了垂老之暮年，他日或将撒手人寰，所以希望由你来能继承为师的衣钵和著作，精心研读，将来必成大器。"

苏昞听着恩师语重心长的话语，看着恩师消瘦而憔悴的形容，又想到恩师平日对自己的爱护，今日对自己的器重，不由得热泪涌出眼眶。他哽咽着说，自己一定不辜负先生的期望，不负先生之重托，将先生的著作保管好、润饰好，使它流传于后世，为后世子孙造福。

几年以后，这部《正蒙》由苏昞作序正式出版，成为中国思想史上一部光耀千古的不朽巨著，被后世文人和学子津津乐道。

来到京城后，因施行礼仪的公事偶去洛阳，他又见到了司马光先生。

熙宁四年（1071），司马光先生因不满王安石变法的种种弊端，多次上书请求外任，后任职西京留守御史台，自己退居洛阳，绝口不论政事，专门著述《通鉴》，后于横渠先生去世后的元丰七年（1084）将《通鉴》完成，前后用了十五年时间，后经皇帝赐名《资治通鉴》。《资治通鉴》是中国第一部编年体通史。

那是一个深秋时节，天气渐凉，满眼红叶，看篱下黄花开遍，枝头红果累累。这令横渠先生忽然想起了晏几道的词："红叶黄花秋意晚，千里念行客。"词人晏几道是贤相晏殊的儿子，但因反对王安石新法，赠诗给向皇帝上《流民图》的郑侠而屡遭迫害，被牵连下狱。想起这些事儿，横渠先生就感到伤心不已。

见到司马君实先生的时候，君实先生正在书房和几个文人谈论编纂史书的事儿。书房里层层叠叠地堆放着一摞摞书稿，墙角有几盆花草，青枝绿叶的。书房里除了挂着他亲笔撰写的《真率铭》外，正中间墙上挂着一幅山水画，画中写意的远山层峦叠嶂，小桥流水，枫叶飘飘，让人顿感心旷神怡。两边是一副大气磅礴、气势不凡的隶书对联：

　　　　书存金石气；
　　　　室有蕙兰香。

另外两面墙壁上，也各有两副对联，那是用行云流水般的行草书法笔体写成的，其一是：

　　　　荷风送香气；
　　　　竹露滴清音。

这副对联化用唐代大诗人孟浩然的诗句，孟浩然在《夏日南亭怀辛大》一诗中写道："荷风送香气，竹露滴清响。"但横渠先生更喜欢"竹露滴清音"这一句，虽然只改了一个字，但显得更有意境，更能烘托出那种宁静而幽雅的诗意。试想一下，在这喧嚣嘈杂的尘世上，能静听一滴滴竹露清音的人，一定是心静如水的超凡脱俗的雅士了！

其二是：

　　　　长廊修竹听雨；
　　　　雅室翰墨溢香。

对仗工稳，雅致而耐人寻味，更是超脱红尘之作，仔细品味这副对联，就进入了幽深的唐诗的境界。那是红尘之外的隐士的生活境界，在一处远离尘嚣之地独处，观修竹，听雨声，弄翰墨，与世无争，修身养性，自得其乐！

欣赏着这些书画作品，人能马上沉静下来，进入艺术的氛围。

看着这些书画作品，横渠先生心想：司马先生真是有修养之人，能沉下心来，用经年累月的时间来精心修史，编纂史学著作，是多么不易啊。

几年不见，君实先生也明显表现出衰老的迹象：两鬓全白了，三绺长髯也染上了霜雪的颜色，额上也刻上了深深的皱纹。只是那双眼睛，仍然显得睿智而有光芒，让人觉得他的心灵还是充满生机与活力的。

当他们坐下来，一边品茗一边聊天的时候，横渠先生谈了自己这些年在家乡开馆讲学、试办井田的事儿。后又谈到，蒙当今皇帝不弃，如今自己虽被任命为同知太常礼院，但是他想推行礼仪制度改革，却是备受冷遇，步履艰难。君实先生说自己如今一心只修《通鉴》这本史书，以期望达到西汉史学家司马迁先生的《史记》的高度，也好不负祖先，不辱圣命，为后人留下有价值的"一家之言"。由于这部《通鉴》时间跨度长达几千年，而且又因年代久远，史料浩繁，编纂起来难度很大，编成之日还遥遥无期。横渠先生说："只有像君实先生这样的有学问、有修养的人，才能完成这部旷世之作。精诚所至，金石为开，我相信经君实先生之手编就的这部《通鉴》，一定能成为一部史学巨著、旷世杰作！我等着欣赏君实先生的这部作品呢！"

后来他们又谈到了洛阳的二程兄弟。君实先生说，二程兄弟如今也在一边著书立说，一边设馆讲学，如今已形成影响颇大的"洛学"。在分手的时候，横渠先生欣然命笔，给司马光先生留下了一首诗：

赠司马君实

二龙闲卧洛波清，

今日都门独饯行。

愿得贤人均出处，

始知深意在苍生。

这首诗将君实先生和二程兄弟比作"二龙"，"二龙卧波"，暗指贤人隐居乡间，不愿出仕。整首诗表达了对司马光和二程兄弟的钦佩和赞赏，又委婉含蓄地表达了对他们隐居不仕的同情和理解。

一天横渠先生得知尧夫先生病重，他去探望尧夫先生。在尧夫先生的家里，看到了这样两副对联——

在客厅悬挂的是：

静坐澄思虑；
闲吟乐性情。

在卧室悬挂的是：

气静形安乐；
心闲身太平。

他知道这两副对联均出自尧夫先生的诗句，对仗工稳，意境深邃，流露出随遇而安、乐天知命而又清心寡欲、宁静平和的人生境界。

横渠先生在卧室里见到了司马光先生和二程兄弟，他们比横渠先生早到一会儿。

尧夫先生静静地躺在病榻上，闭目养神。他的头发全白了，眼窝深陷，形容憔悴。当初那个飘飘然仙翁模样的人已经找不到了，只看到一个须发全白的消瘦老人静静地躺在病榻上。

"静之始则柔生焉，静之极则刚生焉。"横渠先生又想起了当年尧夫先生说过的话语。这就是那个隐居乡间，一生不仕，举止儒雅的大隐士吗？这就是当年那个与自己在君实先生书房里谈笑风生的真隐士吗？岁月啊，你怎能将一位贤人变成了这个模样？

过了一会儿，尧夫先生睁开疲惫的眼睛，望着环坐在他病榻旁的横渠先生、司马君实先生和二程兄弟，轻轻地说谢谢大家来看望他，他现在不能坐起来，实在对不住大家，并轻唤书童来倒茶。

横渠先生原来学过一点中医，略知一些药学与脉象诊断学说。于是他给尧

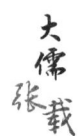

夫先生把了把脉，他用右手分别号了尧夫先生左右手的寸关尺的脉象，发现脉象沉而细，并没有出现垂危病人应该出现的"促代结"的凶险之象，觉得似乎并无大碍。于是他安慰尧夫先生好好静养，过几天就会康复的。

在尧夫先生的书房，他和君实先生、二程兄弟又看到了尧夫先生近年来推演的"易经象数学说"。

尧夫先生按照象数，把天地从始至终的过程区分为元、会、运、世，以此为宇宙历史的周期。一元十二会，一会三十运，一运十二世，一世三十年。一元相当于放大的一年（年十二月，月三十日，日十二时辰，一时辰三十时分），共十二万九千六百年。尧夫通过不厌其烦地推演后断定，世界的历史，以此为周期，由兴盛到衰亡，周而复始，循环不已。天形成于元的子会，地形成于丑会，人产生于寅会。人类历史发展到第六会巳会，即尧之世，达到了兴盛的顶点；从午会即第七会开始，便由盛而衰，这是夏、商、周到宋的历史时期；到了亥会即第十二会，天地归终，万物灭绝。另一元，也即再一周期又将开始。在一个周期内，历史是退化的，由尧至宋，经"皇、帝、王、霸"四个阶段，一代不如一代。

从尧夫先生家里出来的时候，他们都认为，邵氏易学的价值不在于对传统象数易学的继承，而在于在继承传统象数易学基础上对易学所进行的精心的改造和创新。恰恰是这些不符合《周易》之本文或与传统易学相违背的观点和思想表现出勃勃的生命力，推动易学不断地发展和臻于完善。

回到了京城的太常礼院，又是沉闷的无所事事的日子。看到同僚们每日乐此不疲地斗茶聊天游玩赌博，横渠先生感到深深的失落。不仅如此，这些同僚还私下里向皇帝上奏折打击诽谤横渠先生，说他标新立异，擅自改革朝廷旧礼，推行夏商周古礼，简直是不合时宜、贻笑大方，等等。

当横渠先生得知这一情况后，更是感到异常伤感和悲哀。自己满怀一腔希望，意欲恢复古礼，以期达到"礼治"的太平盛世，谁承想满腔的热忱无人理解，反而陷入同僚们向自己泼凉水的险恶境遇。

这就是自己准备实现平生之所愿的职位吗？"为天地立心，为生民立命，为往圣继绝学，为万世开太平"，多么宏达的抱负啊，难道能在这个庸庸碌碌

三十三 鞠躬尽瘁

的岗位上实现吗?

雪花飘起来了。凛冽的寒风呼啸着,枯枝败叶敲打着窗棂,夜里一场大雪漫天而降,随着大雪而来的是气温的骤降。横渠先生的肺病又犯了,他不断地咳嗽起来。第二天,书童为他请来了郎中,郎中为他开了药方,并说让他不要上朝了,要好好服药静养。

在那苦闷的冬日,在难熬的病中,在严寒中,横渠先生想着遥远的故乡关中平原,想着那里的妻儿,忽然老杜的两句诗涌上他的心头:

老妻寄异县,
十口隔风雪。

是啊,郭氏是不是还在雪天的窗下缝补衣裳?可爱的因儿,是不是又在倚门独自守望父亲的归来?他是不是又长高了一些?不知他最近都读了哪些书?如果他在身边,自己能给他讲一些经典书籍上的故事,讲一些人生的道理,看着他蓬勃的样子,看着他富有朝气的红润的脸,嗅着他正在成长的一如田野里小树一样清新的气息,那该有多好啊!

想着想着,横渠先生的眼泪涌出了眼眶。

不如归去!辞官归家,不能兼济天下,也能独善其身,至少能和自己的亲人待在一块儿。于是他下定了决心,决定辞去同知太常礼院这个官职。

在一个雪后初晴的日子,横渠先生痛苦地咳嗽着,在书童和外甥宋京的陪伴下,坐上西归的马车,踏上了回家的路。

一路上先生咳嗽着,身心疲惫,偶尔向窗外看看,看到的也是白茫茫的雪野。

天空又阴晦了,苍茫茫的天空,云遮雾罩的前方,是迷蒙的向前延伸的路。

冬十一月乙亥,车行至临潼,夜幕降临了。横渠先生在驿馆住下,他不停地咳嗽吐痰,偶尔能看到痰中带血。他在书童和外甥宋京的伺候下休息了一会儿,说快到家乡了,明天就能见到家人了,因此他要沐浴更衣。

沐浴更衣后，先生躺在卧榻上。又是一阵猛烈的咳嗽后，他闭目养神。

几十年的时光就这样匆匆走过了吗？一路走来，几多欢笑，几多悲哀，几多坎坷，几多磨难！追寻与求索之路，有多少失落与惆怅，也有多少希望与梦想啊，几十年的光阴就这样消逝了吗？人生真如一场大梦，在这几十年里，雪山没有融化为江河，沧海也没有变化为桑田，变化的只是世情与人情，不变的永远是希冀与梦想。

横渠先生想起了颤巍巍的老母亲，想起了她慈祥的笑容；想起了少年时的朋友们，想起了两小无猜青梅竹马的吴玉姑娘；想起了弟弟戬儿，想起了和他在雪天烹茶对诗的温馨场面；想起了为自己操劳一生毫无怨言的夫人郭葳；想起了自己的弟子，苏昞、吕大钧、吕大临、张舜民、游师雄等，他们一个个浮现在面前；想起了可爱的因儿，想起了因儿五六岁的时候眼巴巴地在路口等自己从京城归来，父子终于相见了，因儿扑在自己怀里哭的场景，后来，得知自己辞官不走了，终于，有一颗晶莹的眼泪凋谢在因儿无邪的笑容里。

他想到了自己创办的横渠书院，想到了自己试办的井田，想到了自己的著作，想到了自己的思想，想到了……

忽然，他听到了遥远的来自天国的呼唤，一位像孔夫子又像文曲星的人物在前方召唤自己，太模糊了，他看不清。于是，他慢慢闭上了眼睛，而且永远地闭上了眼睛。

那一瞬间，天国之门豁然开启，他看到了一片柔媚的蔚蓝。

三十四　万世师表

横渠先生去世后，外甥宋京和书童连夜哭告。弟子吕大钧、苏昞等闻噩耗又哭奔临潼，为横渠先生主办丧葬，并奉其灵柩回归郿县横渠。夫人郭葳和儿子张因放声痛哭，悲痛欲绝。横渠先生一生清贫，家中所有箱柜打开后，全是藏书，无积蓄安葬，于是翰林院学士许诠等奏明朝廷，乞加赠恤。皇帝下诏按崇文院三馆之职，赐丧事支出"半数"。元丰元年（1078）三月，横渠先生张载被安葬于横渠镇，其父张迪墓北，与其弟张戬墓左右相对。

先生去世后不久，母亲陆氏也病逝了，其妻郭氏因生活困窘，衣食不足，携子张因寄居在南阳娘家。

十四岁的少年张因搀扶着白发早生的母亲坐上了去河南南阳的马车。郭氏最后望了一眼横渠老旧破败的故宅，禁不住潸然泪下。少年张因望着故居，想起童年的往事，想起昔日与父亲欢聚的岁月，也洒下两行清泪。

横渠先生去世的消息传到洛阳，洛阳的明道先生程颢惊闻噩耗后，追忆起先生一生的治学为人和坎坷多舛的经历，不禁痛哭流涕，大放悲声，在无限的悲痛中他作诗一首，诗名《哭张子厚先生》：

> 叹息斯文约共修，
> 如何夫子便长休！
> 东山无复苍生望，
> 西土谁共后学求？
> 千古声名联棣萼，

　　二年零落去山丘。
　　寝门恸哭知何限,
　　岂独交亲念旧游。

司马光先生惊闻噩耗时,正在书房编纂《通鉴》,他放下手中的笔,禁不住老泪纵横,他强忍住眼泪,一口气跑到郊外,在无限悲痛和泪流满面中,对着苍茫茫的天宇,吟出了《子厚先生哀辞》:

　　先生负才气,弱冠游穷边。
　　麻衣揖钜公,决策期万全。
　　谓言叛羌背,会可执而鞭。
　　意趣小参差,万金莫留连。
　　中年更折节,六籍事精研。
　　羲农讫周孔,上下皆贯穿。
　　造次循绳墨,儒行无少愆。
　　师道久废阙,模范几无传。
　　先生力振起,不绝尚联绵。
　　教人学虽博,要以礼为先。
　　庶几百世后,复睹三王前。
　　释老比尤炽,群伦将荡然。
　　先生论性命,指示令知天。
　　声光动京师,名卿争芦延。
　　寘之石渠阁,岂徒修简编。
　　丞相正自用,立有荣枯权。
　　先生不可屈,去之归卧坚。
　　孤嫠聚满室,糊口耕无田。
　　欣欣茹藜藿,皆不思肥鲜。
　　近应诏书起,寻取病告旋。

> 旧庐不能到，丹旐风翩翩。
> 人生会归尽，但问愚与贤。
> 借令阳虎寿，讵足骄颜渊。
> 况于朱紫贵，飘忽如云烟。
> 岂若有清名，高出太白巅。
> 门人俱经带，雪涕会松阡。
> 厚终信为美，继志仍须专。
> 读经守旧学，勿为利禄迁。
> 好礼效古人，勿为时俗牵。
> 修内勿修外，执中勿执偏。
> 当令洙泗风，郁郁满秦川。
> 先生倘有知，无憾归重泉。

这首长诗对横渠先生坎坷多舛的一生进行了追忆和缅怀，对他一生孜孜不倦的求索和治学精神，以及克己复礼、忧国忧民、躬行礼仪、设馆讲学的高贵情操进行了高度评价。情真意切，沉郁而悲壮，令人扼腕长叹！

南宋嘉定十三年（1220），皇帝赐横渠先生谥号"明公"。淳祐元年（1241）赐封横渠先生"郿伯"，从祀孔庙。皇帝赵昀祭奠横渠先生作诗曰："大儒张子，斯文（儒者）之宗！"称赞他为儒者的一代宗师。明嘉靖九年（1530），朝廷称其"先儒张子"。清康熙二十二年（1683），皇帝亲自书写"学达性天"匾额，赐予张载祠，高悬于大殿上方。

张载去世后，他的关学思想漂洋过海，传到了亚洲各国，特别是朝鲜半岛，滋养了诸如曹南冥这样的大思想家。

南冥先生（1501—1572），姓曹名植，号南冥，是朝鲜李朝时代的大儒。他吸收并发扬了中国儒学和张载的"关学"，创立了适合本国国情的"南冥学"。南冥先生一生隐居不仕，刻苦力学，研究性理学说，弘扬儒家人文道德精神。教授弟子专学"敬义"二字，并将"敬义"二字书于窗前。提倡以"道心"，实现克己复礼。特别继承与发扬张载提出的"心统性情"的理论，培养

人的理想人格，南冥学的突出特点是重视躬体力行，反对空谈心性。其学说的核心概念和理想境界是"敬义"，其重要学风是不事虚谈，不事著述，下学上达，踏实践行，推动了实学的发展，已成为韩国民族精神的一部分。

2005年亚洲各国专家学者齐聚一堂，参加在长安大学举办的"关学、南冥学与东亚文明国际学术研讨会"，对张载的思想与南冥学进行了比较研究。

千年以后，张横渠先生的思想再次吸引了世界关注的目光！

斯人已逝，精神和风范长存！

张载，张乾坤正气，载日月光辉。他是一位提出"气本论"的唯物主义思想家，一位忧国忧民、以"民胞物与"为情怀的北宋的大哲学家，一位克己复礼、躬行礼教、循循善诱的大教育家。在他去世千年之后，作为张载关学思想发源地的陕西眉县，对这一具有独特性的文化资源越来越重视。为了更好地发掘、保护和研究张载及其关学思想，该县政府先后多方筹资，修复了张载祠、张载墓，并恢复了横渠书院，修建了张载文化广场。自1991年以来，已连续成功举办了多届"张载关学思想研讨会"，在我国乃至亚洲各国产生了极其深远的影响。据主办方介绍，举办"张载关学思想研讨会"对于弘扬中华民族优秀历史文化，构建和谐中国、和谐东亚、和谐世界有着非常重要的历史和现实意义。

往事越千年，2003年12月12日，在美国哈佛大学，世界的目光正聚焦着中国国务院总理温家宝在这里的一场精彩演讲。讲台下，那些来自五洲四海的各种肤色的人正在聚精会神地听取温总理的讲话。

这场题为《把目光投向中国》的演讲渐近尾声。温家宝总理微笑着顿了顿，最后深情地说："女士们，先生们，中华民族的祖先曾追求这样一种境界：'为天地立心，为生民立命，为往圣继绝学，为万世开太平。'今天，人类正处在社会急剧大变动的时代，回溯源头，传承命脉，相互学习，开拓创新，是各国弘扬本民族优秀文化的明智选择。我呼吁，让我们共同以智慧和力量去推动人类文明的进步与发展。我们的成功将承继先贤，泽被后世。这样，我们的子孙就能生活在一个更加和平、安定和繁荣的世界里。我坚信，这样一个无限光明、无限美好的明天,必将到来!"

演讲结束了,全场掌声雷动。各国记者都在追问中国的翻译,"为天地立心,为生民立命,为往圣继绝学,为万世开太平",这是中国古代的哪一位圣哲曾经追求的境界?翻译不厌其烦地解说着——北宋,张载张横渠!于是那些金发碧眼的记者也跟着说:"哦,张载张横渠!"

横渠先生的学说再次吸引了全世界的目光!

已故的北京大学哲学系教授、当代哲学界泰斗张岱年先生每次授课前,均要求自己的学生大声背诵张横渠的这四句话,以志不忘。

横渠先生的"为天地立心,为生民立命,为往圣继绝学,为万世开太平"的名言,以生命的最强音,喊出了千百年来儒者和学子对这个社会永恒的道义与担当!激励了一代又一代的仁人志士为祖国、为民族、为社会大众的福祉而奋斗,而努力。千百年来,这一名言,为百姓万众所传诵、所铭记。

"张横渠先生是世界唯物主义哲学之父!"这是中华人民共和国首任国务院总理周恩来先生的断言。

1960年,周恩来总理在与英国陆军将领、军事家、战略家蒙哥马利(1887—1976)的交谈中说道:"横渠先生所创唯物主义,比笛卡尔早了五百多年,世界唯物主义之父,张横渠先生当之无愧。"

2020年是张载先生诞辰一千周年。为了让中华优秀传统文化创造性转化、创新性发展,增强文化自信,充分挖掘张载文化资源,宝鸡市市委、市政府于2018年11月决定,将以眉县张载祠为依托,建设国际一流、国内唯一的张载文化产业园区,并将其打造为关学文化传承、文物保护、旅游观光、产业创新的基地。

时间到了2020年的夏天,陕西眉县,张载纪念馆。

这是一个阳光灿烂的上午。几棵横渠先生手植的古柏根深叶茂、直插云霄,这些粗壮的、树皮皲裂的千年古柏尽显沧桑古态,将遒劲的枝条伸向空中,为参观的游人撑起绿色的伞盖,将一树绿荫洒向静静的院落。几间古朴的展室整洁有序,千年前横渠先生忧国忧民、躬行礼仪、施行德政的事迹,"气本论"的哲学思想和"学须存疑,博学精思"的教育思想在这里展示。参观者

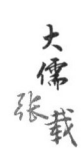
有的在用笔记录，有的在拍照，有的在沉思，有的在议论和感叹……

红色的石榴花、月月红，深蓝色的鸢尾花在夏日的阳光下盛开着，淡淡的清香令人沉醉。

东边院落碑林的正中心，横渠先生站在讲坛上，面带微笑，右手缓缓地向上扬起，似乎正在抑扬顿挫地讲授着儒家经典。下面站着听讲的学子不是吕大钧、吕大临、苏昞，不是张舜民、游师雄，也不是李复和范育，而是缅怀先哲事迹、追寻圣哲思想的21世纪的炎黄子孙。

鸟儿在枝头欢快地鸣叫，阳光是那样美好。

哦，横渠先生，魂兮归来！

2020年7月28日修改定稿于西安碧云天书斋

后记

穿越宋朝　寻访张载
——长篇历史小说《大儒张载》创作后记

杜崇斌

这是一个黄叶飘零的初冬的午后，窗外高大的雪松在萧瑟的西风中傲然挺立着，依然不改其苍翠的本色。室内已经供上暖气了。

丁丁的古筝声如山泉般在室内流淌，翻看了一会儿书，在古筝音符营造的幽深意境中沉思与徜徉，忽然有了一点写作的心境。于是，在这澄明的山泉般的乐声中，回望多年来的创作之路，感慨良多。

一、喜悦

从2012年白雪飘飘的时候开始写第一个字，到2015年满眼红叶的时候写完最后一个字，用了近三年的时间，终于将这部二十多万字的书稿完成了！

写完这部书的时候，是一个晚上。那天晚上，我的心情很激动，轻狂得、高兴得、兴奋得怎么也睡不着，真的想高歌一曲，又想打电话告诉朋友们，一看都很晚了，不好意思打搅别人，于是，就编发了一条短信告诉了许多朋友。

北宋大思想家张载（1020—1077），字子厚，号横渠，陕西眉县横渠镇人，世称横渠先生。他是宋代理学的主要奠基人，关学学派的创始人和领袖，也是著名的教育家和颇有影响的思想家。在中国思想史上占有重要地位，被西

方学者称为11世纪中国卓越的唯物主义哲学家。

一千年来，对张载哲学和思想研究的理论著作很多，但关于张载的文学书写却少得可怜。目前能看到的仅仅是一些单篇几百字或者千字左右的小故事、民间传说，而且都是民间人士编印的小册子。令人遗憾的是，时至今日，对大思想家张载进行宏大的文学书写尚属空白，这不能不说是我国文学艺术界的一大憾事！

值得自豪的是，关于北宋大思想家张载的长篇小说《大儒张载》即将问世。它的作者就是我。

难道我不应该高兴吗！

二、困难

刚开始接过这个题材的时候，摩拳擦掌，跃跃欲试，兴趣很浓，创作的热情也很高涨。当写到两万字的时候，才意识到这个题材的困难有很大。

为什么呢？

一部二十多万字的长篇历史小说，我占有的素材有哪些呢？几乎什么都没有！除了反复阅读几乎能背诵的几百字的《宋史·张载传》和千字左右的《横渠先生行状》外，几乎什么都没有！

凭这些，就能写一部二十多万字的长篇历史小说吗？显然是不可能的！

写这部书，定位是历史小说，不是光码字的事儿，重要的是要读许多书，查阅许多资料，还要实地调查、采访，掌握一定的素材，在此基础上，还要用一定的章法、结构和诗意的文字将这段时期的历史故事演绎出来。

因为小说，不同于历史；文学，不同于故事。

虽然我是汉语言文学专业的，古典文学功底还算可以，但是《大学》《中庸》《论语》《孟子》还有《周易》《道德经》等这些国学经典我还得重新学习与研究；宋代历史、宋代文学我还得重新研究；张载的著作《横渠易说》《正蒙》《经学理窟》等也得研究透彻；宋朝的政治制度、皇帝更替、变法改革，宋朝与西夏和辽国的关系与战争，都得研究和熟悉；宋朝的服饰、茶文化、酒文化、习俗等都得熟悉；宋朝科举考试的四个等级，地方官吏制度的知识，也得知道；儒家、释家、道家、法家等学派的知识也得研究与熟悉；

还有……

　　学习和研究这些是为了娴熟地驾驭这部书，是为了穿越宋朝，还原宋朝，还原一个真实的、丰满的、有血有肉的大儒张载。

　　不仅仅是在书斋读书，更重要的是要实地考察、采访，取得鲜活的写作素材。

　　为了写这部小说，我到眉县调研采访了四次，张载祠、张载墓、张载纪念馆、横渠书院都去过了，还采访过当地的学者、张载的后人等。但毕竟张载是一千年前的人，所以我们之间隔着厚厚的一堵墙，那是一千年的岁月形成的墙，使我无法看清他的容颜。

　　虽然如此，我仍在用心揣摩这位哲学家，设身处地地想象，还原他所生活的时代、环境，还有他的生活、他的心境、他的追求、他的心路历程，在无限地靠近他、贴近他，使他的形象在我心中逐渐鲜活起来，生动起来，立体起来。

　　说个笑话吧，那天我去张载纪念馆，给他的塑像虔诚地磕头致礼，并在心里默默说：张大师啊，您保佑我吧，让我写出一部满意的作品，这样也是传承您的思想，让您的思想发扬光大呢！

　　有时候我想，这部历史小说，我如果坚持写完，无论好坏，只要不出知识性错误，都是很不容易的。就是只当课题来研究，也需要付出很大的努力。北宋的一位大哲学家、大教育家，难道不值得我用三年时间研究吗？这些年，连韩国和日本的学者都来陕西眉县研究张载了。

　　三、时代

　　大思想家张载一生经历了四朝皇帝，分别是宋真宗、宋仁宗、宋英宗、宋神宗。这一个时期，从历史学的角度来考量，应该算是宋朝由盛转衰的时期。据说，宋朝在最富庶的时候，人口过了亿，其GDP占全球经济总量的百分之六十，可想而知，宋朝的经济发展水平。

　　这一时期，它的前面有政治清平、经济繁荣的宋真宗的"咸平之治"，但也有迷信佛老的宋真宗晚年的昏庸统治。宋仁宗算是比较好的皇帝了，但是宋朝西北和东北的两个邻国西夏和辽国却对大宋的大好河山虎视眈眈。特别是西

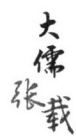

夏，在宋仁宗时代，李元昊先是自立为王，接着就开始不断发动侵略战争，使大宋朝陷入烽火狼烟之中。

宋英宗只做了四年皇帝就死了，死时年仅三十六岁。到了二十岁的宋神宗即位时，三司使（财政部长）韩绛说：大宋朝"百年之积，唯余空簿"。这令年轻的宋神宗几乎手足无措了。是什么导致大宋朝走了下坡路呢？历史学家说是"三冗两积"问题，就是冗官、冗兵、冗费和积贫积弱。通过一个例子，可以想见大宋朝的冗官问题有多么严重：宋朝建国之初的960年，全国的官员只有两千多人；到了宋神宗执政时的1068年，官员达到了两万多人，十倍于国初。大家只领工资，不干活，再加上连年向西夏和辽国进贡的巨额的岁币，老百姓的负担可想而知。于是，一场改革在所难免！王安石就是在这一背景下走上了政治舞台的。就是王安石不变法，也会有其他人来变法，因为不变法，宋朝就只有死路一条！

这就是张载生活的时代。

四、年谱

这是一部带有人物传记性质的长篇历史小说，张载，无疑是主人公了。他的一生如何来书写，他的一生都经历了什么？他生于1020年，卒于1077年，享年五十八岁（古人用的是虚岁）。在这半个多世纪的有生之年里，他都干过什么？读书、讲学、做官、研究学问、著书立说，必须要有一个主人公张载的生活年谱，找到年谱后，再细分细化小说的章节和填充故事情节。

找到了一份由张载纪念馆馆长张世敏先生考证修订的《张载年谱》，通过研究，又发现了诸多疑点。比如说，张载的父亲去世的时候是多少岁？因何病去世？张载什么时候结婚？张载的夫人叫什么名字？他有几个孩子？《宋史·张载传》中说他去世的时候，他的儿子张因还没有成年，张载是五十八岁去世，他的儿子张因那时候大概多少岁？在这个儿子前面，他还有女儿吗？我要写的是小说，张载的婚姻家庭是重要的内容，这些问题都得解决，否则，无法开展情节。

最大的一个疑点，也是无法逾越的疑点是：张载二十一岁延州上书，经范仲淹先生指点迷津后，弃武从文，直到三十八岁考中进士。中间这十七年他干了什么？难道真的如年谱中所说的只是研究儒释道诸家的学问吗？这十七年，是一个人最宝贵的年华啊，是青年向中年的过渡期，也是一个人最为年富力强的阶段。他不去考进士做官，为什么？他很聪明，文武兼备，绝不会像蒲松龄那样屡试不第，他只要考，一定能考上，为什么不去考呢？

经过我的深入研究，我认为，他不去考进士做官，大致有三个理由。一是从他一生来看，他是一个无心仕途、淡泊名利的人，他读书做学问，只想为老百姓做点儿实事，所谓经世致用。二是他要积累学问和智慧，所谓厚积薄发。他要读遍天下的书，遍访名师，寻仙访道，学好儒释道等诸家的学问，然后融百家之长，才能走出一条属于自己的路，这也是所有大家的必由之路。再者，游学和漫游，对一个大人物的成长是很重要的，司马迁漫游过，李白漫游过，杜甫漫游过，这是一个行万里路的过程。因为，实践证明，读万卷书不如行万里路。三是最实际的原因，就是甘为人梯和甘于奉献。他父亲去世时，他只有十五岁，他弟弟五岁，老母亲又有病在身，奉母教弟，需要兄长的奉献精神，再加之张载又是一个醇儒，一个大儒，儒家经典中的"仁义礼智孝"他一定要尊崇。所以，他不急着考进士做官，是因为他的责任没有尽到，当他弟弟考中进士、成家立业后，他才参加科举，走上仕途。

就这样，随着研究的深入，疑点一个个被突破，困难一个个被克服，写作在慢慢向前推进。一个清晰的大儒张载形象即将展现在读者面前。

当我写到九万字的时候，我写了一首诗，名字叫作《邂逅大儒张载》，其中有这样几段：

你走来
你以一身北宋的服饰
天天进入我的梦中
与我神交

你走来
少年而孤的你
一身戎装走来

剑气在漫天雪花中幻化成

寒光一片

你走来

头戴方巾的你

四方游学而来

沉沉的书囊风尘仆仆的背影

被夕阳拉长

定格为永远的学子形象

在诗的后面附着这样的缘起:

我的长篇小说《大儒张载》已经突破九万字了,我很高兴,祝贺我吧。写第一个字的时候,天还在下雪,现在已经是艳阳高照的夏日了。时光在笔下流逝,这大概就叫作岁月吧。《大儒张载》,二十多万字的创作计划。这部书在还原一千年前的时光和故事,所以写得很苦。我想,等写完最后一个字,大概又是一个大雪纷飞的日子吧。

五、人生

通过研究张载的一生,我认为是逆境和挫折成就了他的人生。这一点也正好暗合了他自己的名言"贫贱忧戚,庸玉汝于成"。

他的一生有三个重大的转折点,这三个转折点,也是三次很大的挫折和困难。

一是父亲的英年早逝。他父亲做的官是涪州知州,相当于现在一个中小城市的市长的职位。他十五岁之前,在父亲的呵护下,他锦衣玉食,属于一个"官二代",一个公子哥儿型的人物,虽然他天资聪颖,也习武学文,是一个聪明活泼的少年,但如果不是他的父亲英年早逝,我认为他不一定能成为一位大思想家、大教育家,因为养尊处优的环境和与社会及广大下层人民群众的脱离,必定使他不能有那么深远的洞察力。

父亲去世后,他从一个"官二代"一下子变成了平民。由于他父亲为官清廉，家中也没有多少积蓄，这样，一个公子哥儿，为了生存也开始躬耕垄亩，参与田间劳动。这就给了他接触最底层社会和老百姓的机会，给了他冷静地观察社会、思索社会的条件，使他认识到社会的弊端和病痛，开始寻求救国救民的经世济民之策。

二是青年时弃武从文。张载不是一个文弱书生，他年轻的时候，喜欢钻研兵学，还组织了一支地方民团队伍，准备驰骋疆场，抗击西夏，报效国家。在他二十一岁的时候，他向大宋朝西北边防的延州知州范仲淹先生上了《边议九条》。《边议九条》就是他自己通过调研，总结出的抗击西夏的九条作战方略。范仲淹是宋朝伟大的文学家、政治家、军事家，果然名不虚传，不仅平易近人地接见了平民张载，而且还慧眼识英才，给张载指点了人生的迷津。说张载虽然看起来很英武，但他骨子里是一位儒雅的儒生；再者，如果让他上战场，弃身锋刃间，有些太可惜了。若是弃武从文，则有可能会成就一位与孔孟比肩的大儒学家。从此后，张载隐居民间十七年，遍访名师，刻苦钻研学问，学跨儒释道，终于自成一家，成为关学宗师。如果张载没有遇到范仲淹先生，如果他不弃武从文，他很有可能会成为一名名不见经传的低级将士。

三是老年时辞官归里。1069年，张载五十岁，王安石变法开始。张载被皇帝召见，从边远的渭州城（今甘肃平凉）调入京城，正当张载仕途一帆风顺，受到皇帝垂青和当权派王安石器重的时候，他却突然提出要辞官归乡。原因是，他与王安石的政见不同，所以他要急流勇退。如果是热衷于富贵功名、爱慕虚荣的人，是万万不会做出这样的抉择的。辞官归里后，他在故乡横渠镇一边继续研究学问（仰思俯读），一边开始设馆讲学，不经意间，成就了一位大教育家，也成就了一个对后世影响深远的大宋学派——关学。虽然他前期（五十岁之前）已经研究了许多哲学问题，但还没有系统化、深入化。因此，如果张载不辞官归里，充其量成为一位封建官吏，或许会飞黄腾达，但绝不会成为大教育家和大思想家。

六、爱情与婚姻

宋朝人一般二十岁之前就会结婚成家。但张载是什么时候结婚呢？经过我研究，认为应该在二十一岁之后。这一观点后来得到了张载纪念馆馆长张世敏

先生的认同。

我的理由如下:一是父亲张迪在张载十五岁时去世,按照宋朝的丁忧礼仪,他要守孝三年,所以十八岁之前,他不能结婚。二是1038年,张载十九岁,西夏兵开始入侵北宋,为了抵御侵略,张载曾经组织了一支民团队伍,习演兵法,保家卫国,由于兵荒马乱,这时候他大概顾不上结婚。三是1040年,张载二十一岁,他去延州上书,准备驰骋疆场,杀敌报国。因为那时候,大宋朝西北边防屡吃败仗,士兵溃不成军,所以当务之急应该是抵御侵略,朝廷才任命足智多谋的范仲淹来镇守延州。从张载延州上书的决心及义无反顾的态度来看,那时候,他大概还没有成家。

关于爱情和婚姻,有史书记载张载的夫人姓郭,是河南南阳人,也就是说是他舅舅家那个地方的人,因为他的母亲陆夫人也是南阳人。

那么张载在二十岁之前,有没有恋爱过呢?答案应该是肯定的。因为他父亲去世之前,他是一位市长公子,十五岁了,还能没有提亲的?应该已经定亲了,他的未婚妻应该也是一位门当户对的官员之女,应该也见过多次面,琴棋书画也有所交流,只是后来他当官的父亲去世后,家道随之中落,女方很有可能毁了婚约,这门亲事没有成。

在史书的记载中,张载的儿子叫张因,在张载去世的时候,还没有成年,由此推理,张因应该是张载四十五岁以后生的孩子。那么在他四十五岁之前,还有没有女儿呢?我认为应该是有的。因为古人重男轻女,女儿一般不写入家谱,所以传记中没有记载。

将这些问题和疑惑研究清楚以后,我的创作道路渐趋平坦。

七、创作定位

《三国演义》是中国第一部长篇历史章回体小说,后人评价这部书是"七分史实,三分虚构"。同样的道理,我写这部《大儒张载》的定位也是历史小说,所以我坚持"大事不虚,小事不拘"的创作原则,张载一生经历的大的事件、人名、地名、官职名等完全忠实于历史记载,小的故事、情节、情境,小的配角,以及小的经历等全部靠虚构。虚构是受限制的,虚构的一个前提条件是要符合当时基本的历史环境和背景。

就这样，这部书中出现了大小五十多个人物，演绎了北宋时期近六十年的历史。

在《大儒张载》这部书中，读者可以看到与张载同时代的晏殊、欧阳修、苏轼、苏辙、张舜民、程颢、程颐、邵雍等一批大诗人、大文人、大思想家的风采；可以感受到与张载同时代的范仲淹、司马光、文彦博、王安石、包拯、吕大防、范纯祐、赵瞻、狄青等官员、将领的精神风貌；可以看到关学与洛学、濂学、新学等学派的思想交锋；可以领略到"庆历新政""王安石变法"等风起云涌、波澜壮阔的政治改革；可以看到北宋与西夏之间的烽火战争的狼烟；还可以欣赏到对《周易》《道德经》《孟子》《大学》《中庸》《正蒙》等国学经典的通俗的解读和诠释，感受到书中的学术气息。

八、帮助与鼓励

这部书的写作历时三年，三年的时间中，得到了许多师友的关心、帮助与鼓励。现在想起来，真的有许多感谢的话要说。因为，没有大家的帮助与鼓励，我的创作不会这么顺利，也不会这么快就完稿。

首先要感谢的是著名作家张兴海先生。

年近古稀的他既是县文联主席，又是我的恩师，这些年他一直关怀和鼓励我的创作。我刚接过这个创作题材的时候，他就鼓励我说："就是出版社不给稿酬，也要创作这个题材，这是一个很好的锻炼创作的机会，写完这部书，你肯定会有许多收获的。"

在这部书的创作中，每当我遇到困难写不下去的时候，我就会给他打去电话，或者当面请教他应该怎么办。他总是不厌其烦地向我传授创作经验，指点我下一步应该怎么写，如何选角度，如何营造情境，如何制造矛盾冲突，不要过多地运用全知全能，要尽量选择限知限能来展开情节，等等。他的这些指点，让我受益匪浅。

最让人感动的是，他有时候会从城西步行走到城东，给我送一本有用的参考书。我记得他给我送过三本书，其中有一本当代大哲学家张岱年写的《张载》，那是一本20世纪50年代出版的、很薄很薄的、已经发黄的老书，有五十多页吧，那是张岱年先生早年撰写的关于张载研究的学术论文。他说这本书可

能对我的创作有帮助。他还说他步行是为了健身。

写这部书的过程中,我哭了三次,都是为了小说中的人物和故事,不由自主伤感得潸然泪下。写到张载的弟弟张戬暴病身亡,有感于他们兄弟之间的手足情深,我不由得哭了一场。第二天告诉张老师,说我怎么这么傻呢,写着写着,竟然哭了。张老师说:"你是演员,你进入了角色,这很好啊,这样才能出彩!"

那天当我整理我的参考书目的时候,才知道张老师去年说那一席话的语重心长,因为我写这部小说仅仅参考的书就达三十多本,如果不是写这部小说,我是没有心情去认真研读这些书的。所以,过程是美丽的。追求的意义大概只在于过程,而不是结果,写作这部书的过程,我的的确确提高了许多,收获了许多。

其次要感谢的人还有张锦涛先生、任年顺先生、王天周先生、何文利先生、任齐斌先生、李平先生、朱效辉先生、冯玲女士、姚保卫女士、杜媛媛同学等,他们都是热爱文学的人,在我创作的过程中,不断地阅读我的手稿,给我提出中肯的修改意见,让我很感动。特别要感谢的是张锦涛先生,他是周至县电视台的资深节目主持人,他曾邀请我去他的《老张说事》节目做客,在节目中他鼓励我写出精品力作,为繁荣我县的文学艺术事业做出贡献。

最后,要感谢的人还有张世敏先生和杨真吾先生。张世敏先生是张载纪念馆馆长,也是张载先生的二十八代孙,在这部书的创作过程中,我得到他不少的帮助,他帮我考证了一些张载生平的疑点。如果在创作中遇到拿不准的情况,我就会给他打电话进行请教与咨询,虽然他当时身体不好,有一段时间曾经住院治病,但总是会耐心地给我解释,还经常鼓励我,这让我感到心里热乎乎的。

杨真吾先生是一位有成就的年轻画家,在广东中山发展,在我遇到困难想放弃的时候,他经常在QQ上给我说一些鼓励的话语,说一些忠告,他说:"不要急,慢慢来,一定要写出精品,因为这是你人生创作中里程碑式的作品,你写了十年了,应该写出一个像样的东西了。"当他得知我于那天晚上完成了整部作品后,连夜创作了一幅书法作品以示祝贺。当我接过这件从广东快递过来的书法作品时，感觉沉甸甸的，心里很激动，也很感激。打开一看，是一幅行草书法。上书八个遒劲有力的大字：心笔互融与载同游。仔细看小字，却是：祝贺杜崇斌兄长历史小说《大儒张载》问世。

我知道心笔互融，就是心手相应，游刃有余地驾驭语言文字，这是一个很高的艺术境界，以我目前的水平，距离这一境界还有一定的差距，但我从内心深处感激他的真诚鼓励和支持！

写作是一件愉快的事儿，也是一件折磨人的事儿。要实地调查研究，要细致入微地采访，要查阅史料读书学习，还要酝酿情感和诗意，找到合适的表达方式。你如果足够投入，那么就会触动情感，跟着小说中的人物或悲或喜，或忧伤或快乐。你如果敷衍了事，读者一定不会被打动。这一点是肯定的，因为你没有情感投入。其次才是小说技法，情感的运用和投入其实远远比技法更重要。

"为天地立心，为生民立命，为往圣继绝学，为万世开太平。"张横渠先生道出了儒者和学子对这个社会永恒的道义与担当。一千年后，这一名言仍然金声玉振，具有很强的人生指导意义。二十多万字的书稿，总算完成了！这大概也算为"往圣继绝学"吧。

就在这本书快要付梓的时候，欣闻习近平总书记在中央的两次重要会议上谈到了大儒张载的"四为"思想；2016年6月21日，中央纪委监察部向全国宣传推广大儒张载的"四为""六有""十戒"等家规家训，弘扬立心立命、惟德惟规、清廉为官、刚正不阿的大儒精神！看来，张载的思想在今天越来越被推崇，这真是古为今用，善莫大焉！

（以上为第一版后记）

此次插图版的修改是一次深度修改。修改前，笔者广泛征求了读者朋友和文友的意见，压缩了张载童年、少年和青年的部分内容，对张载思想成熟时期进行了重点书写，增加了"回望关中""经世致用""横渠四句"等章节，浓墨重彩地书写了大思想家张横渠先生经世致用的实学思想和他著名的横渠四句的酝酿、形成和诞生的过程，同时对这一伟大思想产生的基础、条件和时代背

景也进行了详细的分析和讲述。当然还增加了儒家和道家的辩论、关学和洛学的思想交锋等,对张载参与王安石变法和审理苗振贪污案的过程等相关章节也进行了重新创作,力求忠实于历史事件。修改后,全书由原来的三十章增加到现在的三十四章。因此可以说,修改后的书稿比原来的书稿故事更好看,内涵更丰富,诗意更充盈。希望插图版能得到更多读者的喜欢,也希望读者朋友多提宝贵意见,使我们能在再版时将它修改得更加完善和完美。

2015年11月5日第一版初稿完成于西安碧云天书斋,2016年6月23日修改完毕。

第二版于2019年3月5日修改完毕。

插图版于2020年7月28日修改定稿。